"儒家文明省部共建协同创新中心"资助项目
山东大学儒学高等研究院重点项目
山东省"泰山学者"项目阶段性成果

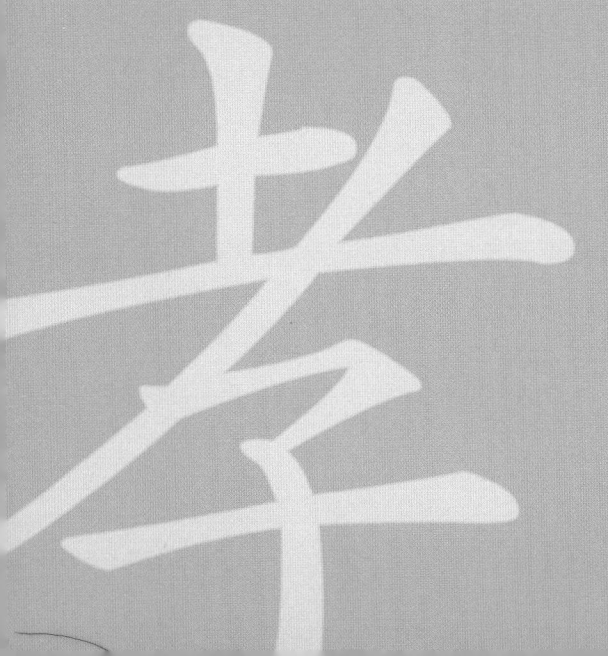

汉字中国
·
孝

曾振宇·主编

赵文宇　曾振宇·著

华夏出版社
HUAXIA PUBLISHING HOUSE

图书在版编目（CIP）数据

孝／赵文宇，曾振宇著．－－北京：华夏出版社，2020.6
（汉字中国／曾振宇主编）
ISBN 978-7-5080-9787-9

Ⅰ．①孝⋯ Ⅱ．①赵⋯ ②曾⋯ Ⅲ．①汉字－通俗读物 ②中华文化－通俗读物 Ⅳ．① H12-49 ② K203-49

中国版本图书馆 CIP 数据核字（2019）第 124064 号

孝

作　　者	赵文宇　曾振宇
责任编辑	李春燕
美术设计	远顾设计工作室
责任印制	顾瑞清
出版发行	华夏出版社
经　　销	新华书店
印　　刷	三河市万龙印装有限公司
装　　订	三河市万龙印装有限公司
版　　次	2020 年 6 月北京第 1 版 2020 年 6 月北京第 1 次印刷
开　　本	880×1230　1/32
印　　张	11.25
插　　页	4
字　　数	248 千字
定　　价	75.00 元

华夏出版社　地址：北京市东直门外香河园北里 4 号　邮编：100028
　　　　　　网址：www.HXPH.com.cn 电话：(010) 64663331（转）
若发现本版图书有印装质量问题，请与我社营销中心联系调换。

金文　西周荣簋

篆书　东汉袁安碑

孝友出仁紀本
来本蘭生有蘇
克岐有兆綏御

隶书　东汉张迁碑

隶书　东汉乙瑛碑

序

《汉字中国》丛书即将付梓，主编曾振宇教授嘱我在书尚写几句话。我认为"汉字中国"是个好题，丛书的出版是件好事，摆到读者面前的是一套好书，振宇教授美意岂能却之？遂谨献鄙意如下。

首先我想说，这是一套什么样的丛书。显然，它不是研究中国文字的学术丛书，而是在文字研究基础上通俗地讲述中国自有的文化哲学体系中一批重要概念的著作，是一套把汉字与它所承载的哲学概念如何紧密地融合起来这一独特的现象呈现出来的创新之作。

丛书的编著者们认为"中国本土哲学与文化形态中的概念、文字和词语是中国哲学与文化的'结晶体'"。这是一个含义很深邃、又很形象的比喻。这就意味着《汉字中国》将对中国哲学与文化的概念进行深入解读，探索其内涵和外延，从而发掘、展现中华文化与其哲学的精神、品质、性格的独特性，消解中国哲学与文化之双足只穿西方哲学之鞋履所带来的误解、困惑与尴尬。反过来看，通过对中国哲学与文化的认知和体验，又可以明了并深化对这些汉字形音义的来龙去脉、衍生变异以及遗存、渗透在现代汉语词汇中的文化基因的认识。或许这也是本套丛书冠以《汉字中国》之名的用意所在吧。

诚然,《汉字中国》所分析、论列的,大多是日常所用的字词,有些即使是"专门"词语,也已经为越来越多的人所习见;但是,由于种种历史的、社会的原因,今人也常常与这些字词的深意若即若离。而如果忽略了汉字在数千年传承、延绵、孳乳、变异过程中沉淀于后世语言形式里的传统文化意义,就会冷淡了中华文化的特性,很可能语言/概念发生"漂移"现象,不得已时只好乞灵于异质文化,从而难以形成阐述中华文化的中国话语体系。

"结晶体"这样一个形象而很有意趣的比况,更会引发读者的遐想:在这个"结晶体"里面,有着丰富多样的微观世界,中国文化的种种现象和思想都在有序地存在着、排列着。由此可以想见,《汉字中国》的筹划、酝酿、研究,用心良苦矣!我不由得又想到,《汉字中国》的影响所及,可能并不仅限于人文社会科学、哲学领域,即使在构建科学技术伦理、自然语言处理、人机对话、中外语言互译,乃至人工智能等领域,似乎也可以参考一下吧。

话说得远了些,就此搁笔。

忝谓之"序"。

2019 年 8 月 22 日

汉字中国
◆
孝

目录

第一章

孝观念的起源与演变 ·················· **1**

一、孝观念的起源 ························· 2

二、"立爱自亲始":孔子谈孝 ··············· 12

三、"爱而敬":曾子谈孝 ·················· 33

四、孟子:从"相责以善"到"父子不责善" ···· 48

第二章

孝是天经地义 ······················· **64**

一、"天之经、地之义":

　　《孝经》与儒家孝道正当性的初步论证 ···· 65

二、孝源自土德:董仲舒论孝 ················ 68

第三章

"十恶不赦":孝观念对汉唐法律制度的影响 ···· **78**

一、儒家孝道对汉朝法律文化的影响 ·········· 78

二、儒家孝道对《唐律》的影响 ············· 136

第四章

朱熹、王阳明谈孝 **173**
　一、朱熹：以理论孝 173
　二、王阳明：孝是良知的发用流行 197

第五章

宋明时代的孝文化 **234**
　一、以孝治国——宋统治者的重孝表现 234
　二、传统孝观念对《大明律》的影响 254

第六章

传统孝观念对宋元明清民众的影响 **271**
　一、家喻户晓的《二十四孝》 271
　二、宋元明清大众孝观念——
　　　以正史《孝义传》《孝友传》为中心 287
　三、《弟子规》——传统社会的童蒙教育 303
　四、宋元明清的家庭孝教育——以家训为中心 312
　五、传统孝道对当代家风建设的启示 329

参考文献 **345**

第一章
孝观念的起源与演变

在中国古代社会的伦理价值体系中，孝是最基本、最重要的德目之一。从某种意义上说，孝是整个古代社会伦理观念和社会政治的逻辑起始。在语源学意义上，孝的初始含义是敬老爱老、事亲行善。《说文》中说："孝，善事父母者，从老省，从子，子承老也。"《尔雅·释训》中说："善父母为孝。"但是，中国古代的许多思想家往往认为孝是人类先验的天性，类似于莱布尼茨哲学意义上的"预定和谐"。譬如，《孝经·圣治章》说："父子之道，天性也。"《吕氏春秋·节丧篇》又云："孝子之重其亲也，慈亲之爱其子也，痛于肌骨，性也。"朱熹也认为："能事父孝，则事天之理自然明；能事母孝，则事地之理自然察。"[1] 其实，伦理道德观念作为一种社会意识形态，并不是"人猿相揖别"以来就已经存在的，而是人类社会文明发展到一定阶段的产物。在儒家思想史上，以孔子为代表的原始儒家探究了"孝应该如何行"，却未回答"孝是什么"这一更加关键的哲学问题，也就是孝伦

[1] ［宋］黎靖德编：《朱子语类》卷八十二，中华书局1994年版，第2143页。

理存在的正当性问题。在《孝经》一书中,孝已取代仁而上升为哲学最高范畴。孝是"至德要道",是"德之本也,教之所由生也"。(《开宗明义章》)在古代中国,有"五教"之说:教父以义,教母以慈,教兄以友,教弟以恭,教子以孝。在"五教"中,孝成为一切道德规范的根本、一切教育的出发点。《孝经》虽然已经开始对儒家孝论存在的正当性进行哲学论证,但这种哲学论证还是初步性的,最终完成这一哲学论证工作的是汉代大儒董仲舒。董仲舒认为,伦理道德观念的产生并非人类社会发展到一定阶段的精神产物,伦理道德观念源出于天。以孝为代表的伦理观念是人之所以为人的根本所在,孝是"天生之",孝是"天之道"的自我展现与自我运动。儒家孝论的思辨性增强了,逻辑性提高了,儒家孝论最终实现了"形式上的系统"。

一、孝观念的起源

从历史学与民族学的视野考察,在我们人类历史的漫长岁月中,存在着一个与"孝"伦理观念完全背离的"欺老"与"食人"的历史阶段。恩格斯说:"像书籍中所描写的纯粹的打猎民族,即专靠打猎为生的民族,是从未有过的;靠猎物来维持生活,是极其靠不住的。由于食物来源经常没有保证,在这个阶段上大概发生了食人之风,这种风气,后来保持颇久。"[1]

---

1 / [德]恩格斯:《家庭、私有制和国家的起源》,《马克思恩格斯选集》第四卷,人民出版社1972年版,第18页。

摩尔根发现，在人类尚未掌握种植淀粉类食用植物技术的蒙昧时代，"食人"之风在全世界普遍存在。美洲的土著部落"平时吃被俘获的敌人，遇到饥荒的时候，就连自己的朋友和亲属也会被吃掉。在战争中，作战双方在战场上互吃对方的人，这种风气仍残存在美洲土著当中，不仅处于低级野蛮社会的部落如此，而且，那些处于中级野蛮社会的部落，如易洛魁人和阿兹特克人等，也是如此"[1]。在澳大利亚，"至少某些部落是吃人的。证据是确凿的。怀德湾的部落不仅吃战场上杀死的敌人，而且还吃他们自己这边被杀死的伙伴，甚至连那些自然死亡者只要情况良好也在被吃之列。他们在吃人之前，先剥下死者的皮，将油脂混合木炭擦在皮上，把它保存起来。他们对这种人皮非常珍视，相信它具有很高的医药价值"[2]。摩尔根发现，北美洲和澳大利亚的土著部落不仅吃战场上的敌人和"被杀死的同伴"，而且也吃本部落的老年人。达尔文访问火地岛原始部落时，亲眼看见在冬季食物严重匮乏时，当地土著人竟然杀食老年妇女，而且先食老妇，然后才吃猎狗。达尔文问他们为何这样做，他们振振有词地答道："狗会捕捉海獭，可是老太婆就不会。"[3]此外，达尔文在其他地区也发现了这一现象："北美印第安人从前是要把一些疲癃残疾的同伴遗弃在草原之上而死活不管的，……斐济人是要把年老或有病的父母活活埋掉

---

[1] ［美］摩尔根：《古代社会》，商务印书馆1983年版，第22页。

[2] 摩尔根：《古代社会》，第369页。

[3] 参见贾兰坡：《远古的食人之风》，载《化石》1979年第1期。

的。"[1]考古资料也充分证明了中国历史上确实也存在着"食人"这一野蛮的风俗。对"北京猿人"有着深入研究的美国学者魏敦瑞在1939年到1940年发表过一篇《中国猿人是否残食同类》的讲演稿。他根据北京人化石产地发现的头骨多,而躯干骨和四肢骨却又特别少的现象,做出了北京人当时存在食人之风的推测。他的这一推测并非空穴来风。从周口店北京猿人遗址中发现的北京人的头骨和其他部分骨骼相比,在数量上确实极不相称,头部骨骼在比例上大得多。在正常情况下,躯干骨和四肢骨应多于头骨,因为在块数上和体积上都比头骨多得多。相反,从这一遗址中发现的脊椎动物化石,无论是肉食类动物,抑或食草类动物,都是躯干骨和四肢骨远远多于头骨。根据他的观察,大部分北京人的头盖骨都有伤痕。1929年裴文中教授最初发现的那件完整的头盖骨的两顶骨的表面有多处伤痕。1936年从L地发现的第一个头盖骨的额骨左侧和顶骨有很深的切痕;L地的第二个头盖骨左顶骨的中部有一个约1.5厘米直径的浅而不平的圆凹痕,并从凹痕中心放射出三条裂纹,还有一处残损是在前囟的右侧,也从凹痕中心放射出三条裂纹。另外,在D地、J地和H地的残骨上也都可以看出伤痕。魏敦瑞由此得出一个结论:没有疑问,这些伤痕是带有皮肉时受打击所致,一些凹痕具有法医学上常见的所谓压陷和碎骨伤性质的外貌,是用带有尖状的器物重击的结果。长条形的切痕像是用利刃器物所伤,大而圆的损伤是用圆石

1/[英]达尔文:《人类的由来》,商务印书馆1983年版,第115页。

或棍棒打击所致。因而可以肯定：远古的中国人确实存在着食人之风。[1]

《周易序卦》云："有天地然后有万物，有万物然后有男女，有男女然后有夫妇，有夫妇然后有父子，有父子然后有君臣，有君臣然后有上下，有上下然后礼义有所错。"人类家庭血缘关系、社会政治关系和社会伦理关系都存在着一个历史的进程。孝观念是伴随着父系制家庭以及父子关系的明确而产生的。在以血缘关系为基础的母系氏族公社时期，妇女虽然是社会生产的主要劳动力和社会生活的组织者，但由于物质生活资料相对匮乏，劳动产品只能由公社成员平均享用，以维持氏族成员最低生活需求。在这一天下为公的"大同社会"，还不允许生活必需品分配上出现"亲亲之私"，也不允许人们各"亲其亲，子其子"，（《礼运》）所以子女对母亲并没有承担赡养义务的责任，赡养老人仍然只是氏族成员的共同义务。进入父系氏族社会之后，男子成为社会生产的主要承担者和社会组织的主宰，产生了以男子为中心的家庭，父子血缘关系明确，从血缘亲属关系中萌生相互间的权利、责任与义务：父母有抚育子女的义务，也有要求子女奉养的权利；子女有受父母保护抚养的权利，又有孝养父母的义务。这种相互间的权利与义务，在道德观念上彰显为父母对子女的"慈"，子女对父母的"孝"。维系这一道德观念的纽带，就是血缘亲情。因此，随着以男子为中心的个体家庭的出现和私

---

[1] 参见贾兰坡：《远古的食人之风》，载《化石》1979年第1期。

有制的产生,随着分工协作出现不平等的关系,孝观念终于"破土而出"。

蔡元培先生在其所著《中国伦理学史》一书中考证了"伦理学说之起源",他提出了一个著名的论断——伦理现象先于伦理学说而存在。"伦理界之通例,非先有学说以为实行道德之标准,实伦理之现象,早流行于社会,而后有学者观察之、研究之、组织之,以成为学说也。在我国唐虞三代间,实践之道德,渐归纳为理想。……吾人得于《易》《书》《诗》三经求之。《书》为政事史,由意志方面,陈述道德之理想者也;《易》为宇宙论,由知识方面,本天道以定人事之范围;《诗》为抒情体,由感情方面,揭教训之趣旨者也。三者皆考察伦理之资也。"[1] 伦理道德作为一种社会文化现象,总是早于伦理学说而存在。不唯中国如是,实际上这是一种世界伦理文化之"通例"。具体就中国而言,伦理道德观念在"唐虞三代"时期就已经在全社会普遍存在。《周易》《尚书》和《诗经》中所反映的伦理学说,实际上应该看成是对"唐虞三代"社会伦理现象的研究与提升。夏商时代肯定存在着社会伦理观念,只是囿于史料阙如的限制,我们已很难从整体上对其做出一个完整的评价。但是,如果我们对"纸上之材料"和"地下之新材料"做一细心的钩沉与爬梳,仍然可以发现一些吉光片羽:殷王小乙去世,儿子武丁为他守丧三年,远离王位。《尚书·无逸篇》说:"其在高宗,时旧劳于外,爰暨小人。作其

[1] 蔡元培:《中国伦理学史》,商务印书馆2000年版,第4页。

即位,乃或亮阴,三年不言,其惟不言,言乃雍。"高宗即武丁。"亮阴",《论语·宪问》作"谅闇",《尚书大传》作"梁暗",《礼记·丧服四制》作"谅闇"。高宗"亮阴"是指高宗因父王去世,居倚庐,守制三年。孔子解释说:"君薨,百官总己以听于冢宰三年。"马融注云:"亮,信也;阴,默也。为听于冢宰,信默而不言。"郑玄注云:"谅暗转作梁暗,楣谓之梁,暗谓庐也;小乙崩,武丁立,忧丧三年之礼。居,倚庐柱楣,不言政事。"《战国策·秦策》记载:"孝己爱其亲,天下欲以为子。"孝己是武丁的儿子,对父母非常孝敬。孝己的生母早逝,武丁听信孝己后母的谗言,把孝己放逐在外,"忧苦而死"。《庄子·外物篇》云:"人亲莫不欲其子之孝,而孝未必爱,故孝己忧而曾参悲。"孝己孝顺父母的故事,在《荀子》的《性恶》《大略》二篇以及《汉书·古今人表》中皆有记载。《孔子家语·七十二弟子解》云:"高宗以后妻杀孝己,尹吉甫以后妻放伯奇。"值得一提的是,甲骨卜辞中有"兄己""父己",王国维考证后认为就是孝己。"癸酉卜贞:王宾父丁,岁三牛,眔兄己一牛,兄庚□□,亡□。"[1]王国维认为,孝己没有继承王位,所以《世本》和《史记》都没有记载其生平行事。"则此条乃祖甲时所卜,父丁即武丁,兄己兄庚即孝己及祖庚也。孝己未立,故不见于《世本》及《史记》,而其祀典乃与祖庚同。"[2]综合文献与考古材料,孝己应该确有其人。之所以被人称为

[1] 罗振玉:《殷墟书契后编》上,1916年影印本。

[2] 王国维:《殷卜辞中所见先公先王考》,《观堂集林》卷九,中华书局1959年版,第431页。

"孝己",很有可能与他孝顺父母有关。

在甲骨卜辞中,"孝"字还被用作地名,如"孝鄙"[1]。商代金文中也发现有"孝"字。[2] "孝"是作器的人名,身份是贵族。有的学者进而认为,"既有孝的事实和以孝作为地名、人名,商代统治者已经有了孝的思想,这是没有疑问的"[3]。与此同时,从甲骨卜辞中还发现了"考"字与"老"字,"考""老""孝"三字相借相通,金文也是如此。朱芳圃《甲骨学文字编》注云:"古老、考、孝本通,金文同。"《说文》:"老,考也,七十曰老,从人毛匕,言须发变白也,凡老之属皆从老。"又"考,老也"。段注:"凡言寿考者,此字之本义也。"《说文》:"孝,善事父母者,从老省,从子,子承老也。""孝"之基本含义是"奉先思孝"。(《尚书·太甲中》)商人对先祖充满了敬畏之心,"国之大事,唯祀与戎"。举凡战争、祭祀等国家大事,都要祷告先祖,祈求神灵的佑助。考古发现的一些材料,在《尚书》等文献中也有大量的反映。盘庚迁殷之时,为了动员大家积极合作,反复强调"迁殷"是祖先神的意愿:"古我先王,暨乃祖乃父,胥及逸勤,予敢动用非罚?世选尔劳,予不掩尔善。兹予大享于先王,尔祖其从与享之。作福作灾,予亦不敢动

---

[1] [美]方法剑摹,百瑞华校:《金璋所藏甲骨卜辞》476,1939年影印本。

[2] 参见王慎行:《试论西周孝道观的形成及其特点》,载《社会科学战线》1989年第1期;李裕民:《殷周金文中的"孝"和孔丘"孝道"的反动本质》,载《考古学报》1974年第2期。

[3] 参见李裕民:《殷周金文中的"孝"和孔丘"孝道"的反动本质》,载《考古学报》1974年第2期。

用非德。""古我先后既劳乃祖乃父，汝共作我畜民。汝有戕则在乃心，我先后绥乃祖乃父。乃祖乃父乃断弃汝，不救乃死。"(《盘庚》)这些材料中虽然没有出现"孝"字，但孝伦理观念初始意义上的"敬老尊老"特性，已完全具备。根据罗振玉《殷虚书契前编》的记载，甲骨卜辞中有"教"字。《说文》云："上所施，下所效也。从攴，从孝，凡教之属皆从教。"宋戴侗在《六书故》中认为，孝即"孝"字。在宗法奴隶制社会中，政与教合一，以孝为教，因而"教"字也就从"孝"。有的学者进而认为，殷人以孝为教，出于两重政治上的考虑：其一，有利于维护宗法血缘关系。"如果每下一代人都对他上一代的父母施行孝道，甚至追踪纪念，那么，人们脑子里对于祖先一概念不仅不致遗忘或模糊，反而因了这由'孝'而起的情感的浓厚而使之深刻化。人们对于祖先的概念深刻化，也就是对于血统的概念深刻化，血统的概念深刻化，血统关系就可以维系于永远。从统治者殷族来说，殷族就可以从'孝'而把这殷的宗族关系维系得紧紧的。"其二，宣扬以孝为核心的伦理道德观念，有利于社会政治的统治。"如果统治者殷族中人对祖先父母相率以'孝'，那么，就不仅统治者殷族中人可以因'孝'而趋于纯厚，无有作乱，就是其他被奴役的诸种族也可以被感动而走向纯厚，不致起而反抗。"[1]

商人的至上神是"帝"或"上帝"。"上帝"不仅是自然界万物的最高主宰，能够支配自然

---

[1] 杨荣国：《中国古代思想史》，人民出版社1973年版，第12页。

界的运动变化,创造并化育万物,而且还是人类社会的主宰,能够左右社会政治活动,决定人之吉凶祸福。既然如此,沟通天人之间的卜筮便盛行于世。"卜以决疑",举凡祀神祭祖、出入征伐、田猎农作、立邑任官、婚姻嫁娶、生老病死,事无巨细,皆以卜筮进行预测,确定事情是否可行。(《左传》桓公十一年)商代卜筮活动的盛行,其思想实质在于加深人们对"上帝"的信仰,论证人间世俗王权的合法性,并借以神化地上王权的统治权威。周王朝建立后,以亡殷为鉴,开始对商人的"上帝"信仰进行反思与批判,这是哲学认识和社会政治文明意义上的一大进步。周公提出了"天不可信""天命靡常"等命题,(《尚书·君奭》)并且认为殷商覆灭的原因在于失"德"。纣王不尊重"百姓"之"德",陷民于水火之中;纣王也不尊重商族之德,不祀祖先,是"用乱败厥德"。(《微子》)有鉴于此,周公首次提出"敬德"思想:"王敬作所,不可不敬德","王其德之用,祈天永命"。(《召诰》)"敬德"或"明德"的实质在于得人心,其中包含三个层面的含义:首先是以德治民,惠民保民;其次是明德慎罚,用刑恰当;最后是在全社会宣传与弘扬以"孝"为核心的伦理道德观念,"制礼作乐",以"礼"治国。"经礼三百,曲礼三千",自天子以至平民百姓,一举手一投足皆有"礼"之规定。天子祭祖有禘礼,诸侯朝见天子有觐礼,外交上有聘礼与飨礼,军事演习有大搜礼,农村中有乡饮酒礼和乡射礼,"礼以纪政,国之常也"。(《国语·晋语四》)在"敬天明德"思想指导下,孝上升为西周社会意识形态，并且成为占主导地位的伦理价值观念，成为"民彝"之准则。《尚书·洛诰》说："朕教汝于棐民彝。""彝"意谓法规、规范，"民彝"就是指全社会普遍遵循的法规。譬如，《尚书·康诰》云："封，元恶大憝，矧惟不孝不友。子弗祗服厥父事，大伤厥考心。于父不能字厥子，乃疾厥子。于弟弗念天显，乃弗克恭厥兄。兄亦不念鞠子哀，大不友于弟。惟吊兹，不于我政人得罪，天惟与我民彝大泯乱。曰：乃其速由文王作罚，刑兹无赦。"根据有的学者考证，西周时代孝范畴的内涵丰富，涵盖八个方面：敬养父母、祭享祖先、继承先祖遗志、孝于宗室、孝于婚媾、孝于夫君、孝友合一、勤于政事。[1] 概而论之，西周时代的孝观念具有三大特点：其一，孝范畴的内涵驳杂，孝的对象广泛。西周时代的孝道不仅涵盖健在的父母尊长，也涵摄已去世的父、母、祖、妣；孝的对象不仅指涉直系亲属，也指涉宗室、宗庙、宗老、大宗、兄弟、婚姻、朋友等等。其二，孝范畴的名称多种多样。有"用孝""享孝""追孝""显孝""卿孝""孝友"，也有"用追享孝""日夜享孝""夙夜享孝"，此外，还有超越时空、永志不忘的"永孝""世享孝"。其三，孝不仅是家庭伦理，也是政治伦理。《诗经·大雅·卷阿》中说："有孝有德，以引以翼。岂弟君子，四方为则。"有孝德之人才能成为天下楷模。孝并非仅仅适用于家庭与亲属关系，实际上它

---

[1] 参见李裕民：《殷周金文中的"孝"和孔丘"孝道"的反动本质》，载《考古学报》1974年第2期。王慎行：《试论西周孝道观的形成及其特点》，载《社会科学战线》1989年第1期。

的适用范围非常广阔。在"忠"概念产生之前,孝范畴实际上涵融了后世"忠"范畴的基本义项。

二、"立爱自亲始":孔子谈孝

(一)"君子笃于亲,则民兴于仁":孝是孔子仁学逻辑起始

孔子的仁学思想体系存在着一个内在的逻辑方法论:其一,家国并举。家庭伦理放大为政治伦理。"临之以庄,则敬;孝慈,则忠;举善而教不能,则劝。"(《论语·为政》)"君子笃于亲,则民兴于仁;故旧不遗,则民不偷。"(《泰伯》)"迩之事父,远之事君。多识于鸟兽草木之名。"(《阳货》)"出则事公卿,入则事父兄,丧事不敢不勉,不为酒困,何有于我哉?"(《子罕》)"《书》云:孝乎惟孝,友于兄弟,施于有政,是亦为政,奚其为为政?"(《为政》)郭店楚简《六德》亦云:"男女不别,父子不亲;父子不亲,君臣无义。"[1] 其二,推己及人。孔子仁学强调尊重他人、爱护他人,爱他人就是爱自己。"己所不欲,勿施于人。"(《颜渊》)"己欲立而立人,己欲达而达人。"(《雍也》)郭店楚简《六德》也有类似的记载:"孝,本也。下修其本,可以断讪。"[2] 从这一逻辑思维模式出发,家庭伦理自然放大为社会伦理,对父母亲的孝心自然就扩充为对全社会的博爱之心。换言之,一个人如果连自己的父母亲都不爱,那么这个人不可能

---

[1] 刘钊:《郭店楚简校释》,福建人民出版社2005年版,第119页。

[2] 刘钊:《郭店楚简校释》,第119页。

爱社会、爱他人。因此，在孔子仁学的逻辑框架中，孝是逻辑出发点与前提条件。既然如此，孝也可以说是孔子仁学的内在规定之一。

因此，要了解孔子之孝，需先读懂孔子之仁；要理解孔子之仁，贵在辨析孔子"仁爱"与墨家"兼爱"。"兼爱"说是墨子思想之核心，是墨家学派区别于先秦其他学说之标识。学界普遍认为，墨家之"兼爱"是超越宗法等级制度的"爱无等差"之爱。恰如《荀子·非十二子》所论："上功用，大俭约，而僈差等，曾不足以容辨异。"但是，一提及孔子的"仁爱"，则众说纷纭、莫衷一是。"仁"是孔子哲学体系中的核心范畴，但"仁"范畴并非源于孔子。甲骨文中是否已出现"仁"字，学界意见不一。[1]但是，金文中已发现"仁"字，却是毋庸置疑之事实。二十世纪七十年代于河北省平山县出土的战国"中山王鼎"（下葬时间约在公元前310年左右），其中一段铭文为："天降休命于朕邦，有厥忠臣，克顺克卑，亡不率仁，敬顺天德，以左右寡人，使知社稷之任。"[2]如果再加上近年郭店楚墓发现的"仁"字，郭沫若先生当年的断言已显然

---

[1] 参见刘文英：《"仁"之观念的历史探源》，载《天府新论》1990年第6期。[韩]赵骏河：《对中国传统伦理的现代理解》，《国际儒学研究》第2辑，中国社会科学出版社1996年版。孟世凯：《甲骨文中"礼""德""仁"字的问题》，载《齐鲁学刊》1987年第1期。白奚：《"仁"字古文考辨》，载《中国哲学史》2000年第3期。

[2] 河北省文物管理处：《河北省平山县战国时期中山国墓葬发掘简报》，载《文物》1979年第1期。

有误。[1] 从《左传》的多处记载来看，在孔子之前，"仁"已经演变为道德范畴，[2] 晋国韩穆子还将"仁"定义为："恤民为德，正直为正，正曲为直，参和为仁。"（《左传》襄公七年）兼备德、正、直三种品格方可称为"仁"。但是，把"仁"提升为哲学最高概念，却是孔子的发明。《论语》全书512段话，缺乏"形式上的系统"（冯友兰语）。但是，在不同的时间、面对不同的提问者，孔子本人一再申明，他的知识与思想存在着一个"一以贯之"的根本原则，"吾道一以贯之"，（《里仁》）"予一以贯之"。（《卫灵公》）我们不难发现，孔子思想中"一以贯之"的精髓就是"仁"。孔子的所有思想，都是围绕着这一思想核心而阐发的。 孔子当年虽然没有自觉地对"仁"范畴做出统一的逻辑定义，但是我们从孔子答复学生的众多答案中，完全有把握归纳出仁论的根本精神——"爱人"。孔子弟子三千，才质各异。面对学生提出的同一个问题："仁是什么？"孔子的回答尽管千姿百态，但实际上都是对"爱人"这一根本精神做不同层次、不同语境意义上的阐述："己所不欲，勿施于人。"（《颜渊》）"夫仁者，己欲立而立人，己欲达而

1／郭沫若在二十世纪四十年代的《十批判书》中认为："'仁'字是春秋时代的新名词，我们在春秋以前的真正古书里面找不出这个字，在金文和甲骨文里也找不出这个字。"见《郭沫若全集》历史编第二卷，人民出版社1982年版，第87页。

2／《左传》僖公三十三年，晋大夫白季向晋文公说："敬，德之聚也，能敬必有德……臣闻之：出门如宾，承事如祭，仁之则也。"白季早于孔子七十余年，而且称"臣闻之"，可见"仁之则"由来已久。

达人。"(《雍也》)"居处恭,执事敬,与人忠。"(《子路》)"志士仁人,无求生以害人,有杀身以成仁。"(《卫灵公》)"君子无终食之间违仁,造次必于是,颠沛必于是。"(《里仁》)"能行五者于天下,为仁矣。"这五个方面分别指"恭、宽、信、敏、惠"。(《阳货》)这五点无一不贯穿着真诚爱人的精神。在哲学性质上,孔子的"仁爱"是一种超越宗法关系与社会等级的人类普泛之爱。历代有不少哲人对此做过阐发:孟子说"仁者爱人",(《孟子·离娄下》)称"仁"为先在性的人类"恻隐之心",一种悲天悯人的终极关怀。《墨子·兼爱下》云:"兼即仁矣,义矣。"《经上》又云:"仁,体爱也。"荀子说:"仁,爱也。"(《荀子·子道》)"凡生乎天地之间者,有血气之属必有知,有知之属,莫不爱其类。"(《礼论》)可谓直指要害,言简意赅。《吕氏春秋·开春论·爱类》云:"仁于他物,不仁于人,不得为仁。不仁于他物,独仁于人,犹若为仁。仁也者,仁乎其类者也。"仁者所爱的范围是普天下之万物,而非仅"仁于"人"类",或者仅仅"仁于""他物"。董仲舒《春秋繁露·必仁且智》云:"故仁者所爱人类也,智者所以除其害也。""人类"相对于"物类"而言,仁者应当超越宗法血缘关系,泛爱天下之人,"仁之法在爱人,不在爱我;义之法在正我,不在正人。……人不被其爱,虽厚自爱,不予为仁"。(《春秋繁露·仁义法》)《淮南子·主术训》云:"遍爱群生而不爱人类,不可谓仁。仁者爱其类也,智者不可惑也。"唐朝韩愈在《原道》一文中也说:"博爱之谓仁。"程颐云:"仁之道,要之只消道一公字。公只是仁之理,不可将公便唤做仁。公而以人体之,故为仁。只为公,则物我兼照,故仁,所以能恕,所以能爱,恕则仁之施,爱则仁之用也。"[1] 朱熹进而将"仁"界定为"心之德,爱之理"。他将伦理道德情感论证为绝对理性,并且内化为"自然如此"的自觉性的意识活动,"'以仁为爱体,爱为仁用',则于其血脉之所系,未尝不使之相为流通也"[2]。在《训蒙绝句》中朱熹又进一步阐发:"心无私淬与天同,物我乾坤一本中。随分而施无不爱,方知仁体盖言公。"[3] 朱熹之"公"是对程颐之"公"的阐发,"公"之意为"公平",泛爱人物,无所偏心。王夫之在诠释张载"仁通极其性,故能致养而静以安"时言:"仁者,生理之函于心者也;感于物而发,而不待感而始有,性之藏也。人能心依于仁,则不为物欲所迁以致养于性,静存不失。"[4] 仁乃人性中先验之固有,是"性之藏"。不仅如此,仁也是天地万物普遍存在之"生理","仁者,己与万物所同得之生理"[5]。孔子儒家的"仁爱"思想与十八世纪法国人文主义思潮中诞生的"博爱"思

[1] [宋]程颢,程颐:《河南程氏遗书》,卷十五,《二程集》,中华书局1981年版,第153页。

[2] [宋]朱熹:《论语或问》卷四,《朱子全书》,上海古籍出版社,安徽教育出版社2002年版,第683页。

[3] [宋]朱熹:《朱熹外集》卷一,《朱熹集》,四川教育出版社1996年版,第5733页。

[4] [明]王夫之:《张子正蒙注·至当篇》,古籍出版社1956年版,第176页。

[5] [明]王夫之:《张子正蒙注·至当篇》,第175页。

想在根本精神上有相通之处，都蕴涵对生命的尊重和关怀之意旨。广而论之，中华文明中的"仁爱"思想、佛教文明中的"慈悲"情怀和西方文明中的"博爱"思想，是不同民族、不同文化在不同地域、不同历史背景下产生的具有共同人文内涵与价值指向的文化资源。

但是，必须说明的一点是，学术界有人并不同意将孔子儒家的"仁爱"思想定位为"爱无差等"，而是将其界定为维护宗法血缘关系、重视社会等级的"亲亲之爱""爱有差等"。譬如，胡适认为："孔门说仁虽是爱人，却和后来墨家说的'兼爱'不相同。墨家的爱，是'无差等'的爱，孔门的爱，是'有差等'的爱。故说：'亲亲之杀。'看儒家丧服的制度，从三年之丧，一级一级地降到亲尽无服，这便是'亲亲之杀'。这都由于两家的根本观念不同。墨家重在'兼而爱之'的兼字，儒家重在'推恩足以保四海'的推字，故同说爱人，而性质截然不同。"[1]有的学者也认为："孔子的'爱人'与墨子的'兼爱'不同。墨子的'兼爱'反映小生产者的平均主义理想，所谓'爱无差等'。孔子所谓'爱人'，则是以严格维护宗法血缘关系为内容的，所谓'亲亲而仁民'。"[2]实际上，这种观点在二十世纪的学术界占据主导地位，扮演着权力话语的角色。这种观点的形成，其实并非胡适等人的发明，如果顺藤摸瓜追根溯源，我们发现墨家学派才是始作俑者。《墨子·非儒下》载："儒者曰：'亲

[1] 胡适：《中国哲学史大纲》，东方出版社1996年版，第98页。

[2] 任继愈主编：《中国哲学发展史》（先秦卷），人民出版社1983年版，第184页。

亲有术，尊贤有等．'言亲疏尊卑之异也。其礼曰：丧，父母三年；妻、后子三年；伯父叔父弟兄庶子其；戚族人五月。若以亲疏为岁月之数，则亲者多而疏者少矣，是妻、后子与父同也。若以尊卑为岁月数，则是尊其妻、子与父母同，而亲伯父宗兄而卑子也，逆孰大焉？""亲亲有术"即"亲亲之杀"，"术"与"杀"声近而字通。值得注意的是：其一，墨家于此只不过是说"儒者曰"，并没有说"孔子曰"；其二，《非儒下篇》中所载的诸多讽刺与非难儒家的事例，早已被学界证明为虚妄不实之词。譬如，该篇认为孔子参与了"白公之乱"。白公胜在楚作乱发生于公元前479年，但孔子在这年的四月死于鲁国，不大可能南去楚国助白公胜作乱。晏子死于公元前500年，齐景公死于公元前490年，更不可能看见"白公之乱"。令人费解的是，《非儒下篇》作者认为孔子的"仁爱"属于"爱有差等"的论断竟然在两千多年的历史长河中代代相续、香火不断。研究与分析孔子思想，应以《论语》文本为立论基础。但是，翻遍《论语》，你无法找到支持"爱有差等"论点的材料。与此相反，却可以翻找出许多证明孔子"仁爱"为人类普泛之爱的证据："道千乘之国，敬事而信，节用而爱人，使民以时。"（《学而》）以德治国，博爱大众，不违农时。"弟子入则孝，出则弟，谨而信，泛爱众而亲仁。"（《学而》）"出则弟，谨而信"是对全社会做出的道德许诺，"泛爱众"已超出了狭隘的爱亲范围。"厩焚。子退朝。曰'伤人乎？'不问马。"（《乡党》）孔子所关心的马夫，显然不会是他的亲族。

在《宪问》篇中，子路与子贡向孔子提出了同一个问题：齐桓公杀公子纠，召忽为公子纠而自杀，管仲不仅不以身殉难，反而辅佐齐桓公，管仲是不是"仁人"？孔子回答说："桓公九合诸侯，不以兵车，管仲之力也。如其仁，如其仁。"这里牵涉到一个"大仁"与"小仁"的区别。在子路与子贡看来，管仲不忠，所以不仁。但是，从公共道义的高度评价，孔子认为子路与子贡所说的仅仅只不过是"小仁"，而非"大仁"。真正的仁者能顺应时代潮流，泛爱民众，造福全社会，这才是"仁人"的根本精神。像召忽那样为公子纠殉死，是小忠小仁；管仲辅佐齐桓公九合诸侯，一匡天下，抵御了夷狄的侵犯，保障了华夏文明的延续与发展。华夷之辨，其实质并不在于地缘政治，而在于先进文化与落后文化之别。管仲之"仁"是"大仁"，因为他在文化史上的意义远远大于社会政治。于此，我们看到孔子的"仁爱"思想存在着一种辩证精神，而这种辩证精神的出现，又与其立足于公共道义的立场直接相关。

孔子的"仁爱"与墨子的"兼爱"在哲学性质上同大于异，彰显的都是共时性文化背景下天下一同、泛爱万物的终极关怀。实际上，孔子"仁爱"与墨子"兼爱"的共通性，《韩非子·五蠹篇》早就一语点破："今儒墨皆称先王，兼爱天下，则视民如父母。"《庄子·天道篇》又云："老聃曰：'请问何谓仁义？'孔子曰：'中心物恺，兼爱无私，此仁义之情也。'"当然，"仁爱"与"兼爱"还是有些区分的。后期墨家的著作《大取》说："圣人有爱而无利,倪曰之言也,乃客之言也。天下无人,子墨子之言也。"孔子"仁爱"建立在人性论基础上,后来孟子进而将"不忍人之心"论证为"仁爱"思想的哲学根基;墨子"兼爱"以"利"为爱之基础,"兼相爱"就是"交相利"。利与义是一致的,利天下就是最大的义。

孔子儒家"仁爱"思想的出现,与当时风起云涌的人文主义思潮存在着密不可分的关系。在西方,人文主义思潮的诞生是作为对以基督教神学为中心的中世纪封建文化的否定而出现的。文艺复兴时代的人文主义肯定人与人性,强调个性解放与自由平等,反对蒙昧主义,推崇人的经验与理性。古代中国没有产生过西方意义上的中世纪神学时代,但是,在西周中期以前,存在着一个以信仰祖先神、至上神为中心的原始宗教时代。西周中晚期人们开始对传统的"天命"观进行反思、批判与否定,人文主义思潮应运而生。民本思想是在人文主义思潮中诞生的哲学成果,孔子思想在哲学性质上就是一种民本思想。方其如此,才能够真正理解其"仁爱"思想的底蕴,才能够把《论语》文本看似散乱的512段话融会贯通。

(二)"爱其所亲":孔子孝论的特点

孔子孝论存在四重内涵,前后之间呈现出层层递进的逻辑关系:

其一,孝养。从物质生活层面赡养双亲、照料双亲,是孔子

"孝"论最低层面的规定。孔子曾把"士"细分为三个档次:"行己有耻,使于四方,不辱使命"是最高层次的士;"宗族称孝焉,乡党称弟焉"属于次一等级的士;"言必信,行必果"是最低档次的士。因此,尽心尽力供养双亲,应该是人之所以为人的基本道德义务。"事父母,能竭其力;事君,能致其身;与朋友交,言而有信。"(《学而》)"出则事公卿,入则事父兄,丧事不敢不勉,不为酒困,何有于我哉?"(《子罕》)"迩之事父,远之事君。"(《阳货》)"何有于我哉"意即"这些事对我有何困难?"只要竭尽全力去做,没有办不成的。父母亲为抚育子女成长,含辛茹苦,呕心沥血。待到双亲年老体弱,子女应该把父母亲的身体健康放在心上。"父母之年,不可不知也。一则以喜,一则以惧。"(《里仁》)喜的是父母亲健康长寿,青山不老;惧的是父母年事已高,在世之日有减无增。因此,父母一旦患病,子女应该尽责尽力伺候床前。"父母唯其疾之忧。"(《为政》)《淮南子·说林训》云:"忧父之疾者子,治之者医,进献者祝,治祭者庖。"高诱《注》云:"父母唯其疾之忧,故曰忧之者子。"

其二,敬亲。孔子孝论并不单纯是指赡养行为,更重要的,它是一种内在情感,一种根源于血缘关系的自然亲情。《为政》篇载子游问孝,孔子回答:"今之孝者,是谓能养。至于犬马,皆能有养;不敬,何以别乎?""敬亲"是区别人之孝与犬马之孝的分水岭,同时也是区分君子与小人的道德判断:"小人皆能养其亲,君子不敬,何以辨?"(《礼记·坊记》)"父子不同位,以厚敬也。"

(《坊记》)郭店楚简又云:"亲父子,和大臣,寝四邻之殃祸,非仁义者莫之能也。"[1]所谓"敬"、所谓"亲",皆是指出于自然亲情基础上的衷心敬爱之情。这是"人猿相揖别"之始,同时又意味着后天知识学习与道德践履的正当性。"孔子曰:'啜菽饮水,尽其欢,斯之为孝。'"(《檀弓下》)尽孝其实很容易,哪怕每天喝豆浆、饮清水,只要能使父母亲心情舒畅,这就是孝。但是,要几十年如一日做到这一点,也并非易事。《论语·为政》篇载,子夏问孝,孔子说:"色难。有事,弟子服其劳;有酒食,先生馔,曾是以为孝乎?"关于"色难"二字,古往今来历代学者的训释不尽相同。概而论之,主要有两种观点:其一,《礼记·祭义》解释说:"孝子之有深爱者必有和气,有和气者必有愉色,有愉色者必有婉容。"东汉郑玄《论语注》云:"和颜悦色,是为难也。"《礼记·祭义》作者和郑玄皆释"色"为"和颜悦色"。《说文·色部》:"色,颜色也。"段玉裁注:"颜者,两眉之间也。心达于气,气达于眉间,是之谓色。"许慎和段玉裁都认为"色"是一个中性词,本身并无蕴含情感判断和道德判断。许慎和段玉裁的观点与郑玄注的"和颜悦色"差别较大;其二,东汉包咸《论语章句》云:"色难,谓承顺父母颜色乃为难也。""色"为"承顺颜色"。但是,这些学者无一例外都把"难"解释为"困难"。最近有学者认为,"'色'即是面色、神情之意,'难'则是一个假借字,具体地说,是'戁'字的假借"[2]。这一

---

1 / 刘钊:《郭店楚简校释·六德》,福建人民出版社2005年版,第111页。

2 / 参见裴传永:《〈论语〉"色难"新解》,载《孔子研究》2000年第4期。

观点颇具启发意义。《说文》:"戁,敬也。从心,难声。"《字汇·心部》释:"戁,恭也。""色难"即"色戁",意为发乎内心的敬爱之神情。心中有爱,才会产生愉悦之"婉容"。有发自内心的自然亲情,才有外在态度上的恭敬。任何矫饰只能扮演一时,而不可能长久存在,所以孔子称之为"色难"。"戁"与"难"相通借,在古代典籍中不乏其例。譬如,《礼记·儒行》篇云:"儒有居处齐难,其坐起恭敬。"王引之《经义述闻》释:"难,读为戁。……难、戁声相近,故字相通。"《荀子·君道》说:"故,君子恭而不难,敬而不巩。"王引之注:"戁,读《诗》'不戁不竦'之'戁'。"

此外,孔子把是否听从父母教诲、遵循父母遗志也看成是"敬亲"内涵之一:"父在,观其志;父没,观其行;三年无改于父之道,可谓孝矣。"(《学而》)"孟庄子之孝也,其他可能也;其不改父之臣与父之政,是难能也。"(《子张》)在《论语·阳货》篇中,宰我向孔子提出一个问题:为什么要为父母守孝三年?这是一个带有一定理论深度的道德诉求,实际上已涉及孝敬父母正当性的形而上学论证。宰我对孔子说:"三年之丧,期已久矣。君子三年不为礼,礼必坏;三年不为乐,乐必崩。旧谷既没,新谷既升,钻燧改火,期可已矣。"孔子质问宰我:"食夫稻,衣夫锦,于女安乎?"当孔子听到宰我回答"心安"后,颇为气愤地指责:"予之不仁也!子生三年,然后免于父母之怀。夫三年之丧,天下之通丧也。予也有三年之爱于其父母乎?"因为在孔子看来,对父母的孝敬,不仅仅是自然亲情,而且也是一种必须回报的社会义务。在伦理学与心理学意义上，孝敬双亲源于"感恩"意识，这是一种人与动物皆有的初始道德意识。现代英国直觉主义伦理学大师威廉·大卫·罗斯教授认为，人的自明道德义务有忠诚、公正、赔偿等等，其中重要的一项则是感恩。感恩是一种善良的道德意识与情感，是支配人实现道德行为的思想基础。值得注意的是，在孔子之后，仍然有不少人讨论这一问题。《仪礼·丧服》载："父，传曰：为父何以斩衰也？父至尊也。诸侯为天子，传曰：天子至尊也。君，传曰：君至尊也。父为长子，传曰：何以三年也？正体于上，又乃将所传重也。庶子不得为长子三年，不继祖也。"子为父、诸侯为天子、臣为君必须守孝三年，其根据在于父、天子和君"至尊"。父亲为长子也必须服斩衰三年，其根据是长子是要作为父亲的正体而列宗庙之中，而且又是主持祢庙之祭的人。由此可见，《仪礼》作者是从宗法制度的角度阐释这一问题。孟子也曾经与人探讨过这一问题，齐宣王想缩短丧礼规定的守孝时间，齐宣王于是通过公孙丑请教孟子："'为期之丧，犹愈於已乎？'孟子曰：'是犹或紾其兄之臂，子谓之姑徐徐云尔，亦教之孝悌而已矣。'"（《尽心上》）孟子认为守孝三年的文化意义在于道德教化，而非单纯地强调时间的长短。对此，楚简《六德》也有类似的观点："是故先王之教民也，始于孝弟。"[1] 相比之下，孔子、孟子从伦理学与社会教化意义上做出的回答，要比《仪礼》作者更具有理论深度。对此，李泽厚先生的评论颇为深刻："在这里重要

---

[1] 刘钊：《郭店楚简校释·六德》，第119页。

的是，孔子没有把人的情感心理引导向外在的崇拜对象或神秘境界，而是把它消融满足在以亲子关系为核心的人与人的世间关系之中，使构成宗教三要素的观念、情感和仪式统统环绕和沉浸在这一世俗伦理和日常心理的综合统一体中，而不必去建立另外的神学信仰大厦。这一点与其他几个要素的有机结合，使儒学既不是宗教，又能替代宗教的功能，扮演准宗教的角色，这在世界文化史上是较为罕见的。不是去建立某种外在的玄想信仰体系，而是去建立这样一种现实的伦理—心理模式，正是仁学思想和儒学文化的关键所在。"[1] 将礼仪由外在的伦理规范论证为人心内在的诉求，把原来强制性的规定内化为生活自觉的欲求，既远离了宗教又产生了宗教的某种功能。正因为如此，李泽厚认为，"'礼'由于取得这种心理学的内在依据而人性化，因为上述心理原则正是具体化了的人性意识。由'神'的准绳命令变而为人的内在欲求和自觉意识，由服从于神变而为服从于人、服从于自己，这一转变在中国古代思想史上具有划时代的意义"[2]。

其三，"丧致乎哀而止"。鲁国原是周公的封地，是保存周礼最完备的国家，孔子就是出生在这一具有浓郁文化氛围之地的。根据史料记载，孔子生性好礼，"子入太庙，每事问。或曰：'孰谓鄹人之子知礼乎？入太庙，每事问。'子闻之，曰：'是礼也。'"（《论语·八佾》）由于孔子勤奋好学，十六七岁就以知礼而闻名于鲁国。孔子认为有四件事情非

[1] 李泽厚：《孔子再评价》，《中国古代思想史论》，人民出版社1985年版，第21页。

[2] 李泽厚：《孔子再评价》，第20—21页。

常重要：民、食、丧、祭。前两项表明他是一位民本主义者，后两项则与孔子的孝论有关。"告朔饩羊"是西周时代宗法制度的内涵之一，每年秋冬之际，周天子把次年的历书颁发给诸侯。历书中包含有无闰月，每月初一是哪一天，因此叫"颁告朔"。诸侯将历书藏之于祖庙，每逢初一，在祖庙举行祭礼，并杀一头羊作为祭品，仪式完毕后回到朝廷听政。这种祭庙叫作"告朔"，听政叫作"视朔"。到春秋中晚期的时候，诸侯国君大多对这一制度知之甚少，国君不亲临祖庙，也不听政，只是宰杀一头羊走走形式。所以，子贡向孔子提议，干脆连羊也别宰杀了。孔子说："尔爱其羊，我爱其礼。"(《八佾》)在春秋这种"礼崩乐坏"的社会，守护与弘扬周礼比颠覆与终结周礼更具有积极的社会意义。孟懿子问孝，孔子回答说："无违。""无违"是指"无违礼节"，孔子对此有一个具体的诠释："生，事之以礼；死，葬之以礼，祭之以礼。"(《为政》)以周礼善待亡亲，也是孔子孝论的基本规定之一。在孔子心目中，周武王和周公就是这方面的典范。他们懂得孝的内在精髓，因为孝不仅体现在生前如何孝敬父母，也表现于父母死后如何继承前人的遗志，完成前人未竟之事业。"敬其所尊，爱其所亲，事死如事生，事亡如事存，孝之至也。"(《礼记·中庸》)实际上，孔子之所以非常重视丧祭之礼，其原因并不仅仅在于其间渗透着"事死如事生，事亡如事存"的孝道精神，更重要的在于这种丧祭之礼可以起到"教民追孝"的社会伦理教化的作用。"子云：'祭祀之有尸也，宗庙之有主也，示民之有事也。修宗庙，敬祀事，教民追孝也。以此坊民，民犹忘其亲。'"（《礼记·坊记》）值得注意的是，出土文献也有与孔子思想相吻合的材料。譬如，郭店楚简《六德》云："孝，本也。下修其本，可以断讪。生民斯必有夫妇、父子、君臣。君子明乎此六者，然后可以断讪。"[1] 睡虎地秦墓竹简《为吏之道》亦云："君鬼（怀）臣忠，父兹（慈）子孝，政之本也。"[2] 孝不仅是伦理道德之"本"，也是社会政治之"本"。

孔子虽然非常重视丧祭之礼，但他追求的是在这种礼仪中孝子所产生的内在的自然亲情，而不是片面追求与重视丧敬之礼外在形式的周密与繁缛。在这一点上，最容易引起后人的误解（实际上这一误解已经产生）。孔子说："丧致乎哀而止。""士见危致命，见得思义，祭思敬，丧思哀，其可已矣。"（《子张》）"孝子之丧亲也，哭不依，礼无容，言不文，服美不安，闻乐不乐，食旨不甘，此哀戚之情也。"[3] 每个人在社会上扮演某种"自然角色"的同时，也在扮演着某种"社会角色"。每一种社会角色都有其相应的法律义务、行为规范和言行禁忌，人的真情实感往往隐匿于各种厚重的社会角色的"盔甲"背后。孔子认为，往往在至亲亡故之时，一个人的真实情感才会淋漓尽致地袒露在众人面前。"人未有自致者也，必也亲丧乎！"（《子张》）

---

[1] 刘钊：《郭店楚简校释》，第119—120页。另参阅荆门市博物馆编：《郭店楚墓竹简》，文物出版社1998年版。

[2] 睡虎地秦墓竹简整理小组编：《睡虎地秦墓竹简》，文物出版社1990年版，第169—170页。

[3] 胡平生译注：《孝经·丧亲》，中华书局1996年版，第51页。

因此，在丧祭之礼中，孔子强调的是内在自然的悲痛与哀思之情。"哀"与"敬"二字代表着孔子孝论在丧祭之礼上的基本观点，由此而来，只要是出自内在的真情实意，一切过激的言行也是可以理解的。"孔子曰：'君薨，听于冢宰，歠粥，面深墨，即位而哭。百官有司莫敢不哀，先之也。'"（《孟子·滕文公上》）必须辨明的一点是，孔子反对"厚葬"。《礼记·檀弓上》篇载："子游问丧具。夫子曰：'称家之有亡。'子游曰：'有亡恶乎齐？'夫子曰：'有，毋过礼。苟亡矣，敛首足形，还葬，县棺而封，人岂有非之者哉？'""称家之有亡"之"亡"通"无"，孔子主张应根据各家的经济实力办理丧事，切不可片面追求丧礼之隆盛，关键在于对父母是否有一颗至真至切的孝敬之心。颜回去世时，七十一岁的孔子"哭之恸"，别人劝他不要哭得这么伤心，孔子说："有恸乎？非夫人之为恸而谁为？"但是，当学生们提出要厚葬颜回时，孔子却明确表示反对。颜回的父亲颜路请求孔子卖掉车子来替颜回置办椁，孔子回答说：我的儿子孔鲤死时，也只有内棺，没有外椁。"吾不徒行以为之椁，以吾从大夫之后，不可徒行也。"（《先进》）当孔子听说颜回最后还是被学生们厚葬之后，还一再申明："回也视予犹父也，予不得视犹子也。非我也，夫二三子也。"（《先进》）《仪礼·丧服》篇记载，孝子居丧期间必须住在草棚里，头枕土块，日夜哭泣。《墨子·节葬》篇批评儒家的厚葬主张时也说："处丧之法，将奈何哉？曰：哭泣不秩，声翁，缞绖垂涕，处倚庐，寝苦枕块；又相率强不食而为饥，薄衣而为寒。使面目陷陬，颜色黧黑，耳目不聪明，手足不劲强，不可用也。又曰：上士之操丧也，必扶而能起，杖而能行，以此共三年。"值得注意的是，墨家所批判的恰恰正是孔子所否定的，墨家所倡导的恰好正是孔子所拥护与赞同的。墨家认为，正确的葬埋之法应该是："棺三寸，足以朽骨，衣三领，足以朽肉，掘地之深，下无菹漏，气无发泄于上，垄足以期其所，则止矣。哭往哭来，反从事乎衣食之财，侟乎祭祀，以致孝于亲。"（《墨子·节葬》）墨家的节葬观点与孔子"苟亡矣，敛首足形"的主张是一致的，墨家所批评的那种孝子在守孝期间不思饮食、"必扶而能起，杖而能行"的极端自虐社会风气，也是孔子所坚决反对的。"孔子曰：'身有疡则浴，首有创则沐，病则饮酒食肉。毁瘠为病，君子弗为也。毁而死，君子谓之无子。'"（《礼记·杂记》）守丧期间身上长了脓疮就该洗澡，头顶长疖子就该洗头，身体虚弱就该吃肉补养。不节制哀伤而使身体极度虚弱甚至于丧失性命，恰恰正是使父母绝后的不孝之举。儒家与墨家在相互攻讦的表象背后，隐藏着的却是在同一文化语境下彰显出来的哲学认识的趋同性。

此外，需辨清的一个问题是，孔子反复强调的"三年之丧"是否真的属于殷周丧礼中之最高礼仪，这已经成为学界近几年讨论的一个热门话题。人们普遍认为，有关三年之丧的最早记载见于《尚书·无逸》："其在高宗，时旧劳于外，爰暨小人。作其即位，乃或亮阴，三年不言，其惟不言，言乃雍。"相关表述又散见于《左传》《论语》《孟子》《史记》《礼记》等典籍中，譬如《左传》昭公十一年载:"九月,葬齐归,公不慼。晋士之送葬者,归以语史赵。史赵曰:'必为鲁郊。'侍者曰:'何故?'曰:'归,姓也。不思亲,祖不归也。'叔向曰:'鲁公室其卑乎?君有大丧,国不废蒐。有三年之丧,而无一日之慼。国不恤丧,不忌君也。君无慼容,不顾亲也。国不忌君,君不顾亲,能无卑乎?殆其失国。'"叔向认为,夫人去世,鲁昭公应该实行三年之丧,在此期间不应举行大阅兵。这是文献中有关"三年之丧"的第一次明确记载。《左传》昭公十五年载:"六月乙丑,王大子寿卒。秋八月戊寅,王穆后崩。……既葬除丧,……叔向曰:'王其不终乎。吾闻之,所乐必卒焉。今王乐忧,若卒以忧,不可谓终。王一岁而有三年之丧二焉,于是乎以丧宾宴,又求彝器,乐忧甚矣,且非礼也。彝器之来,嘉功之由,非由丧也。三年之丧,虽贵遂服,礼也。王虽弗遂,宴乐以早,亦非礼也。礼,王之大经也。一动而失二礼,无大经矣。言以考典,典以志经,忘经而多言举典,将焉用之?'"叔向以"三年之丧"礼制来要求周天子,批评周天子没有实行"三年之丧"是"非礼"。《史记·孔子世家》载:"孔子葬鲁城北泗上,弟子皆服三年。三年心丧毕,相诀而去,则哭,各复尽哀,或复留。唯子贡庐于冢上,凡六年,然后去。"焦循认为,"三年之丧"是殷代旧制。《孟子·滕文公上》焦循疏云:"始悟孟子所定三年之丧,引'三年不言'为训,而滕文奉行。即又曰五月居庐,未有命戒。是皆商以前之制,并非周制。周公所制礼,并未有此。"傅斯年在《周东封与殷遗民》一文中说:"唯一可以解释此困难者,即三年之丧,在东国,在民间,有相当之通行性,盖殷之遗礼,而非周之制度。"[1]胡适在《说儒》一文中也认为:"三年之丧是'儒'的丧礼,但不是他们的创制,只是殷民族的丧礼。"[2]他们根据《尚书·无逸》和《论语·宪问》中的材料进而认为,先秦文献中所载与"三年之丧"有关的传说人物,如太甲、高宗、孝己等,皆是殷人;与"三年之丧"有关的齐鲁地区又是殷遗民比较集中的地区,孔子就是殷人的后裔,孔子所称许的"三年之丧"其实就是殷代的丧礼。冯友兰对他们的观点有所修正,认为"三年之丧"既是周礼,也"并不否认他也是殷制"[3]。也有人既不赞同傅斯年、胡适之论,也不同意冯友兰的观点。郭沫若在《驳〈说儒〉》一文中指出,"三年之丧并非殷制"。他对《论语·宪问》中的"高宗谅阴,三年不言"做了新的诠释,认为"阴"即"瘖","谅"为"真正",殷高宗患了"不言症",所以三年不言。"殷高宗的'谅阴'既是不言症而非倚庐守制,那么三年之丧乃殷制的唯一根据便失掉了。"[4]郭沫若进而列举了四片甲骨卜辞作证,并且断言:"三

---

[1] 傅斯年:《民族与古代中国史》,河北教育出版社2002年版,第75页。

[2] 胡适:《说儒》,《胡适学术文集》,中华书局1991年版。

[3] 冯友兰:《原儒墨》,《中国现代学术经典·冯友兰卷》,河北教育出版社1996年版,第948页。

[4] 《郭沫若全集》第一卷,人民出版社1982年版,第436—440页。徐中舒不同意郭沫若的观点,认为"这是孔子出生之前的事,可见当为传统旧制而不是出于孔子的杜撰"。参见徐中舒:《先秦史论稿》,巴蜀书社1992年版,第306—307页。

年之丧……断然是孔子的创制。"[1]或许受郭沫若论点影响,有的学者进一步认为,"春秋虽未都行三年之丧制,但有些士人力主行三年丧制,主要代表是晋国的叔向和鲁国的孔子"[2]。近几年来,有的学者在前人研究基础上进而认为:"'三年之丧'的记载最早见于春秋时期,但是当时并未真正实行过。春秋战国时代各国普遍实行的是一种'既葬除丧'的短丧。殷代和西周同样也未实行过什么'三年之丧'。《尚书·无逸》云:'高宗谅阴,三年不言。''谅阴'是指诚信地进行衣祀,阴即衣祀。'三年'是指殷代周祭的一个衣祀年(36—37旬),三是虚数。殷人从武丁到帝乙、帝辛时代一直在举行衣(殷)祀,即系统的周祭,遍祀先王先妣。春秋时期,叔向、孔子等人结合殷代的周祭(衣祀),将当时通行的'既葬除丧'的社会习俗加以规范、理想化的改造,在殷人的一个实足的衣祀年的基础上,首尾添加了一点虚数,就演变成了后世儒家尊奉的所谓'三年之丧'这种丧服制度中的最高礼仪。"[3]综合前贤今哲的观点,有两点值得注意:其一,对《尚书·无逸》篇的理解至今仍然是众说纷纭,学界尚未达成共识。其二,就现有文献资料与考古资料而言,要全面否定"三年之丧"不是殷周丧礼尚嫌理由不够充分。

---

[1] / 参见郭沫若:《长安县张家坡铜器群铭文汇释》,载《考古学报》1962年第1期。

[2] / 顾德融、朱顺龙:《春秋史》,上海人民出版社2001年版,第488页。

[3] / 参见方述鑫:《"三年之丧"起源新论》,载《四川大学学报》2002年第2期。

三、"爱而敬":曾子谈孝

根据钱穆先生的考证,曾参的生卒年为公元前505年至前436年[1]。曾参父子同为孔子弟子,但曾子入孔门的时间比较晚,可能是在孔子结束周游列国回到鲁国之后。曾子比孔子小46岁,在孔门弟子中年龄最小。在孔子最得意的学生颜回去世之后,曾参成为在道统上继承与传播孔子学说的主要代表人物。孔子对曾参也寄予了殷切希望,在先秦典籍中可以发现许许多多师徒之间的对话。譬如,《大戴礼记·主言》篇记录的全是孔子、曾子问答之语。在"孔子闲居,曾子侍"之时,曾子问:"敢问何谓主言?""敢问不费不劳可以为明乎?""敢问何谓七教?""敢问何谓三至?"此外,在《礼记》《孝经》中也可见到大量的师徒之间的问答。曾子在多年的学生生涯中,逐渐也摸索出了如何有针对性地向老师提问的诀窍:"君子学必由其业,问必以其序。问而不决,承间观色而复之,虽不说亦不疆争也。"(《大戴礼记·曾子立事》)公元前476年,曾子为孔子守丧结束后,开始在故乡设帐,讲学授徒、著书立说,广泛传播孔子学说。在儒学发展史上,正因为曾子肩负传道者的重任,在先秦典籍中存在着大量的孔子、曾子言词非常近似的材料:

孔子说:"父在,观其志,父没,观其行。三年无改于父之道,可谓孝矣。"(《论语·学而》)

曾子说:"吾闻诸夫子:孟庄子之孝也,其他

[1] 钱穆:《先秦诸子系年》,商务印书馆2002年版,第694页。

可能也,其不改父之臣与父之政,是难能也。"(《子张》)

孔子说:"后生可畏,焉知来者之不如今也?四十、五十而无闻焉,斯亦不足畏也已。"(《子罕》)

曾子说:"三十、四十之间而无艺,即无艺矣;五十而不以善闻矣。"(《大戴礼记·曾子立事》)

孔子说:"生,事之以礼;死,葬之以礼,祭之以礼。"(《为政》)

曾子说:"生,事之以礼;死,葬之以礼,祭之以礼,可谓孝矣。"(《孟子·滕文公上》)

语言文字上的相似与雷同,恰恰间接证明曾子在儒家文化薪变流传过程中的重要地位。正如元朝文宗所赞:"朕惟孔子之道,曾氏独得其宗,盖本于诚身而已也。观其始于'三省'之功,卒闻'一贯'之妙,是以友于颜渊而无愧,授之思、孟而不湮者与!"[1]

值得注意的是,近些年发现的郭店楚墓竹简的内容与《大戴礼记》中的《曾子》十篇多有相似之处:

例一,郭店楚简《缁衣》简文:"子曰:王言如丝,其出如纶;王言如索,其出如綍。故大人不倡流。《诗》云:'慎尔出话,敬尔威仪。'"[2]"故大人不倡流"一句,在《曾子立事》篇记为"君子不唱流言",《礼记·缁衣》篇记为"故大人不倡游言"。流言即"游言",即无根据的言论。

---

[1] /《山东省志》编纂委员会编:《山东省志·曾子志》第三章《历代颂赞》,山东人民出版社,2001年,第215页。

[2] / 刘钊:《郭店楚简校释》,第61页。

例二，郭店楚简《缁衣》简文："子曰：可言不可行，君子弗言；可行不可言，君子弗行。"[1]《曾子立事》谓："人信其言，从之以行，人信其行，从之以复。"楚简《缁衣》和《曾子立事》都强调言行应一致。

例三，郭店楚简《六德》篇："是故先王之教民也，始于孝弟。君子于此一偏者无所废……孝，本也。下修其本，可以断讪。"[2]《曾子大孝》篇谓："民之本教曰孝，其行之曰养。"《孝经·开宗明义》又言："夫孝，德之本也，教之所由生也。"孝是伦理教化之本，三种文本的论点基本一致。

学界普遍认为，郭店楚墓的下葬年代约在公元前300年左右，竹简写成的时代应当更早。保存在《大戴礼记》中的《曾子》十篇，曾被其他先秦文献所征引。譬如，《荀子》和《吕氏春秋》皆引用《曾子》文句。据此推断，《大戴礼记》中的《曾子》十篇当是先秦文献，其写作时代早于郭店楚墓竹简，两者的思想内涵呈现出前后相续的逻辑关系。曾子以孝论著称于世，其孝论源于孔子，泽披孟、荀。总括其要，曾子孝论包含以下几层义旨：

（一）养亲

《诗经·小雅·蓼莪》云："哀哀父母，生我劬劳。"父母为抚育子女成人，含辛茹苦，历尽艰辛。子女成人后当思鸟兽反哺之情，尽其所有供养双亲，使父母在物质生活上尽可能

[1] 刘钊：《郭店楚简校释》，第62页。

[2] 刘钊：《郭店楚简校释》，第119页。

得到满足,这是曾子孝论最低限度的要求:"曾子孝于父母,昏定晨省,调寒温,适轻重,勉之于糜粥之间,行之于衽席之上,而德美重于后世。"[1] "曾子养曾皙,必有酒肉;将彻,必请所与;问有余,必曰'有'。曾皙死,曾元养曾子,必有酒肉;将彻,不请所与;问有余,曰'亡矣'。——将以复进也。此所谓养口体者也。若曾子,则可谓养志也。事亲若曾子者,可也。"(《孟子·离娄上》)昏定晨省、嘘寒问暖,是子女每日应行之礼节。为双亲提供一个良好的物质生活条件,是须臾不可忘怀之养亲之道。"往而不可还者亲也,至而不可加者年也。是故孝子欲养,而亲不待也。"[2] 青山不老,韶光易逝。俟至子女成人,父母年寿已高,在世之日有减无增。子女养亲应有紧迫感,安身处世应以如何才能奉养好双亲作为其基本价值尺度。"亲戚既殁,虽欲孝,谁为孝?年既耆艾,虽欲弟,谁为弟?故孝有不及,弟有不时,其此之谓与?"(《大戴礼记·曾子疾病》)基于此,曾子提出了一个入仕原则:父母在时,子女应"不择官而仕"。"故吾尝仕为吏,禄不过钟釜,尚犹欣欣而喜者,非以为多也,乐其逮亲也。既没之后,吾尝南游于楚,得尊官焉,堂高九仞,榱题三围,转毂百乘,犹北乡而泣涕者,非为贱也,悲不逮吾亲也。故家贫亲老,不择官而仕。若夫信其志,约其亲者,非孝也。"[3] 他在莒国任低级官吏,俸禄只不过是三秉小米,却没有

---

[1] 王利器撰:《新语校注·慎微》,中华书局1986年版,第89页。

[2] 韩婴撰,许维遹校释:《韩诗外传集释》卷七,中华书局1980年版,下引此书只标注书名和篇名。

[3] 《韩诗外传集释》卷七。

嫌弃，而是"欣欣而喜"，因为双亲可以享用，人生价值已得到实现；父母亲去世后，齐国、晋国、楚国竞相聘他为官，俸禄优渥，但曾子却"北乡而泣涕"，其原因在于父母已辞世。如果一定要等到高官厚禄、荣华富贵之时才想起奉养双亲，那是一种不孝行为。

（二）敬亲

孟子认为人之异于禽兽者"几希"，"几希"之别就在于人类有伦理道德观念。孔子尝云："今之孝者，是谓能养。至于犬马，皆能有养；不敬，何以别乎？"（《为政》）从物质生活上供养双亲仅仅只是人伦之孝的初始要求，只有建立在忠心敬爱血缘情感之上的孝亲，才是孝道深层底蕴，否则与禽兽生理本能并无性质上的区别。曾子把孝分为三大层次："孝有三：大孝尊亲，其次不辱，其下能养。"（《大戴礼记·曾子大孝》）这三大层次实际上也就是孝之三境界。"尊亲"即敬亲，何谓"敬"？曾子自释："君子之孝也，忠爱以敬，反是乱也。"（《曾子立孝》）"敬"的基本含义为忠心之爱，敬亲是指建立在自然情感基础上的敬爱之心。学生单居离问曾子："事父母有道乎？"曾子答："有，爱而敬。"（《曾子事父母》）敬亲是养亲的伦理尺度，敬亲前提下的养亲才合乎人伦之孝。《盐铁论·孝养》篇载："周襄王之母非无酒肉也，衣食非不如曾晳也，然而被不孝之名，以其不能事其父母也。君子重其礼，小人贪其养。夫嗟来而招之，投而与之，乞者由不取也。君子苟无其礼，虽美不食焉。"周襄王位居九五之尊，天下为家，应有尽有，但仍然蒙受"不孝"之恶名，其原因就在于周襄王之孝只不过是一种"养口体"之孝,而不是"养志"之孝。这恰如《庄子·外物》篇所论:"人亲莫不欲其子之孝,而孝未必爱,故孝己忧而曾参悲。"《孟子·尽心下》篇记载了这样一则故事:"曾晳嗜羊枣,而曾子不忍食羊枣。公孙丑问曰:'脍炙与羊枣孰美?'孟子曰:'脍炙哉!'公孙丑曰:'然则曾子何为食脍炙而不食羊枣?'曰:'脍炙所同也,羊枣所独也。讳名不讳姓,姓所同也,名所独也。'"曾晳喜食羊枣,曾子因而忌食羊枣,以示对父敬慕。这种做法虽然已趋极端,但恰恰说明曾子所追求的是一种基于血缘之爱、内心之情基础上的精神境界,而不是与禽兽略无差异的"养口体"之孝。学生公明仪问曾子:"夫子可谓孝乎?"曾子回答说:"是何言与!是何言与!君子之所谓孝者,先意承志,谕父母以道。参直养者也,安能为孝乎!身者,亲之遗体也。行亲之遗体,敢不敬乎!"(《曾子大孝》)孝是一种生命境界,曾子认为自己只是一个"直养者",属于最低层次,算不上是一个"孝者";真正的"孝者"是"先意承志,谕父母以道"。曾子自我评价为"直养者",这当然是曾子的谦逊之词。但由此可以看出,曾子所说的"敬亲"不是三五天就可以实现的,它指的是一种经过几十年如一日的道德修养而达到的人伦境界。

(三) 谏亲

曾子主张应将孝亲建立在敬亲爱亲的自然情感上,但因此也引发出一个问题:如果父母尊长言行不当,子女应当如何做才符合孝道?曾子曾经就此问题请教于孔子,"曾子曰:'敢问子从父之令，可谓孝乎？'子曰：'是何言与？是何言与？昔者天子有争臣七人，虽无道，不失其天下；诸侯有争臣五人，虽无道，不失其国；大夫有争臣三人，虽无道，不失其家；士有争友，则身不离于令名。父有争子，则身不陷于不义。故当不义，则子不可以不争于父；臣不可以不争于君；故当不义则争之。从父之令，又焉得为孝乎？'"（《孝经》卷十五）天子有谏诤之臣，虽遭乱世能保天下，诸侯能保国，卿大夫能保家，士能保全名声。由此推论，父母有讽诤之子，可以帮助双亲避免蒙受不仁不义之恶名。因此，父母有过，向其讽谏非但合乎孝道，而且是孝子应尽之义务。《荀子·子道》也载有类似的材料："鲁哀公问于孔子曰：'子从父命，孝乎？臣从君命，贞乎？'三问，孔子不对。孔子趋出，以语子贡，曰：'乡者，君问丘也，曰："子从父命，孝乎？臣从君命，贞乎？"三问，而丘不对。赐以为何如？'子贡曰：'子从父命，孝矣；臣从君命，贞矣。夫子有奚对焉？'孔子曰：'小人哉！赐不识也！昔，万乘之国，有争臣四人，则封疆不削；千乘之国，有争臣三人，则社稷不危；百乘之家，有争臣二人，则宗庙不毁；父有争子，不行无礼；士有争友，不为不义。故，子从父，奚子孝？臣从君，奚臣贞？审其所以从之之谓孝、之谓贞也。'"孔子在这一问题上的态度十分明确：父义则从，父不义则谏。基于此，曾子进而提炼出了"以义辅亲""以正致谏""微谏不倦"等等谏亲原则。"君子之孝也，以正致谏；士之孝也，以德从命；庶人之孝也，以力恶食。任善，不敢臣三德。故孝之于亲也，生则有义以辅之,死则哀以莅焉,祭祀则莅之以敬;如此,而成于孝子也。"(《曾子本孝》)不仅如此,曾子还将此从情感上加以消化、认可,升华为"君子三乐"之一,将本来是外在伦理之规范内化为心理之愉悦。"曾子曰:'……君子有三乐,钟磬琴瑟不在其中。'子夏曰:'敢问三乐?'曾子曰:'有亲可畏,有君可事,有子可遗,此一乐也;有亲可谏,有君可去,有子可怒,此二乐也;有亲可喻,有友可助,此三乐也。'"[1]值得一提的是,郭店楚简的谏诤思想与孔子、曾子一脉相承。简文《鲁穆公问子思》云:"鲁穆公问于子思曰:'何如而可谓忠臣?'子思曰:'恒称其君之恶者,可谓忠臣矣。'公不(悦),揖而退之。"[2]虽然简文只涉及"谏君",但是,在先秦儒家思想逻辑思维中,"谏亲"在先,"谏君"在后,先亲后君,"谏君"是"谏亲"必然的逻辑走向。

但是,曾子之问实际上只触及了问题的一个方面。问题的另一面是:父母有过失,但拒绝听从子女劝阻,子女如何做才符合孝道?孔子的态度为:"事父母几谏,见志不从,又敬不违,劳而不怨。"(《里仁》)子女应该反复婉言相劝,如果父母仍然一意孤行、刚愎自用,子女不应滋生怨恨之心,应当一如从前孝敬双亲。但是,子女也不应该丧失原则立场,盲目顺从父母。孔子的这一观点对曾子影响至深,后来曾子弟子单居离也就这一敏感性问题请教过曾子,曾子的回答与孔子大抵相似:

---

[1]《韩诗外传集释》卷九。

[2] 刘钊:《郭店楚简校释》,第177页。另参阅荆门市博物馆编:《郭店楚墓竹简》,文物出版社1998年版。

"父母之行，若中道则从，若不中道则谏，谏而不用，行之如由己。从而不谏，非孝也；谏而不从，亦非孝也。孝子之谏，达善而不敢争辩。争辩者，作乱之所由兴也。"（《曾子事父母》）曾子为谏亲设立了一个界限："谏而不逆。"（《曾子大孝》）如果父母不思悔过，子女不应拂逆父志，不可由婉言讽谏上升而为争斗。曾子主张在这一问题上应"巧变"，临事变通，其实质在于如何在"从"与"谏"的矛盾对立中寻求一个合情合理的平衡点。

孔子与曾子的"谏亲"思想，后来在荀子思想中得到了进一步发扬光大。荀子将其提升为"从道不从君，从义不从父"（《荀子·子道》）。子女在三种情况下可以"不从命"："从命，则亲危；不从命，则亲安；孝子不从命，乃衷。从命，则亲辱；不从命，则亲荣；孝子不从命，乃义。从命，则禽兽；不从命，则修饰；孝子不从命，乃敬。"（《子道》）道义是荀子思想中的最高价值理性，人们不可牺牲价值理性去无原则地迎合父母意志。一个人只有明白了从与不从的理性尺度，才可称得上"大孝"。"故可以从而不从，是不子也；未可以从而从，是不衷也。明于从不从之义，而能致恭敬、忠信、端悫，以慎行之，则可谓大孝矣。"（《子道》）

（四）"慎终追远"

"慎终"是指按照丧礼慎重办理父母丧事，"追远"指春秋祭祀，以示孝子终生怀念之情。"慎终追远"是孝道社会化仪式的两大原则。"生,事之以礼;死,葬之以礼,祭之以礼,可谓孝矣。"(《孟子·滕文公上》)《礼记·曾子问》篇详细录载曾子向孔子问"丧礼"经过:"三年之丧,吊乎?""宗子为士,庶子为大夫,其祭也如之何?""君之丧既引,闻父母之丧,如之何?""除丧则不复昏礼乎?"所问丧礼四十四条之多,巨细靡遗,详赡入微。尊重丧礼,依照礼节慎重操办丧事,是曾子"慎终追远"的基本要求。《礼记·檀弓》篇记载的诸多故事,足以表明他对丧礼的重视:

例一,曾子卧病在床,病情垂危。乐正子春和曾元、曾申在床边侍候时,一个童子端着蜡烛坐在角落。童子说:多么漂亮光滑的席子啊!是大夫用的席子吧?曾子说:"然,斯季孙之赐也,我未之能易也。"然后叫曾元、曾申赶紧撤换席子。曾元说:您重病在身,起卧不方便,等到天亮再换吧。曾子批评他说:"尔之爱我也不如彼。君子之爱人也以德,细人之爱人也以姑息。吾何求哉?吾得正而毙焉,斯已矣。"曾元等人只好抬起曾子,更换这床大夫身份才能用的席子。当他们再把曾子抬到床上时,曾子已经溘然长逝。

例二,曾子和子游到负夏参加葬礼。丧主将设好的祖奠撤去,并将柩车转回原位,等曾子等人吊唁后才让妇女们下堂行奠礼。随行者问曾子:"礼与?"曾子说:祖,是暂且的意思。既是暂且移动柩车,为什么不可以再恢复原位呢?随行者再问子游:"礼与?"子游说:在室窗下含饭,在室门内小敛,在阼阶上大敛,在客位上殡棺柩,在庭中设祖奠,在墓坑中安葬,这样来体现由近及远的意思。因此,丧事按照礼节只能进不能退。曾子听到后评论说:"多矣乎! 予出祖者。"

例三,有一次,曾子掩好里面的皮袄前去吊唁,同行的子游却袒露出皮袄。曾子说:袒露皮袄参加吊唁不合礼仪。过了一会儿,丧主为死者小敛之后,袒露左臂,用麻束发。子游快步而出,掩好里面的皮袄,腰系葛带再进去。曾子于是说:"我过矣!我过矣!夫夫是也。"

此外,曾子非常重视丧亲之情,情重于礼。《尸子》卷下云:"曾子每读《丧礼》,泣下沾襟。"之所以如此,并非因为《丧礼》宏博精深,而是念及双亲哺育之恩,慨叹不能一如从前孝敬尊长。"丧致乎哀而止",丧礼虽然周全,如果缺乏真心诚意,那只不过是一种虚伪的矫饰:"大辱加于身,支体毁伤,即君不臣,士不交,祭不得为昭穆之尸,食不得口昭穆之牲,死不得葬昭穆之域也。弟子为师服者,弟子有君臣、父子、朋友之道也。故生则尊敬而亲之,死则哀痛之。恩深义重,故为之隆服。入则绖,出则否也。"[1]不思饮食、不思梳洗,言不文饰,形容憔悴,是孝子丧亲之情的自然流露。"生事爱敬,死事哀戚。"(《孝经》卷十八)"慎终"固然重要,但不是终极目的,"以时思之"的"追远"才是孝子应追求之目标。曾子父亲去世的时候,他十分悲伤,攀着丧车哭泣不辍,"水浆不入于口者七日"。(《礼记·檀弓上》)曾子也很尊敬母亲,听说有个地名叫"胜母",坚决不肯前往该地。有一次他吃生鱼片,味道鲜美,他忽然停下了筷子。别人问其中的原

1 / 陈立撰,吴则虞点校:《白虎通疏证》卷十一《丧服》,中华书局1994年版。

因，曾子说：母亲健在时，从未吃过生鱼片。从此以后，他再也不吃生鱼片。

（五）全体、贵生

曾子认为："身者，父母之遗体也。行父母之遗体，敢不敬乎？""父母生之，子弗敢杀；父母置之，子弗敢废；父母全之，子弗敢阙。"（《吕氏春秋·孝行》）《孝经》进而将这些表述提炼为"身体发肤，受之父母"。子女躯体是父母"遗体"在另外一种形式上的延续，子女对自己的生命体只有使用权，没有所有权。基于这一生命理论，"残伤身体"也就是残伤父母之身体，自然也是一种不孝行为。父母"全而生之"，子女"全而归之"，成为孝子孝行之一。《大戴礼记·曾子大孝》载：曾子弟子乐正子春不慎扭伤了脚，伤瘳之后，仍然连续几个月闭门不出。学生问其中缘故，乐正子春回答说："善如尔之问也！吾闻之曾子，曾子闻诸夫子曰：'天之所生，地之所养，人为大矣。父母全而生之，子全而归之，可谓孝矣；不亏其体，可谓全矣。'故君子顷步之不敢忘也。今予忘夫孝之道矣，予是以有忧色。故君子一举足不敢忘父母，一出言不敢忘父母。"乐正子春脚伤虽已痊愈，仍数月闭户不出，面壁思过。因为按照"父母全而生之，子全而归之"孝道，子女对自己的生命体就不再拥有所有权，人的一生是代行父母"遗体"的生命运动过程。基于此，"全体""贵生"也就成了人伦之孝的一项特殊要求，并且由此而产生了众多烦琐的行为禁忌：

孝子不登高，不履危，庳亦弗凭。(《大戴礼记·曾子本孝》)

故道而不径，舟而不游。(《曾子大孝》)

不苟笑，不苟訾，隐不命，临不指，故不在尤之中也。(《曾子本孝》)

孝子游之，暴人违之。出门而使不以，或为父母忧也。(《曾子本孝》)

曾子的这一表述，与《论语·里仁》"父母在，不远游，游必有方"同出一辙。

曾子病危之际，将弟子召集到床前，对他们说："启予足，启予手！《诗》云：'战战兢兢，如临深渊，如履薄冰。'而今而后，吾知免夫！小子！"(《论语·泰伯》)曾子之所以一生"战战兢兢"，是因为他活着的时候总担心自己的躯体受到损害而不能完好无损地归还父母，临终之际终于做到了。曾子希望弟子们仿效自己，为了能实现这一孝道，由此而来衍生出了一系列的"养生"之道：整修房屋，节制饮食，是"养体之道"；立五色，设五彩，色彩缤纷，是"养目之道"；六律准确，五声和谐，八音协调，是"养耳之道"；脍不厌细，食不厌精，是"养口之道"；面色和善，言语动听，举止有礼，是"养志之道"。"此五者代进而厚用之，可谓善养矣。"(《吕氏春秋·孝行》)由此我们很自然地联想起杨朱"贵生"哲学。"阳生贵己"，(《吕氏春秋·不二》)

"杨子取为我,拔一毛而利天下,不为也"。(《孟子·尽心上》)这种轻物重生的生命哲学否定了上帝,否定了祖先神,打碎了笼罩在人类头上的一切神灵光环,从人自身来认识人、说明人,将人视为宇宙中独立的生命存在,视为具备高度智慧的感觉体。一切伦理道德价值观念的善与恶,社会制度的对与错,裁决于唯一的价值尺度——是否对人之"性"有利。"利于性则取之,害于性则舍之,此全性之道也。"(《吕氏春秋·本生》)圣人重生轻物,"以物养性",故能"全天""全生"。富贵之人重物轻生,"以性养物",因而"害生"。杨朱贵己生命哲学虽然与曾子孝论的具体内涵和哲学旨趣上有所不一,但在弘扬生命价值、重视人类主体在宇宙中的中心地位方面,两人的观点有异曲同工之妙[1]。

养亲、敬亲、谏亲、慎终追远、全体贵生,构成曾子人伦之孝的基本框架。以出自内心的忠爱之心孝敬双亲,并奉为子女不易之圭臬,这是源于孔子继而在曾子孝论中发扬光大的精华之所在。但是,曾子孝论也存在着不足之处。《淮南子·齐俗训》云:"公西华之养亲也,若与朋友处;曾参之养亲也,若事严主烈君。"公西华在父子人格平等基础上孝敬双亲,曾子恰好相反,将父子关系建立在"有亲可畏"的前提下。虽然曾子强调"坐如尸,立如齐,弗讯不言,言必齐色"是"成人之善者",而非"为人子之道"。(《大

---

[1] 古希腊诡辩学派创始人普罗塔哥拉提出"人是万物之尺度",这一命题适用于一切存在与非存在。人的意志是决定人类对世界认识的准绳,知识就是感觉,一切真理都是相对的。在敬畏生命、弘扬人的主体性方面,普罗塔哥拉与杨朱哲学似有异曲同工之处。

戴礼记·曾子事父母》)但是养亲"若事严主烈君"这一观点并非源于孔子,也与孔子思想不合。这极有可能是曾子年轻时有关孝亲的认识,这一不成熟的孝亲观在经过孔子点拨之后,发生了极大变化。《韩诗外传》卷八载:"曾子有过,曾晳引杖击之。仆地,有间乃苏。起曰:'先生得无病乎?'鲁人贤曾子,以告夫子。夫子告门人:'参来勿内也。'曾参自认为无罪,使人谢孔子。孔子曰:'汝不闻昔者舜为人子乎?小箠则侍笞,大仗则逃,索而使之,未尝不在侧。索而杀之,未尝可得。今汝委身以待暴怒,拱立不去,杀身以陷父不义,其不孝孰大焉,非王者之民邪?杀王者之民,其罪何如?'""王者之民"是一伦理范畴,旨在说明人格平等。这一案例或许过于典型,因而《说苑·建本》和《孔子家语·六本》等典籍并录此事。曾子遭其父虐待,苏醒后不反思其父行为是否已背离"父慈"之道,反而奏瑟为其父消怒,即使是传授孝道的孔子对曾子这种过犹不及的愚孝行为也非常生气。毫无原则立场的逆来顺受,似乎是大孝之行,但实际上是陷父于不义,恰恰是一种不孝之举。人伦之孝,应以父子人格平等为前提,这恰恰正是孔子孝论的精华之所在。在经过孔子的教诲之后,中年以后的曾子一改过去战战兢兢的拘谨心态,显得非常洒脱、自由:"曾子布衣温袍未得完,糟糠之食、藜藿之羹未得饱,义不合则辞上卿。不恬贫穷,安能行此?"[1]"曾子居卫,温袍无表,颜色肿哙,手足胼胝。三日不举火,十年不制衣,正冠而缨绝,捉衿而肘见,纳屦而踵决,曳纵而歌

[1] 刘向撰,赵善诒疏证:《说苑疏证》卷四《立节》,华东师范大学出版社1985年版。

《商颂》,声满天地,若出金石。天子不得臣,诸侯不得友。"(《庄子·让王》)两汉以后的士人甚至将曾子尊奉为豹隐山林的隐士,尽管衣衫褴褛,生活困顿,仍以人格独立为人生处世之标准,视名利为束缚自由心志的人生牢笼。"天子不得臣,诸侯不得友。"曾子之志向,已与超然物外、不为尘俗欲望所累的道家庄子并无二致。这两段史料的确凿性虽尚有待细考,但认为曾子以孝义处世、特立独行,却是精当之论,这从曾子独具一格的君子人格追求中也可得到证实:"曾子曰:'辱若可避,避之而已。及其不可避,君子视死如归。'"(《春秋繁露·竹林》)"曾子曰:'士不可以不弘毅,任重而道远。仁以为己任,不亦重乎?死而后已,不亦远乎?'"(《论语·泰伯》)重视生命价值,力求生命不受世俗欲望的污染。但是,一旦社稷倾圮、生民倒悬,则又临难不辱、视死如归。道德生命价值远远重于生理生命,曾子的"君子人格"后来又深刻地影响了孟子,孟子的"大丈夫"人格当是对孔子、曾子君子人格之升华。

四、孟子:从"相责以善"到"父子不责善"

在家庭伦理层面上,孔子孝论注重父子自然亲情,倡导子女人格平等,父义则从,父不义则谏。孔子、曾子"以正致谏"原则后来被孟子完全地移植到社会政治伦理中,泛伦理化的倾向有增无减。孟子"君臣相责以善"的"善"之内涵当为仁义,即以仁义这一最高价值理性衡评君臣之间关系。"君臣相责以善"施行的前提是将君臣关系重新论证为以德相交的"友",而非传统意义上的以势利相交,"返祖"化现象背后隐伏的是其民本主义政治立场。孔子、曾子与子思在家庭伦理语境中提倡的父子"相责以善",衍变为社会政治伦理领域中"君臣相责以善"。从"相责以善"到"父子不责善",这是儒家孝论在春秋战国时代出现的逻辑变化。

先秦儒家普遍认为,道德观念源出于天,天是伦理道德存在正当性之终极依据。从孔子的"天生德于予",到《中庸》的"天命之谓性",再到孟子的"良知""良能",其间的逻辑性线索非常清晰。"人之所不学而能者,其良能也;所不虑而知者,其良知也。孩提之童,无不知爱其亲者,及其长也,无不知敬其兄也。亲亲,仁也;敬长,义也。无他,达之天下也。"(《孟子·尽心上》)"爱其亲"是先验性之"定在","亲亲"自然扩充而为"仁"。因此,人的一生是向内用功的生命体验,是不断护守、弘扬先在性伦理观念的道德化过程。孔子、曾子儒家孝论演变至孟子,发生了一些转折。这主要表现在两个方面:其一,"父子之间不责善";其二,君臣之间"相责以善"。我们在此分别加以评述。

(一)"父子之间不责善"

在《孟子》文本中,经常出现"事亲"一词[1],

---

[1] 《唐律疏议》界定说:"善事父母曰孝。既有违犯,是名'不孝'。"侍奉父母、遵从其意志为孝;违反父母意志、侵犯父母之尊严则为不孝。隋唐时代"孝"范畴的所指与能指与孔子儒家相比,已发生了重大变化。此间的孝范畴已实现忠孝合一、家庭伦理与政治伦理合流,孝与不孝的标准主要显现为是否在意志与行动上绝对无条件地顺从父母尊长的意志。

这是孔子与曾子所未曾提及的一个新概念。"仁之实,事亲是也;义之实,从兄是也;智之实,知斯二者弗去是也。""事孰为大?事亲为大;守孰为大?守身为大。"在孟子看来,事亲的原则就是"顺亲":"不得乎亲,不可以为人;不顺乎亲,不可以为子。"(《孟子·离娄上》)"人悦之、好色、富贵,无足以解忧者,惟顺于父母可以解忧。"(《万章上》)孟子曾经比较了曾子事亲与曾元事亲之区别:"曾子养曾晳,必有酒肉;将彻,必请所与;问有余,必曰:'有。'曾晳死,曾元养曾子,必有酒肉;将彻,不请所与;问有余,曰:'亡矣。'将以复进也。此所谓养口体者也,若曾子,则可谓养志也。事亲若曾子者,可也。"《离娄上》曾子事亲是承顺其心意,曾元事亲是以饮食奉养其口欲。前者是"养志"之孝,后者是"养口体"之孝。《孟子·万章上》又载,弟子万章问孟子:舜为何对天哭诉?难道他抱怨父母吗?孟子说:"我竭力耕田,共为子职而已矣。父母之不我爱,于我何哉?帝使其子九男二女,百官牛羊仓廪备,以事舜于畎亩之中,天下之士多就之者,帝将胥天下而迁之焉。为不顺于父母,如穷人无所归。天下之士悦之,人之所欲也,而不足以解忧;好色,人之所欲,妻帝之二女,而不足以解忧;富,人之所欲,富有天下,而不足以解忧;贵,人之所欲,贵为天子,而不足以解忧。人悦之、好色、富贵,无足以解忧者,惟顺于父母可以解忧。人少,则慕父母;知好色,则慕少艾;有妻子,则慕妻子;仕则慕君,不得于君则热中。大孝终身慕父母。五十而慕者,予于大舜见之矣。"这段话包含两层内涵：其一，子女对父母亲的爱是单向度的，而非双向度；其二，人生最高价值之实现不在于富有天下、贵为天子，而在于"顺于父母"。朱熹曾经对"得乎亲"与"顺乎亲"进行过梳理。关于"得乎亲"，朱熹诠释说："不问事之是非，但能曲为承顺，则可以得其亲之悦。苟父母有做得不是处，我且从之，苟有孝心者皆可然也。"何谓"顺乎亲"？朱熹回答说："'顺乎亲'，则和那道理也顺了，非特得亲之悦，又使之不陷于非义，此所以为尤难也。""不得乎亲"，是立足于"心"（自然本性）这一层面上立论，"不顺乎亲"是基于"道"（社会理性）而言。显而易见，朱熹是倾向于"顺乎亲"而否定"得乎亲"的："不得乎亲之心，固有人承颜顺色，看父母做甚么事，不问是非，一向不逆其志。这也是得亲之心，然犹是浅事。惟顺乎亲，则亲之心皆顺乎理，必如此而后可以为子。所以又说'烝烝乂，不格奸'；'瞽瞍厎豫而天下化；瞽瞍厎豫而天下之为父子者定。'"[1]"得乎亲"是不问是非曲直，无条件地服从父母意志。朱熹认为，"得乎亲"是低层次的孝，是"浅事"。而"顺乎亲"是"父子责善"，喻父母于"道"与"理"，是高层次的孝。由此可以看出，朱熹的孝论与孟子已有所不同，但与孔子、曾子思想比较趋近。

正因为孟子过于强调"顺"，所以才会提出"父子之间不责善"这一伦理命题。《孟子·离娄上》载，公孙丑问孟子："君子之不教子，何也？"孟子回答："势不行也。教者必以正，以正不行，继之以怒。继

[1]《朱子语类》卷五十六《孟子·离娄上》。

之以怒,则反夷矣。'夫子教我以正,夫子未出于正也。'则是父子相夷也。父子相夷,则恶矣。古者易子而教之,父子之间不责善。责善则离,离则不祥莫大焉。"朱熹评论说:"教子者,本为爱其子也,继之以怒,则反伤其子矣。父既伤其子,子之心又责其父曰:'夫子教我以正道,而夫子之身未必自行正道。'则是子又伤其父也。"[1] "父子之间不责善"是孟子标新立异的命题,其逻辑为:一旦父子相互责善,就会伤害人伦亲情;伤害人伦亲情,则是天地间最大的"不祥"。匡章是"通国皆称不孝"的人物,但是,孟子不仅"与之游",而且还"从而礼貌之"。孟子为匡章辩护说:"世俗所谓不孝者五:惰其四支,不顾父母之养,一不孝也;博弈好饮酒,不顾父母之养,二不孝也;好货财,私妻子,不顾父母之养,三不孝也;从耳目之欲,以为父母戮,四不孝也;好勇斗很,以危父母,五不孝也。章子有一于是乎?夫章子,子父责善而不相遇也。"(《孟子·离娄下》)《战国策·齐策一》对此事也有著录:"章子之母启得罪其父,其父杀之而埋马栈之下。"匡章可能为此事向其父抗争,结果被其父逐出家门,父子从此成为陌路。匡章一生为抗争之事懊悔不已,并且通过"出妻屏子,终身不养"来惩罚自己。孟子其实是出于同情才与匡章交游,因为在孟子看来,"责善,朋友之道;父子责善,贼恩之大者"(《离娄下》)。父子人伦亲情高于一切,当社会法律与父子人伦亲情发生矛盾冲突时,孟子偏向于首先维护父子人伦亲情。

此外,《孟子》文本中还有两则事例涉及"父

---

1 / 朱熹:《四书章句集注·孟子集注》卷七。

子之间不责善"：例一，象是不仁不义之人，但是，舜不仅不以法典惩处他，反而"封之有庳"。弟子万章对此提出疑义："有庳之人奚罪焉？仁人固如是乎：在他人则诛之，在弟则封之？"孟子对舜的行为表示支持："仁人之于其弟也，不藏怒焉，不宿怨焉，亲爱之而已矣。亲之，欲其贵也；爱之，欲其富也。封之有庳，富贵之也。身为天子，弟为匹夫，可谓亲爱之乎？"（《万章上》）舜贵为天子，其弟就应该富贵，否则就有违于人伦原则。至于这种富之贵之是否有违于社会法律与公平正义原则，那是无须顾及的小事。例二，"桃应问曰：'舜为天子，皋陶为士，瞽瞍杀人，则如之何？'孟子曰：'执之而已矣。''然则舜不禁与？'曰：'夫舜恶得而禁之？夫有所受之也。''然则舜如之何？'曰：'舜视弃天下犹弃敝蹝也。窃负而逃，遵海滨而处，终身䜣然，乐而忘天下'"。（《孟子·尽心上》）作为天子，舜应当将其父"执之"，但作为人之子，舜正确的做法应当是"窃负而逃"。在人伦亲情与社会法律之间，前者是至高无上的行为准则，后者则是"敝蹝"。

孟子"父子之间不责善"的思想与郭店楚简《六德》已有一些区别："人有六德，三亲不断。门内之治恩掩义，门外之治义斩恩。"[1]《六德》作者主张在家庭伦理中，恩情重于道义；但在社会政治与法律关系中，应当用道义切断恩情。孔子尝言"父为子隐，子为父隐，直在其中矣"，（《论语·子路》）朱熹进而诠释说："父子相隐，

[1] 刘钊：《郭店楚简校释》，第117页。

天理人情之至也。故不求为直,而直在其中。"¹ 但是,"亲亲相隐"是从法律文化层面阐发的,"亲亲相隐"或"亲属容隐"是古代东西方法律制度中普遍存在的法律原则,中国古代远在秦律中就已出现容隐原则:"子告父母,臣妾告主,非公室告,勿听。而行告,告者罪。"² 在唐律中,关于"亲亲相隐"或"亲属容隐",法律形成了一个完备的规范系统。³ 但是,在家庭伦理层面,孔子极力强调在人格平等前提下孝敬双亲,父母亲如果有过错,子女应奋起劝谏。后来曾子进而提出了"以义辅亲""以正致谏""谏而不逆""微谏不倦"等"谏亲"原则,认为毫无原则地顺从父母,不仅不合乎孝道,反而是陷父于不义。但是,孔子、曾子的这些孝论主张,在孟子思想中已很难发现,代之而起的是诸如"父子责善,贼恩之大者"(《离娄下》)之类的表述。

(二)君臣之间"相责以善"

在儒家孝论的演变历程中,一个值得注意的倾向是:孔子、曾子当年在家庭伦理语境中论证的"以正致谏"等"谏亲"原则,却被孟子完全移植到了社会政治伦理领域。孟子在反对父子之间"相责以善"的同时,却大张旗鼓地强调君臣之间"相责以善":"责善,朋友之道也;父子责善,贼恩之大者。"朱熹注云:"朋友当相责以善。父子行之,则害天性之恩也。"¹ "相责以善"之

---

1 / 朱熹:《四书章句集注·论语集注》卷七。

2 /《睡虎地云梦秦简·法律答问》,文物出版社1978年版,第196页。

3 / 从法律文化角度剖析"亲亲相隐",可参阅范忠信:《中西法律传统中的"亲亲相隐"》,载《中国社会科学》1997年第3期。

"善",其内涵当为"仁义",以仁义这一最高价值理性处理朋友之间、君臣之间关系。君臣之间"相责以善"思想并非孟子的发明,孔子当年就说过"勿欺也,而犯之"。(《论语·宪问》)孔子这一思想在子思哲学中得到发扬光大:"鲁穆公问于子思曰:'何如而可谓忠臣?'子思曰:'恒称其君之恶者,可谓忠臣矣。'"[2]由此可以看出,君臣"相责以善"可谓儒家之所以为儒家之标识性观点之一。孟子继而认为,"相责以善"是臣子应尽之职责。齐宣王曾向孟子请教过"贵戚之卿"与"异姓之卿"的区别,孟子答:贵戚之卿的职责是"君有大过则谏;反复之而不听,则易位"。异姓之卿的职责为"君有过则谏,反复之而不听,则去"。(《孟子·万章下》)彼此之间的区别仅在于变异君位或弃官而去,相同点则是"君有过则谏",决不能为了名利而牺牲"善"之最高信仰。与此相关,能否做到谏行言听、从善如流,是判断君王是否贤明的客观标准。"子路,人告之以有过则喜;禹闻善言则拜。大舜有大焉,善与人同,舍己从人,乐取于人以为善。自耕稼、陶、渔以至为帝,无非取于人者。取诸人以为善,是与人为善者也。故君子莫大乎与人为善。"(《公孙丑上》)舜、禹等等历史上的圣人之所以为圣人,其中一个原因就在于能闻过则喜、与人为善。即使颠沛流离、艰难困顿,"及其闻一善言,见一善行,若决江河,沛然莫之能御也"。(《尽心上》)齐宣王曾经与孟子讨论臣下在何种情况下应该为旧日的君王穿丧服之礼仪,

1 / 朱熹:《四书章句集注·孟子集注》卷八。

2 / 刘钊:《郭店楚简校释》,第177页。

孟子说:"谏行言听,膏泽下于民;有故而去,则君使人导之出疆,又先于其所往;去三年不返,然后收其田里。此之谓三有礼焉。如此,则为之服矣。今也为臣,谏则不行,言则不听;膏泽不下于民;有故而去,则君搏执之,又极之于其所往;去之日,遂收其田里,此之谓寇仇。寇仇,何服之有?"(《离娄下》)在"三有礼"中,"谏行言听,膏泽下于民"最重要。在孟子看来,"谏行言听"是君王应行之职责。如果"膏泽下于民",则为其服孝;如果"谏则不行,言则不听","膏泽不下于民",君臣之间已成"寇仇"。由此可见,问题的关键在于君王是否"谏行言听"。

此外,社会政治领域"相责以善"的另一层内涵是禅让。禅让学说本是墨家的主张,却在口口声声骂墨家是"禽兽"的孟子哲学中得到了发扬光大。先秦诸子在相互攻讦的背后,又隐伏着历时性哲学与文化的相通与相融。在社会政治制度层面上,禅让是一种与宗法制度相对立的政权转移制度。要想冲破宗法制度与宗法关系之牢笼,在现存的政治制度之外构建新的政治体制,就必须对这种新的制度的正当性与合法性做辩护。冯友兰先生对孟子思想中的"禅让"概念做过归纳:"一个在天子职位的'圣人',在他年老的时候,选一个年少的'圣人',先叫他担任宰相的职务,作为学习和考验。如果成绩很好,就把他推荐给'天',使他替代自己的职务。但是'天'不能直接表示是否接受这个推荐;这就要看是不是拥护他,归顺他。如果老百姓拥护他,这就意味着'天'接受了这个推荐。'天与'是以'人归'决定的。

这实际上就是以'人归'代替了'天与',以民意代替了天意。"[1]《孟子·梁惠王下》云:"《书》曰:'天降下民,作之君,作之师,惟曰其助上帝宠之。四方有罪无罪惟我在,天下曷敢有越厥志?'一人衡行于天下,武王耻之。"这种有别于汉代"君权神授"的理论认为,"天"是社会的最高立法者与最高主宰,地上王权的合法性源于上天之意志。冯友兰先生认为:"'天子'并不是'天下'的政治上、经济上的最高所有者,而只是社会中的一个职位。'天'选一个人作'天子',并不是给他对于'天下'的政治上、经济上的所有权,而只是给他一个职位。"[2]孟子认为,禅让制度不仅存在着理论上的合法性,而且有深厚的历史文化资源作为其存在合理性的历史根据。譬如,尧舜禅让就是一颇具代表性的事件。《孟子·万章上》载弟子万章问:尧以天下与舜,有诸?孟子答:天子无权把天下给予他人。万章问:舜得天下,谁给予他的?孟子答:天与之。万章接着问:天是通过何种方式将天下给予舜的呢?孟子答:"天子能荐人于天,不能使天与之天下;诸侯能荐人于天子,不能使天子与之诸侯;大夫能荐人于诸侯,不能使诸侯与之大夫。昔者,尧荐舜于天而天受之;暴之于民而民受之;故曰:天不言,以行与事示之而已矣。"天不言,天借助于行为与事实表达其意志。万章问:何以验证呢?孟子说:"使之主祭而百神享之,是天受之;使之主事而事治,百姓安之,是民受之也。天与之,

[1] 冯友兰:《中国哲学史新编》第二册,人民出版社1984年版,第65页。

[2] 冯友兰:《中国哲学史新编》第二册,第65页。

人与之,故曰:天子不能以天下与人。舜相尧二十有八载,非人之所能为也,天也。尧崩,三年之丧毕,舜避尧之子于南河之南,天下诸侯朝觐者,不之尧之子而之舜;讼狱者,不之尧之子而之舜;讴歌者,不讴歌尧之子而讴歌舜,故曰天也。夫然后之中国,践天子位焉。"师生之间的这段对话包含了四层含义:其一,天是最高立法者,地上王权是天上神权的投射;其二,天子应当是道德高尚、万民敬慕的圣人。"孟轲认为'天'所选的'天子'必定都是最有'德'的人,即所谓'圣人'。"[1]其三,天意即民意,天心即民心,"天视自我民视,天听自我民听"。(《万章上》)孟子在论证天是最高立法者的背后,实际上是在隐证人民才是真正的最高立法者。禅让的本质是人民认可最高统治者,而非其他;其四,从上述逻辑思维路向出发,自然又可推导出以下结论:既然"得乎丘民为天子",那么,失乎丘民自然可以被废黜。"公孙丑曰:'伊尹曰:"予不狎于不顺,放太甲于桐,民大悦。太甲贤,又反之,民大悦。"贤者之为人臣也,其君不贤,则固可放与?'孟子曰:'有伊尹之志则可;无伊尹之志则篡也。'"(《尽心上》)对于商汤放桀、伊尹放太甲和武王伐纣等义举,孟子都是大力肯定与宣扬的。即使是"继世以有天下"之君,只要已失去民心,也应该坚定不移地废黜。

在社会政治伦理关系中推行"相责以善",有赖于一个前提性条件的成立——重新论证君臣之间的政治关系,将君臣之间的关系定位为

---

[1] 冯友兰:《中国哲学史新编》第二册,第65页。

"友"。在西周时代,"友"和"朋友"的含义基本一致。童书业先生考证说:"'朋'字在古书中有比也、类也、党也等义,'善兄弟为友',则'朋友'古义为族人也。庄二十二年传:陈公子完奔齐,桓公使为卿,辞曰:'诗云,翘翘车乘,招我以弓。岂不欲往,畏我友朋。'此'友朋'亦族人之义,指陈国之同族而言。《毛公鼎铭》'以乃族干吾王身',《师訇殷铭》作'以乃友干吾王身',二器同时,可证'朋友'古义为族人。"[1] "友"范畴在西周时代包涵两层含义:其一,指谓亲缘关系;其二,表明对同族所承担的责任与义务。后一层含义已经表明,"友"范畴实际上还是一个伦理学意义上的德目。《尔雅·释诂》:"友,亲也。""友"作为一种伦理观念,友是兄弟之间的一种道德观念,其原初意义上的适用范围仅限于同族兄弟之间。《仪礼·士冠礼》:"始加元服,兄弟具来。孝友时格,永乃保之。"郑玄注:"善父母为孝,善兄弟为友。"贾谊也说:"兄敬爱弟谓之友,反友为虐。"[2] 需注意的一点是,在西周时代,"孝"和"友"两个概念往往是连称、甚至于合二为一[3]。孝是属概念,友是种概念,孝统摄友概念。友于朋友,也就是孝于朋友。《周礼·春官·大司乐》云:"以乐德教国子:中、和、祗、庸、孝、友。"此外,在西周时代,臣下效忠于君长,恪守其职,勤勉于政事,

1 / 童书业:《春秋左传研究》,上海人民出版社1980年版,第122页。

2 / 贾谊:《新书·道术》,王洲明、徐超校注:《贾谊集校注》,人民文学出版社1996年版。

3 / 参见王慎行:《试论西周孝道观的形成及其特点》,载《社会科学战线》1989年第1期。

也可称之为孝。邢侯簋:"……拜稽首,鲁天子'()(酬)厥濒福,克奔走上下,帝无终命于有周'。追考(孝),对不敢坠,邵朕福盟,朕臣天子。用册王命,作周公彝。"[1]邢侯作器铸铭以称赞天子美德,表示要对天子"追考(孝)",孝的具体内涵就是"克奔走上下"。关于这一点,文献资料也足资旁证。《尚书·酒诰》是周公对康叔的告诫之词,"奔走事厥考厥长"与"用孝养厥父母"性质相同。"长"应该是指君长或上级,"奔走事厥考厥长"就是指臣下尽心尽力、恪守其职,"兹乃允惟王正事之臣,兹亦惟天若元德,永不忘在王家"。办理具体事务的各级僚属应该各司其职,竭诚服务,这既是孝,也是友。正因为如此,《尚书·康诰》将"不孝不友"视为"元恶大憝"。从这一逻辑出发,西周初期发生的管蔡叛乱就是典型的"不孝不友"事件。"不友"就是"不孝","不友不孝"就是"不族"(叛族),因此对"三监"当然要"刑兹无赦",对未卷入其中的人,可以"父子兄弟,罪不相及"。此外,也有金文可作证明:

杜伯盨:"用享孝于皇申(神)、祖、考,于好朋友。"[2]

历鼎:"历肇对元德,考(孝)友佳井(型)。"[3]

由此可见,"友"范畴存在着一个在内涵与外延上由小到大、向外膨胀的逻辑演变过程。《大戴礼记·曾子制言》:"父

[1]《三代吉金文存》6·54·2,中华书局1983年版。

[2]《三代吉金文存》10·40·3,中华书局1983年版。

[3]《三代吉金文存》3·45·1,中华书局1983年版。

母之仇，不与同生；兄弟之仇，不与聚国；朋友之仇，不与聚乡；族人之仇，不与聚邻。"朋友这一概念至迟在春秋中晚期已经从"族人"中分化、独立出来，王聘珍注："同门曰朋，同志曰友。"由此可见，凡志同道合者皆为友。孟子社会政治思想中的"友"应当是"同志"之友，而非"友，亲也"之友，煞费苦心地将君臣关系论证为以德相交的"友"，表面上看似乎与西周时代的"孝友合一"趋近，因而出现了"返祖"现象。但是，孟子的真实目的是为其民本主义政治学说立论。胡适认为，"因为他把个人的人格，看得如此之重，因为他以为人性都是善的，所以他有一种平等主义"。并且评论说"孟子的政治学说很带有民权的意味"[1]。梁启超也将孟子定位为民权主义者，主张统治者应以民意为进退，以顺从民心为标准[2]。缘此，我们不妨将孟子思想置于民本主义语境中做一评估。中国古代社会存在着一种源远流长的社会思潮——民本主义。这种颇具人民性的社会思潮胎息于《尚书》《左传》，发生于孔子，集成于孟子，中经董仲舒、阮籍、鲍敬言等人赓续，而后又在黄宗羲、顾炎武、康有为等人思想中发扬光大，并成为"近代中国人接受西方近代民主思想的基础和衔接点"[3]。何谓民本主义或民本思想？梁启超将历史上的

[1] 胡适：《中国哲学史大纲》，东方出版社1996年版，第262-263页。

[2] 梁启超：《先秦政治思想史》，东方出版社1996年版，第26页。

[3] 陈胜粦：《林则徐与鸦片战争论稿》，中山大学出版社1990年版，第594页。

重民思想界定为"民本思想"[1], 韦政通认为古代民本思想包含六个层面的含义：民为邦本；民意即天意；安民爱民；重视民意；民贵君轻；革命思想。[2] 实际上，民本思想就是近代民主思想在古代社会的表现形式，随着近代以自由贸易、工业生产为代表的生产方式的出现，民本思想自然而然将过渡到民主思想。金耀基认为："盖中国之政治，自秦汉以降，虽是一个君主专制的局面，但总因有浓厚的民本思想之影响，遂使君主专制的政治弊害得以减轻和纾解。"[3] 冯天瑜评价说："到了近代……一些以施行民主政治为己任的先进中国人站在近代民主主义的高度，重新审度传统的民本学说，将其批判专制君王的言论阐扬为反君权思想；将其重视民力、民心、同情民众疾苦的言论阐扬为民权思想。……在这一意义上，民本学说可以看作中国传统文化与民主主义的结合点。"[4]

综上所述，孟子关于君臣"相责以善"的观念实际上是孔子、子思"谏君"思想合乎逻辑的推进，所不同的仅在于：孔子、子思将君臣关系定位于"道义"，孟子则将君臣关系论证为以德相交的"友"，泛伦理化的倾向有增无减。尤其值得一提的是，在家庭伦理层面上，儒家孝论演变至孟子出现了一些新的变化。孔子在法律文化层面上虽然也评议过"亲

---

[1] 梁启超：《先秦政治思想史》，第2页。

[2] 韦政通：《中国的智慧》，中国和平出版社1988年版，第31—32页。

[3] 金耀基：《中国民本思想史》，台湾商务印书馆1993年版，第7页。

[4] 冯天瑜：《中华元典精神》，上海人民出版社1994年版，第499页。

亲相隐"，但在家庭伦理层面上，孔子、曾子注重父子自然亲情，倡导子女人格平等，父义则从，父不义则谏，主张"以义辅亲""以正致谏""微谏不倦"，反对毫无原则地顺从父母尊长意志。荀子继而提出"从道不从君，从义不从父"，子女不可牺牲道义去无原则地迎合父母意志。虽然孟子一再申明："乃所愿，则学孔子也。"但是，"父子之间不责善"这一命题由于转向于社会政治伦理原则，孟子孝论与孔子、曾子相比，显然已经有了一些新的变化。

第二章

孝是天经地义

《孝经》在古代中国可谓家传户诵、妇孺皆知,在塑造国民精神方面居功至伟。在中国古代孝论逻辑发展史上,《孝经》的意义体现在两个方面:其一,实现了家庭伦理与政治伦理的汇成;其二,以孔子、曾子为代表的原始儒家回答了"孝应该如何行"这一伦理学问题。遗憾的是,孔子未能进一步从哲学高度探讨"孝何以可能?"值得注意的是,在儒家哲学史上,《孝经》作者开始自觉地从形而上学高度回答"孝何以可能"这一关键问题,力图弥补儒家孝论思辨性不足的内在逻辑性缺欠。换言之,即从哲学与逻辑学意义上寻求儒家孝论存在的正当性。但是,《孝经》的这一哲学论证还是初步性的,基本完成这一哲学论证工作的是汉代董仲舒。董仲舒认为,人与物相比较,具有两大特点:一是偶天地,二是有伦理道德观念。伦理道德观念的产生并非是人类社会发展到一定阶段的精神产物,伦理道德观念源出于天。孝伦理观念是人之所以为人的根本所在,孝是"天生之",是莱布尼茨意义上的"预定和谐"。孝是"天之道"的自我展现与自我运动,是"天"

这一宇宙绝对法则在人类社会的外现。至此,儒家孝论的思辨性增强了,逻辑性提高了,孝由一普通的伦理范畴上升为哲学范畴,儒家孝论基本实现了"形式上的系统"。朱熹在继承二程"天理"思想基础上,进一步从形而上高度为孝存在之正当性辩护。"理便是性",(《朱子语类》卷二十)理是性存在的哲学依据,性是理的表现形式。孝与仁、义、礼、智等伦理道德观念作为一种"预定和谐",先验性地包容于理本体之中,并因为理之先验存在而获得形而上证明。朱熹孝论思辨性比较强,系统性比较严密。在中国古典孝论的逻辑发展史上,朱熹孝论的出现标志着中国古代孝之哲学论证得到了进一步的深化。

一、"天之经、地之义":《孝经》与儒家孝道正当性的初步论证

　　以孔子为代表的早期儒家孝论,全方位揭示了孝道的基本内涵,回答了"孝应当如何行?"但是,早期儒家的孝论也存在着一大理论缺陷:孔子没有回答孝存在正当性这一哲学问题。也就是说,他并未自觉地意识到应当从哲学高度论证:孝何以可能?令人欣慰的是,《孝经》作者开始涉及了这一问题,并且作了初步的哲学论证。《孝经·三才章》云:"曾子曰:'甚哉,孝之大也!'子曰:'夫孝,天之经也,地之义也,民之行也。天地之经,而民是则之。则天之明,因地之利,以顺天下。是以其教不肃而成,

其政不严而治。先王见教之可以化民也,是故先之以博爱,而民莫遗其亲;陈之以德义,而民兴行;先之以敬让,而民不争;道之以礼乐,而民和睦;示之以好恶,而民知禁。'《诗》云:'赫赫师尹,民具尔瞻。'""夫孝,天之经也,地之义也"是一结论性表述,中间的论证过程却付诸阙如。可喜的是,关于孝何以是"民之行",《孝经·圣治章》作了初步探讨:"曾子曰:'敢问圣人之德,无以加于孝乎?'子曰:'天地之性,人为贵。人之行,莫大于孝。孝莫大于严父,严父莫大于配天,则周公其人也。昔者,周公郊祀后稷以配天,宗祀文王于明堂,以配上帝。是以四海之内,各以其职来祭。夫圣人之德,又何以加于孝乎?故亲生之膝下,以养父母日严。圣人因严以教敬,因亲以教爱。圣人之教,不肃而成,其政不严而治,其所因者本也。父子之道,天性也,君臣之义也。父母生之,续莫大焉。君亲临之,厚莫重焉。故不爱其亲而爱他人者,谓之悖德;不敬其亲而敬他人者,谓之悖礼。以顺则逆,民无则焉。不在于善,而皆在于凶德,虽得之,君子不贵也。君子则不然,言思可道,行思可乐,德义可尊,作事可法,容止可观,进退可度,以临其民。是以其民畏而爱之,则而象之。故能成其德教,而行其政令。'"这段话有两点值得注意:其一,孝已取代仁的概念上升为哲学最高概念和伦理学意义上的总德目。在孔子儒家哲学逻辑性结构中,仁是哲学第一概念,孝是仁论思想体系中的内涵之一,是仁这一总德目下的小德目。《圣治章》显然已不代表孔子思想,可能是战国时代儒家的作品;其二,孝是人之本性，以孝治天下是循人之天性而行的社会化体现。先秦时代的大多哲学家都把自己的思想体系"大厦"建立在人性论基石之上。譬如，孟子的"不忍人之政"建基于"不忍人之心"之上，"道性善"是"仁政"的哲学根据。在思维方式上，《孝经》作者显然也沿袭了这一做法。在"孝是人之本性"命题前提下，进而可以推导出两点：一是孝为价值理性，价值理性是"某一价值体系之内各种行动信条的合理状态，以及行动者依从某一价值体系的所作所为的合理状态"[1]；二是以孝治天下获得了形而上的证明。"昔者明王之以孝治天下也，不敢遗小国之臣，而况于公、侯、伯、子、男乎？故得万国之欢心，以事其先王。治国者，不敢侮于鳏寡，而况于士民乎？故得百姓之欢心，以事其先君。治家者，不敢失于臣妾，而况于妻子乎？故得人之欢心，以事其亲。夫然，故生则亲安之，祭则鬼享之，是以天下和平，灾害不生，祸乱不作。故明王之以孝治天下也如此。"（《孝经·孝治章》）孝既然是宇宙间根本大法，自然也就是人类社会的根本法则。遵循这一价值理性，就可"天下和平，灾害不生，祸乱不作"。在这种论证过程中，已经显露出了一丝天人感应的端倪。

如果说"人之行"是从人性论角度论证孝道存在的正当性，那么，《孝经·五刑章》则是从社会法律制度层面论证其正当性："子曰：'五刑之属三千，而罪莫大于不孝。要君者无上，非圣人者无法，非孝者无亲。此大乱之道也。'""五

[1] 参见张德胜等：《论中庸理性：工具理性、价值理性和沟通理性之外》，载《社会学研究》2001年第2期。

刑之属三千"源出于《尚书·吕刑》:"墨罚之属千,劓罚之属千,剕罚之属五百,宫罚之属三百,大辟之罚,其属二百,五刑之属三千。"在应当处以五种刑法的三千条罪行中,最严重的罪行是不孝。在现代人看来仅仅涉及刑法与民法的不孝罪,在古代中国却被视为"大乱之道"。既然如此,其存在之合法性与正当性也就成立了。

二、孝源自土德:董仲舒论孝

《孝经》作者虽然已经开始对儒家孝道存在的正当性进行论证,但这种哲学论证还是初步性的,基本完成这一哲学论证工作的是汉代董仲舒。董仲舒认为,人与物相比较,具有两大特点:一是偶天地,二是具有道德观念。在他看来,伦理道德观念的产生并非是人类社会发展到一定阶段的精神产物,伦理道德观念源出于天:"何谓本?曰:天地人,万物之本也。天生之,地养之,人成之。天生之以孝悌,地养之以衣食,人成之以礼乐,三者相为手足,合以成体,不可一无也。无孝悌则亡其所以生,无衣食则亡其所以养,无礼乐,则亡其所以成也。"(《春秋繁露·立元神》)孝等伦理观念是人之所以为人的根本所在,孝是"天生之",是莱布尼茨哲学意义上的"预定和谐"。董仲舒在《立元神》一文中从正反两方面论述"崇本"的重要性:"举显孝悌,表异孝行,所以奉天本也。秉耒躬耕,採桑亲蚕,垦草殖谷,开辟以足衣食，所以奉地本也。立辟雍庠序，修孝悌敬让，明以教化，感以礼乐，所以奉人本也。"天本之孝与人本之孝似乎有重复雷同之处，其实不然。天本之孝旨在彰显孝的形而上根据，人本之孝在于说明人类社会应该将这种先在性的孝发扬光大。不仅如此，人的喜怒哀乐性情也是源于天："为生不能为人，为人者天也。人之人本于天，天亦人之曾祖父也。此人之所以乃上类天也。人之形体，化天数而成；人之血气，化天志而仁；人之德行，化天理而义；人之好恶，化天之暖清；人之喜怒，化天之寒暑；人之受命，化天之四时。人生有喜怒哀乐之答，春秋冬夏之类也。喜，春之答也；怒，秋之答也；乐，夏之答也；哀，冬之答也。天之副在乎人。人之情性有由天者矣。"（《为人者天》）如果说"人之德行"源自"天理"，由此而衍生的一个问题是：孝由"天生"如何可能？董仲舒从阴阳与五行理论两个方面进行了论证：

（一）阴阳理论

阴，《说文解字》云："暗也，水之南山之北也。"徐锴《说文解字系传》云："山北水南，日所不及。"阳，《说文解字》云："高明也。"刘熙《释名·释山》："山东曰朝阳，山西曰夕阳，随日所照而名之也。"由此可知，阴与阳本意是指日之向背，并无任何哲学意蕴。梁启超先生撰有《阴阳五行说之来历》一文，考证了《诗》《书》《仪礼》《易》四经中有阴、阳二字的文字及其含义。他发现《仪礼》中未出现"阴""阳"二字；《诗》中言"阴"者八处，言

"阳"者十四处,言"阴阳"者一处;《书》中言"阴"、言"阳"者各三处;而《易》中仅"中孚"卦九二爻辞中有一"阴"字。他认为这些典籍中"所谓阴阳者,不过自然界中一种粗浅微末之现象,绝不含有何等深邃之意义"[1]。迨至西周,阴阳开始作为对偶概念出现于典籍中。周太史伯阳父论地震"阳伏而不能出,阴迫而不能蒸",此处之阴阳已非"自然界中一种粗浅微末之现象",而是一解释自然和社会现象的哲学范畴。人们把宇宙间一切对立的现象,如天地、昼夜、炎凉、男女、上下、胜负等等抽绎为阴与阳,它是从个别的、具体的物体中抽象出来的一般性质,是理性认识的对象。除此之外,《国语》中还有不少与"阴阳"观念有关的记载。譬如:

> 于是乎气无滞阴,亦无散阳。阴阳序次,风雨时至;嘉生繁祉,人民和利;物备而乐成,上下不罢,故曰"乐正"。(《国语·周语下》)
>
> 故天无伏阴,地无散阳,水无沉气,火无灾燀;神无间行,民无淫心;时无逆数,物无害生。(《周语下》)
>
> 天道皇皇,日月以为常。明者以为法,微者则是行。阳至而阴,阴至而阳;日困而还,月盈而匡。(《越语下》)
>
> 因阴阳之恒,顺天地之常。(《越语下》)
>
> 古之善用兵者,因天地之常,与之俱行。后则用阴,先则用阳。(《越语下》)

---

[1] 梁启超:《阴阳五行说之来历》,《古史辨》第五册,上海古籍出版社1982年版。

《国语》《左传》中出现的"阴阳",已是比较成熟的阴阳思想。我们借此可以推断,带有哲学含义的阴阳观念至迟在西周末年已经萌生。在阴阳理论的逻辑演变过程中,《易传》起着一个比较特殊的作用。《易传》以阴阳气论解读《周易》,进而探讨宇宙生成及其运动变化的内在规律,进而提出"一阴一阳之谓道"的命题。援阴阳入易学,《周易》由此在体系上圆通而具理性。《庄子·天下》篇在论述六家要旨时说:"易以道阴阳。"司马迁在《史记》中又说:"易以道论。"《易传》则说:"生生之谓易。""观变于阴阳而立卦。"几位先哲都强调《周易》是以阴阳之道,解释宇宙世界的规律和本质。董仲舒进而用阴阳学说来阐释伦理道德观念的正当性与合法性。"王道之三纲,可求于天。"(《春秋繁露·基义》)"三纲"概念由来已久,有的学者认为"三纲"思想可上溯至《韩非子》,《韩非子·忠孝》云:"臣之所闻曰:'臣事君,子事父,妻事夫,三者顺则天下治,三者逆则天下乱,此天下之常道也。'"这一观点可能是一误读,董仲舒的"三纲"思想的源头应当是孔子所言"君君、臣臣、父父、子子",君臣、父子皆应循"道",此处之道也就是天道。《白虎通·纲纪》篇从阴阳学说角度对董仲舒的"三纲"做了解释,这一诠释与孔子和董仲舒思想在逻辑上是贯通无碍的,"君臣、父子、夫妇,六人也,所以称三纲何?一阴一阳谓之道,阳得阴而成,阴得阳而序,刚柔相配,故六人为三纲"。董仲舒认为,阴阳之道包含两个方面的内涵:

其一,阴阳相合。"凡物必有合。合,必有上,必有下,必有左,必有右,必有前,必有后,必有表,必有里。有美必有恶,有顺必有逆,有喜必有怒,有寒必有暑,有昼必有夜,此皆其合也。阴者阳之合,妻者夫之合,子者父之合,臣者君之合,物莫无合,而合各有阴阳。"(《基义》)"合"即对偶,《春秋繁露·楚庄王》云:"百物必有合偶。"父子之合源自阴阳之合,"合"意味着亘古不移和互为前提,父子关系由此获得了存在神圣性。

其二,阴阳相兼。"阳兼于阴,阴兼于阳,夫兼于妻,妻兼于夫,父兼于子,子兼于父,君兼于臣,臣兼于君。君臣、父子、夫妇之义,皆取诸阴阳之道。"(《春秋繁露·基义》)阴阳之气无所不在,阴阳之道无所不摄。父子之义出自阴阳之道,阴阳不可易,父子之义也不可易。既然如此,以表征父子伦理关系为代表的孝等伦理道德体系,从而也就获得了形而上的证明。

(二) 五行理论

五行生克理论可能早在春秋时代就已经出现。值得注意的是,董仲舒思想体系中的五行学说与众不同。首先,五行的排列次序不同。《尚书·洪范篇》为一水、二火、三木、四金、五土,《素问》《淮南子》中的五行排序与《尚书》相同。但是,董仲舒将五行排列为:一木、二火、三土、四金、五水;其次,董仲舒别出心裁地构建了"五行相生"和"五行相受"理论。五行相生为:"木,五行之始也;水,五行之终也;土,五行之中也。此其天次之序也。木生火,火生土,土生金,金生水,水生木,此其父子也。"(《五行之义》)五行相受为:"木居左,金居右,火居前,水居后,土居中央,此其父子之序,相受而布。是故木受水,而火受木,土受火,金受土,水受金也。诸授之者,皆其父也;受之者,皆其子也。常因其父以使其子,天之道也。"(《五行之义》)五行并不单纯地指谓宇宙生成论意义上的五种元素,实际上它还蕴涵更多的人文象征。五行就是五种德行,而且这些德行是先在性的。"故五行者,乃孝子忠臣之行也。五行之为言也,犹五行与?"(《五行之义》)具体就父子关系而言,孝存在的合法性何在呢?《孝经》曾经说"夫孝,天之经,地之义",但是《孝经》作者并未具体论证孝何以是"天之经,地之义"。汉代董仲舒对这一问题作了形而上阐述,这是儒家孝论逻辑进程上的一大跃进:"河间献王问温城董君曰:《孝经》曰:"夫孝,天之经,地之义",何谓也?'对曰:'天有五行,木火土金水是也。木生火,火生土,土生金,金生水。水为冬,金为秋,土为季夏,火为夏,木为春。春主生,夏主长,季夏主养,秋主收,冬主藏。藏,冬之所成也。是故父之所生,其子长之;父之所长,其子养之;父之所养,其子成之。诸父所为,其子皆奉承而续行之,不敢不致如父之意,尽为人之道也。故五行者,五行也。由此观之,父授之,子受之,乃天之道也。故曰:夫孝者,天之经也。此之谓也。'"(《五行对》)董仲舒从阴阳五行、天人感应哲学出发,认为五行理论中蕴涵父子之道。换言之,父子之道出自五行相生理论。所以五行又可称之为"五行","五行"即五种德行。何谓"地之义"?董仲舒解释说:"地出云为雨,起气为风。风雨者,地之所为。地不敢有其功名,必上之于天。命若从天气者,故曰天风天雨也,莫曰地风地雨也。勤劳在地,名一归于天。非至有义,其孰能行此?故下事上,如地事天也,可谓大忠矣。土者,火之子也。五行莫贵于土。土之于四时无所命者,不与火分功名。……忠臣之义,孝子之行,取之土。……此谓孝者地之义也。"(《五行对》)土是火之子,土生万物而不争功,将功名归之于天。土有忠孝之德,所以"孝子之行"源自土德。从这些论述中,我们不难看出董仲舒的证明多少有点倒果为因、循环论证,但是,力图从形而上高度论证孝存在之正当性,却是董仲舒非常明确的奋斗目标。而且因循董仲舒这一思维模式,父子之间的诸多伦理规范可以得到圆融无碍的诠释:

子女为何要孝敬父母?"法夏养长木,此火养母也。"(《白虎通·五行》)

父子之间为何要相隐?"法木之藏火也。"(《五行》)

子女为何应谏亲?"子之谏父,法火以揉木也。"(《谏诤》)

子为何应顺于父?"法地顺天也。"(《五行》)

主幼臣摄政,何法?"法土用事于季孟之间也。"(《五行》)

"汉以孝治天下,何法?臣闻之于师曰:'汉为火德,火生于木,木盛于火,故其德为孝,其象在《周易》之《离》。'夫在地为火,在天为日。在天者用其精,在地者用其形。夏则火王,其精在天,温暖之气,养生百木,是其孝也。冬时则废,其形在地,

酷热之气,焚烧山林,是其不孝也。故汉制使天下诵《孝经》,选吏举孝廉。"(《后汉书·荀爽传》)

既然以孝为代表的伦理道德观念起源于天,是"天之道"在人类社会的外现,那么,如何协调天人之道、人之道如何遵循天之道而行,就成为人类自身必须正确认识与处理的现实问题。董仲舒在《治水五行》与《五行变救》中探索了这一问题。他认为,在"土用事"的七十二天中,人事应该循土德而行。"土用事,则养长老,存幼孤,衿寡独,赐孝弟,施恩泽,无兴土功。"(《春秋繁露·治水五行》)实际上,在伦理道德层面"法天而行",已不再是一个"是否可能"的哲学认识论问题,而是一个形而下的、势在必行的社会现实问题。按照董仲舒天人感应的宇宙模式理论,地震、冰雹之灾、日月之食从来就不是一个单纯的自然现象,而是赋予了众多的人文意义。譬如,假若狂风暴雨不止,五谷不收,其原因在于"不信仁贤,不敬父兄,淫泆无度,宫室荣"。(《五行变救》)诸如此类的自然灾害是天之"谴告",是"天"以它独具一格的形式警告人类。因此,如何改弦更张,使人之道完整无损地循天之道而行,成为人们自我救赎的唯一出路:"救之者,省宫室,去雕文,举孝悌,恤黎元。"(《五行变救》)

通过反反复复地"找"(冯友兰语),我们终于发现了深藏于儒家孝论背后的逻辑线索,也就是冯友兰所说的"恢复一条龙出来"[1]:以孔子儒家为代表的原始儒家探究了"孝应如何

1/ 参见冯友兰:《中国哲学史新编》第一册"全书绪论",人民出版社1982年版。

行",却未回答"孝何以可能"这一更加深刻的问题,也就是孝论存在的正当性问题。《孝经》与《春秋繁露》的作者先后从天人关系的层面上,将"孝"论证为"天之道"的自我展现与自我运动,是"天"这一宇宙绝对法则在人类社会的外现。儒家孝论的思辨性增强了,逻辑性提高了,孝由一普通的伦理范畴上升为哲学范畴,儒家孝论基本上实现了"实质上的系统"。当然,这种哲学论证与西方哲学的本体论有所区别。其间的原因与中国哲学特殊的形态与思维方法有直接的关联:其一,在西方哲学形态中,经验世界与逻辑世界出现两离性特点。中国哲学中的经验世界和逻辑世界往往是纠缠在一起的,从来没有完全剥离;其二,从寻求本原的 Cosmology(宇宙论)发展到直接思考"是"的 Ontology(本体论),古希腊哲学在探究世界本原的方法论上发生了一个巨大的转折,即从对可感世界的经验归纳中寻求世界本质上"是"什么,发展到从思维的逻辑规则中去寻找世界本质上"是"什么。中国传统哲学始终未发生这种哲学大转折,也始终未培育出注重逻辑论证的哲学传统。尽管先秦时代存在着些许注重逻辑论证的"火花",但是到秦汉之后就湮灭无闻。

此外,我们也应清醒地看到,汉代儒家孝论在实现体系化与哲学化的同时,也与孔子原始儒家孝论产生了深刻的矛盾。孔子原始儒家的孝论有三大特点:其一,注重自然亲情,反对"养口体之孝";其二,在家庭伦理层面上,主张以义辅亲、以正致谏,反对毫无原则立场地顺从父母尊长;其三,父子之间人格平等。

从秦汉开始，儒家孝论发生了重大变化。为配合国家建构意识形态的政治需要，忠孝合一、"移孝作忠"。原始儒家所坚持的"以义辅亲"原则萎缩了，父子人格平等与独立的终极关怀夭亡了，代之而起的是子女对父母尊长绝对无条件的顺从，顺从即孝。伦理政治化，"古人谓忠孝不两全，恩义有相夺，非至论也。忠孝，恩义，一理也。不忠则非孝，无恩则无义，并行而不相悖"[1]。在一定意义上，儒家在秦汉时代已经被"集体谋杀"。真儒家销声匿迹，假儒家横行于世。在清末的反传统社会思潮中，梁启超曾经提出过"三不足"之说。其中一项"不足"就是"文化根本上感觉不足"，"五四"新文化运动应运而生。在"五四"新文化运动中产生的"孔丘革命""三纲革命""打倒孔家店""打破礼教"等等诉求与行动，实际上颠覆的是代表意识形态的假儒家、假儒学。在当下全球普遍伦理的实现是否可能的语境中，如何辨别真儒家与假儒家，如何"抽象继承"儒家哲学，并期于实现全球普遍伦理的视域融合中追求中国本土文化的"充分世界化"，已是摆在当今国人面前的一个现实课题。

---

1 /《河南程氏文集》卷八，《二程集》，中华书局1981年版，第585页。

第三章
"十恶不赦":孝观念对汉唐法律制度的影响

一、儒家孝道对汉朝法律文化的影响

1 / 中国古代法律与现代法律无论在法理上,抑或在实际内容上都存在着诸多差异。现代法理意义上的行政法、诉讼法、民法等部门法并未完整地存在于古代法律体系中。笔者根据冯友兰先生"选"的方法,偏重于两者之间的相近相通,并借用了现代法理意义上的概念、术语。

2 / 如果把汉代"察举"定义为一种由下向上推选人才为官的制度,那么这种制度在西汉以前就已出现。秦朝已广泛实行由下而上的推举制度,《史记·范雎列传》载:"秦之法,任人而所任不善者,各以其罪罪之。"这里的"任",意为"荐举""保举"。

一种学说与观念能在一个民族两千多年的历史长河中牢牢占据着主流意识形态的地位,并且对该民族两千多年的法律文化产生深远之影响,这一权力话语现象值得深思。两汉的行政法、诉讼法、民法和刑法等部门法都深受儒家孝论之浸润[1],其中行政法、民法与刑法尤其具有代表性。

(一)行政法

察举孝廉。察举是汉代选拔官员的一项重要政治制度,这一人才选拔制度产生于汉文帝时期,成熟于汉武帝时期[2]。

文帝二年诏曰："朕闻之，天生民，为之置君以养治之。人主不德，布政不均，则天示之灾以戒不治。乃十一月晦，日有食之，适见于天，灾孰大焉！朕获保宗庙，以微眇之身托于士民君王之上，天下治乱，在予一人，唯二三执政犹吾股肱也。朕下不能治育群生，上以累三光之明，其不德大矣。令至，其悉思朕之过失，及知见之所不及，匄以启告朕。及举贤良方正能直言极谏者，以匡朕之不逮。"文帝十五年又"诏诸侯王、公卿、郡守举贤良能直言极谏者，上亲策之，傅纳以言"。(《汉书·文帝纪》)由此可见，先秦时期的乡举里选荐举制演变至汉文帝时，已形成了一种选拔官员的新制度[1]。其步骤一般为皇帝下达诏令，指定举荐科目；然后丞相、列侯、公卿及地方郡国向上推荐人才；皇帝亲自策问被荐举者；根据对策的高第下第之不同，授予官职。晁错就是在汉文帝十五年那次诏举贤良能直言极谏者的选拔中一举中鹄的。皇帝提出的策问题目为"朕之不德，吏之不平，政之不宣，民之不宁，四者之阙，悉陈其志，毋有所隐"。(《汉书·晁错传》)当时对策者一百多人，"唯错为高第，由是迁中大夫"。(《汉书·晁错传》)因此，学界普遍认为，汉文帝时已有正式的

1／参见安作璋：《汉代的选官制度》，《山东师院学报》1981年第1、2期；崔瑞德、鲁惟一：《剑桥中国秦汉史》，中国社会科学出版社1992年版；翦伯赞：《秦汉史》，北京大学出版社1983年版；吕思勉：《秦汉史》，中国友谊出版公司2009年版；林剑鸣：《秦汉史》第七章，上海人民出版社2003年版；黄留珠：《秦汉仕进制度》第8章，西北大学出版社1985年版。

察举制度。[1]但是，汉文帝时代的察举科目中并不包括孝廉一科。汉武帝元光元年（前134年），"初令郡国举孝廉各一人"。（《汉书·武帝纪》）从这条材料可知，汉武帝时代除了已有的"贤良"科目外，又增设了"孝廉""秀才"等新科目。何谓"孝廉"？颜师古注云："孝谓善事父母者，廉谓清洁有廉隅者。"（《汉书·武帝纪》颜师古注）汉代察举科目分为常科与特科两大类，常科是指每年都要举行的常设科目，特科是指特别指定之科目。从公元前134年开始，孝廉成了岁举的常科。不仅如此，事实上孝廉在汉代是一项范围极其广泛、地位非常重要的察举科目。应劭《汉官仪》说："丞相故事，四科取士。一曰德行高妙，志节清白；二曰学通行修，经中博士；三曰明达法令，足以决疑，能案章覆问，文中御史；四曰刚毅多略，遭事不惑，明足以决，才任三辅令：皆有孝悌、廉公之行。"[2]所谓"四科取士"，实际上就是汉代察举的四项基本标准。但是，在这四项标准之上，还存在着一条更加重要的根本性的原则："孝悌、廉正之行"。因此，尽管汉代察举制度的科目繁多、名称各异，但都必须遵循孝悌这一最高标准。宋代徐天麟说："虽然，汉世诸科，虽以贤良方正为至重，而得人之盛，则莫如孝廉，斯以后世之所不能及。"[3]安作璋先生说："孝

---

[1] 参见安作璋：《汉代的选官制度》，《山东师范学院学报》1981年第1、2期；黄留珠：《秦汉仕进制度》，西北大学出版社1985年版；吕思勉：《秦汉史》，中国友谊出版公司2009年版。

[2] 《后汉书·百官志》注引应劭《汉官仪》，第3559页。

[3] 徐天麟：《东汉会要》卷二六《孝廉》按语，上海古籍出版社1978年版，第391页。

廉一科,在汉代实乃清流之目,为官吏晋升的正途。"[1]正因为孝廉常科在汉代选举制度中地位重要,所以后世甚至以孝廉来称代整个汉代选举制度。从汉武帝元光元年初令郡国举孝廉,一直到汉献帝刘协禅位,约三百五十余年间,共举孝廉七千余人,举孝廉的人数远远多于其他科目。

证诸史实,从汉武帝开始,一直到东汉末年,有不少大臣是孝廉出身:

例一,路温舒"又受《春秋》,通大义。举孝廉,为山邑丞"。(《汉书·路温舒传》)

例二,王吉"少(时)好学明经,以郡吏举孝廉为郎,补若庐右丞,迁云阳令"。(《汉书·王吉传》)

例三,韦彪"孝行纯至,父母卒,哀毁三年,不出庐寝。服竟,羸瘠骨立异形,医疗数年乃起。好学洽闻,雅称儒宗。建武末,举孝廉,除郎中,以病免,复归教授"。(《后汉书·韦彪传》)

例四,冯豹"长好儒学,以《诗》《春秋》教丽山下。乡里为之语曰:'道德彬彬冯仲文'。举孝廉,拜尚书郎,忠勤不懈"。(《后汉书·冯衍传》)

例五,周章"初仕郡为功曹。时大将军窦宪免,封冠军侯就国。……举孝廉,六迁为五官中郎将。延平元年,为光禄勋"。(《后汉书·周章传》)

例六,张禹"性笃厚节俭。父卒,汲吏人赙送前后数百万,悉无所受。又以田宅推与伯父,

[1] 安作璋:《汉代的选官制度》,载《山东师范学院学报》1981年第1、2期。

身自寄止。永平八年,举孝廉"。(《后汉书·张禹传》)

例七,徐防"祖父宣为讲学大夫,以《易》教授王莽。父宪,亦传宣业。防少习父祖学,永平中,举孝廉,除为郎"。(《后汉书·徐防传》)

例八,桥玄"少为县功曹……举孝廉,补洛阳左尉"。(《后汉书·桥玄传》)

例九,李膺"祖父修,安帝时为太尉。父益,赵国相。膺性简亢,无所交接,唯以同郡荀淑、陈寔为师友。初举孝廉,为司徒胡广所辟,举高第,再迁青州刺史"。(《后汉书·党锢列传》)

由《汉书》《后汉书》中可考见的关于察举孝廉的史例分析,从资历上看,大多数为州郡属吏或通晓经书的儒生。从任用的情况看,既有中央属官,也有地方官员。中央属官分别属于光禄勋、少府、太仆、将作大匠和城门都尉。地方官主要是郡国长官的高级助手。孝廉拜受的官职绝大多数属于秩六百石以下的低级官吏,最高者为千石。察举孝廉是常科岁举,地方郡国每年都要向中央推荐人才,并且有人数上的限制。但是,这项工作在开始时遇到了一些阻拦,原因是汉承秦法,举人不当者坐之,所以地方官员对察举孝廉心存疑惧,工作不积极主动。"今或至阖郡而不荐一人"。(《汉书·武帝纪》)为了改变这一局面,汉武帝在元朔元年(前128)下达一道地方郡国有义务举人的诏令,令中二千石、礼官、博士议不举者罪。此后又规定:"'今诏书昭先帝圣绪,令二千石举孝廉,所以化元元,移风易俗也。不举孝,不奉诏,当以不敬论；不察廉，不胜任也，当免。'奏可。"(《汉书·武帝纪》)从此以后，岁举孝廉制度才得以贯彻执行。汉武帝之后，孝廉一科成为入仕的正途，但由此也出现了一个问题：各郡国人口多少不等，大郡人口多至百万，小郡人口仅数万人，各地所举孝廉名额相同，都是每年举孝廉两人，这实际上存在着一个不公平、不合理的问题。"时大郡口五六十万举孝廉二人，小郡口二十万并有蛮夷者亦举二人。"这一社会问题一直到东汉和帝时代才得以解决。"帝以为不均，下公卿会议。"司徒丁鸿与司空刘方上奏说："凡口率之科，宜有阶品，蛮夷错杂，不得为数。自今郡国率二十万口岁举孝廉一人，四十万二人，六十万三人，八十万四人，百万五人，百二十万六人；不满二十万，二岁一人；不满十万，三岁一人。"(《后汉书·丁鸿传》)结果，丁鸿与刘方的奏议被批准了。永元十三年（101），汉和帝再一次就郡国举孝廉人数问题下达诏令："幽、并、凉州户口率少，边役众剧，束修良吏，进仕路狭。抚接夷狄，以人为本。其令缘边郡口十万以上岁举孝廉一人，不满十万二岁举一人，五万以下三岁举一人。"(《后汉书·和帝纪》)从此以后，改为以人口数为标准，大体上每二十万人口年举孝廉一人。自从西汉武帝元光元年举孝廉以来，如果按照当时每郡每年荐举两人统计，西汉每年举孝廉的人数约为206人，西汉时代（包括王莽新朝）举孝廉的总人数约为32000人。在汉和帝永元六年与永元十三年做出的新规定之前，以地方郡国每年荐举二人来统计，全国每年举孝廉的人数约为189人。在永元年间做出了按人口比率荐举人才的新规定之后，东汉每年举孝廉的人数为 228 人。两项相加，整个东汉时期举孝廉的总人数约为 4200 左右。[1]

两汉政府在鼓励年轻人以孝廉入仕的同时，又从法律上明确指明不孝者不得入仕。"故汉制使天下诵《孝经》，选吏举孝廉。"（《后汉书·荀爽传》）在古代社会，赘婿一直被视为"贱民"。《汉书·贾谊传》："故秦人家富子壮则出分，家贫子壮则出赘。"应劭曰："出作赘婿也。"颜师古注曰："谓之赘婿者，言其不当出在妻家，亦犹人身体之有疣赘，非应所有也。一说，赘，质也，家贫无有聘财，以身为质也。"赘婿既不是奴婢或刑徒，也不是从事"末业"之人，而是因贫穷，无资娶妻，而就其妇家为婿或以自身为抵押出卖劳力以充聘财的平民。汉代法律明文规定赘婿不得为官。"孝文皇帝时，贵廉洁，贱贪汙，贾人、赘婿及吏坐赃者皆禁锢不得为吏。"（《汉书·贡禹传》）孝养父母、繁衍子孙，是男子应尽之道德义务。赘婿更名易姓、断子绝孙、不承宗祧，与儒家伦理相悖，因而为社会所不容。此外，汉代法律又规定，在职官吏违反孝行者须受免职处罚。《汉书·薛宣传》载，汉哀帝初即位，博士申咸上疏言薛宣不孝："毁宣不供养行孝服，薄于骨肉，前以不忠孝免，不宜复列封侯在朝省。"结果，薛宣"坐免为庶人，归

---

[1] 参见劳榦：《汉代察举制度考》，载中央研究院《历史语言研究所集刊》第十七本，1948 年；黄留珠：《秦汉仕进制度》，西北大学出版社 1985 年版；崔瑞德、鲁惟一：《剑桥中国秦汉史》，中国社会科学出版社 1992 年版；林剑鸣：《秦汉史》，上海人民出版社 2003 年版。

故郡，卒于家"。(《汉书·薛宣传》)官吏任职期间，如遇父母逝世，必须请假回家服丧，称为"告宁"，否则将受到行政处罚。汉代"告宁"的期限前后不一，早期为三十六天，后改为三年。"夫失礼之源，自上而始。古者大丧三年不呼其门，所以崇国厚俗笃化之道也。"(《后汉书·荀爽传》)西汉公孙弘为人圆滑善变、诡计多端，但在孝顺后母一事上却广受社会称赞。(《汉书·公孙弘传》)又据《汉书·翟方进传》载，翟方进为丞相时，"身既富贵，而后母尚在，方进内行修饰，供养甚笃。及后母终，既葬三十六日，除服起视事，以为身备汉相，不敢逾国家之制"。颜师古注："汉制自文帝遗诏之后，国家遵以为常。大功十五日，小功十四日，缌麻七日。方进自以大臣，故云不敢逾制。"[1]

儒家孝观念对汉代养老制度有深远的影响。社会养老是家庭孝养的放大与延伸，两汉时代的法律规定，56岁以上的人为老人。但是，汉代养老的对象一般说来是七十岁以上的老者，此外还包括鳏、寡、独三种人。六十以上丧偶的男子为"鳏"，六十以上丧偶的女子为"寡"，年满六十以上虽有配偶但无儿子的老者为"独"。[2] 汉代养老制度比较规范，其赡养措施主要有以下几项：

首先，赐酒肉粟米絮帛。公元前205年，汉高祖刘邦初入关中，就下达一项旨令："举民年五十以上，有修行，能帅众为善，置以为三老，乡一人。择乡三老一人为县三老，与县令

[1] 《后汉书·翟方进传》颜师古注，第3417页。

[2] 参见武威县博物馆：《武威新出王杖诏令册》，载《汉简研究文集》，甘肃人民出版社1984年版，第34—61页。

丞尉以事相教,复勿繇戍。以十月赐酒肉。"时隔不久,又在栎阳"存问父老,置酒"。(《汉书·高帝纪》)公元前179年,汉文帝下诏:"方春和时,草木群生之物皆有以自乐,而吾百姓鳏寡孤独穷困之人或阽于死亡,而莫之省忧。为民父母将何如?其议所以振贷之。"(《汉书·文帝纪》)又曰:"老者非帛不煖,非肉不饱。今岁首,不时使人存问长老,又无布帛酒肉之赐,将何以佐天下子孙孝养其亲?"根据这一旨令,最后制定出了具体的优遇条款:"有司请令县道,年八十已上,赐米人月一石,肉二十斤,酒五斗。其九十已上,又赐帛人二匹,絮三斤。赐物及当禀鬻米者,长吏阅视,丞若尉致。不满九十,啬夫、令史致。二千石遣都吏循行,不称者督之。刑者及有罪耐以上,不用此令。"(《汉书·文帝纪》)汉代成年人的饭量,根据有关材料可以大致推测出来。《汉书·匈奴传》云:"一人三百日食用糒十八斛。"[1]西汉末年,壮男300天内平均要吃18石大米,一天只吃6升大米(约一斤)。《盐铁论·散不足》云:"十五斗粟,当丁男半月之食。"[2]另据居延汉简所载,西汉时期边疆士兵每月口粮是"粟三石三斗三升",[3]平均一天11升未脱壳的小米,此处之"升"是指汉朝小升,折合今天120毫升,11升约1.32公升。1.32公升未脱壳的小米,大约能出一斤五两小米。《氾胜之书》说:"丁

1/斛:旧量器,方形,口小,底大,容量本为十斗,后来改为五斗。1斗等于10升,10斗等于1石。

2/王利器校注:《盐铁论校注·散不足》,天津古籍出版社1983年版,第353页。

3/参见谢桂华、李均明、朱国炤:《居延汉简释文合校》,文物出版社1987年版。

男长女治十亩,十亩收千石,岁食三十六石,支二十六年。"由此可以推算出,汉代成年人每月食用大米数量约一石五斗至二石,每月食用粟数量约三石[1]。汉代肉价十分昂贵,《盐铁论·散不足》云:"夫一豕之肉,得中年之收。"中国古代是农业社会,为减少粮食耗费,一直对酒控制很严,屡次下达禁酒令。《史记·孝文本纪》文颖注:"汉律三人已上无故群饮,罚金四两。"因此,汉代政府为年八十以上的老人每月提供米一石、肉二十斤、酒五斗,应该说是比较优厚的待遇。

其次,宽刑。在立法理论上,儒、法两家观点不一,甚或针锋相对。法家倡导"重刑主义",轻罪重罚。"夫严刑重罚者,民之所恶也,而国之所以治也。哀怜百姓、轻刑罚者,民之所喜,而国之所以危也。"[2]"故行刑,重其轻者,轻者不生,则重者无从至矣。"(《商君书·说民》)孔子儒家则主张"恤刑主义","道之以政,齐之以刑,民免而无耻;道之以德,齐之以礼,有耻且格"。(《论语·为政》)儒家推崇伦理教化的作用,认为经过后天伦理教化的熏染,人人皆有望成为"温、良、恭、俭、让"伦理道德之载体,实现内在超越。但是,孔子、孟子并不是单一

---

[1] 参见刘德增:《汉代养老述论》,载《山东师范大学学报》1988年第6期。关于汉代米谷价格,从江陵张家山汉简《奏谳书》"醴阳令恢盗县官米"条所载可推知一二。左庶长恢所盗卖的米,一共是263石8斗,计得金6斤3两、15050钱。汉代黄金一斤值钱一万,黄金6斤3两值61876钱,加上15050钱,合计76926钱。除以263石8斗,每石米价大约是290钱。

[2] 王先慎集解:《韩非子集解·奸劫弑臣》,诸子集成本,上海书店1986年版,第72页。

地强调道德教化的作用，排斥法的外在强制性力量，而是主张以伦理教化为主，以法律刑罚为辅，所谓"德主刑辅"。"德主刑辅"命题至少包涵两重含义：其一，法是外在强制性的"他律"机制，伦理道德是内在自发性的"自律"机制，在"人人皆可为尧舜"的向善维度上，伦理自律比法律他律更具功效性；其二，在量刑原则上，尽可能使所施加的刑罚轻于所犯的罪过，"重罪轻罚"，以冀达到教育与感化的社会目的。具体就对老年人之宽刑而言，《礼记·曲礼》云："人生十年曰幼，学；二十曰弱，冠；三十曰壮，有室；四十曰强，而仕；五十曰艾，服官政；六十曰耆，指使；七十曰老，而传；八十、九十曰耄；七年曰悼，悼与耄，虽有罪，不加刑焉。"《汉书·刑法志》有"三赦"原则："三赦：一曰幼弱，二曰老眊，三曰蠢愚。"（《汉书·刑法志》）颜师古注："老眊，谓八十以上。"《汉书·刑法志》的"三赦"原则，直接源自《周礼·秋官·司刺》所载"壹赦曰幼弱，再赦曰老耄，三赦曰蠢愚。"汉朝对老年人实行宽刑政策，大约始于汉惠帝元年（前194年）。"民年七十以上若不满十岁有罪当刑者，皆完之。"（《汉书·惠帝纪》）孟康注："不加肉刑髡鬏也。"（《汉书·惠帝纪》）公元前141年，汉景帝下诏曰："高年老长，人所尊敬也；鳏寡不属逮者，人所哀怜也。其著令：年八十以上，八岁以下，及孕者未乳，师、朱儒当鞫系者，颂系之。"颜师古注："颂读曰容。容，宽容之，不桎梏。"老年罪犯可享受不戴刑具的优待。公元前62年，汉宣帝下达诏令："朕念夫耆老之人，发齿堕落，血气既衰,亦无暴逆之心,今或罗于文法,执于囹圄,不得终其年命,朕甚怜之。自今以来,诸年八十非诬告杀伤人,它皆勿坐。"(《汉书·刑法志》)汉宣帝规定,老年人除诬告与杀伤罪之外,其他罪过都免而不论。甘肃武威磨咀子出土的汉简中有一条材料说:"制诏御史:年七十以上,人所尊敬也,非首、杀伤人,毋告劾,它毋所坐。年八十以上,生日久乎?"[1] "首"指首恶、首谋,汉朝法律对首恶、首谋惩处极其严酷。"毋告劾"意为不起诉。"它毋所坐",指如有其他罪则不再论报。尤其值得注意的是,这条材料把恤刑的年龄放宽到了七十岁。"年八十以上,生日久乎?"八十岁以上老者在世之日屈指可数,所以将年龄上限放宽至七十岁。汉平帝虽然把恤刑的年龄又恢复到八十岁,但在量刑上有所松动:"及眊悼之人刑罚所不加,圣王之所制也。惟苛暴吏多拘系犯法者亲属,妇女老弱,构怨伤化,百姓苦之。其明敕百寮,妇女非身犯法,及男子年八十以上七岁以下,家非坐不道,诏所名捕,它皆无得系。其当验者,即验问。定著令。"颜师古注:"八十曰眊,七年曰悼。"张晏注:"名捕,谓下诏特所捕也。"(《汉书·平帝纪》)这一诏令规定,除了"不道"与"诏所名捕"两项罪名之外,不得拘禁八十岁以上的老人。当验问者立即验问,不得拖延与推诿。汉平帝时代的这一宽刑法规,在甘肃武威磨咀子出土的汉简中也有所反映。"孤、独、盲、珠孺,不属律人,吏毋得擅征召,狱讼毋得毄。布告

[1] 参见武威县博物馆:《武威新出王杖诏令册》,载《汉简研究文集》,第35页。

天下,使明知朕意。"[1]《礼记·王制》云:"老而无子者谓之独",老人有"无得系"之特权。公元27年,东汉光武帝再次下诏,重申此令:"男子八十以上,十岁以下,及妇人从坐者,自非不道、诏所名捕,皆不得系。当验问者即就验。女徒雇山归家。"(《后汉书·光武帝纪》)汉和帝永元十一年(99),汉和帝诏曰:"诏郡国中都官徒及笃癃老小女徒各除半刑,其未竟三月者,皆免归田里。"(《后汉书·孝和孝殇帝纪》)对老人减半刑优待,服刑不满三月者提前释放。汉代对老年人的宽刑政策,自始至终未曾中断过,总的发展趋向是对老年人的恤刑越来越重视,宽刑程度不断增强。汉代法律对老年人的宽刑政策,对唐代法律有所影响。"诸应议、请、减,若年七十以上,十五以下及废疾者,并不合拷讯,皆据众证定罪,违者以故失论。若证不足,告者不反坐。"(《唐律疏议·断狱律》)《疏议》对此加以解释:"'若年七十以上、十五以下及废疾者',依令'一支废,腰脊折,痴痖,侏儒'等,并不合拷讯,皆据众证定罪。"(《唐律疏议·断狱律》)除了对老人不允许施以刑讯之规定,《唐律》关于老年人犯罪从宽处罚的规定比汉朝更加完善。《唐律》根据犯罪人的行为能力把负担刑事责任的年龄分为四个时期:一,凡九十岁以上老人犯罪,一律不负刑事责任。"九十以上,七岁以下,虽有死罪,不加刑。"(《唐律疏议·名例律》)二,八十岁以上老人犯罪,相对不负刑事责任,"八十以上,十岁以下及笃疾,犯反、逆、杀

[1] 参见武威县博物馆:《武威新出王杖诏令册》,载《汉简研究文集》,第35页。

人应死者,上请,盗及伤人者,亦收赎,余皆勿论。"(《唐律疏议·名例律》)三,七十岁以上老人犯罪,可减轻刑事责任。四,七十岁以下,十五岁以上的人犯罪,完全负担刑事责任,按律论处。

复次,赐王杖。赐王杖制度由来已久,根据《周礼·夏官·罗氏》记载:"中春,罗春鸟,献鸠以养国老。"[1] 此外,《礼记·月令》《吕氏春秋·仲秋纪》皆有类似记载。从甘肃武威磨咀子出土的汉简分析,汉代针对老年人的赐王杖制度,最迟不应晚于汉宣帝本始二年(前72)。[2] 汉代拥有王杖的人数比较多。尹湾汉简《集簿》记录了东海郡授予王杖的统计数字,简文云:"年九十以上万一千六百七十人,年七十以上受杖二千八百廿三人,凡万四千四百九十三,多前七百一十八。"[3] 东海一郡拥有王杖的人数多达一万多人,高敏教授认为,"其中七十以上授杖者仅2823人,表明七十以上到九十以下的两个年龄段的老人只有部分享受授杖优待;而年九十以上的老人,则全部享受授杖优待"[4]。

甘肃武威磨咀子汉墓出土的王杖显示,王杖是一根长1.94米、直径0.04米的木杆,杆端有一鸠形饰物。王杖即鸠杖,为何以鸠鸟为装饰物?《后汉书·礼仪志》解释说:"仲秋

[1] 孙诒让撰:《周礼正义》卷五八,中华书局1987年版,第2450页。

[2] 参见武威县博物馆:《武威新出王杖诏令册》,载《汉简研究文集》,第34—61页。

[3] 连云港市博物馆等编:《尹湾汉墓简牍》,中华书局1997年版,第78页。

[4] 参见高敏:《〈集簿〉的释读、质疑与意义探讨——读尹湾汉简札记之二》,载《史学月刊》1997年第5期。

之月,县道皆案户比民。年始七十者,授之以王杖,舗之糜粥。八十九十,礼有加赐。王杖长(九)尺,端以鸠鸟为饰。鸠者,不噎之鸟也。欲老人不噎。"(《后汉书·礼仪志》)授王杖的时间一般在八月。近年发现的郭店一号楚墓有鸠杖陪葬,说明墓主人的年龄已超过七十岁。

王杖主享有以下几项特权:

其一,待遇"比六百石"[1]。"比六百石"是汉代官秩之一种,其俸禄为月五十斛。西汉中等县的县长官秩为四百石,小县县长秩仅三百石。东汉诸郡各置丞一人,位次太守,秩六百石。因此,王杖主享受的"比六百石"的待遇比西汉一些县长略高,相当于东汉时代的郡丞。

其二,"得出入官府节第","入官府不趋"[2]。汉代大臣朝见皇帝时要低首疾步行走,赞事要直称自己全名,不可佩带武器上殿。开国贤相萧何和权臣曹操、梁冀曾享受过"入朝不趋,剑履上殿,谒赞不名"的特殊待遇。王杖主可以自由出入官府,入官府不趋俯,赞事不名,说明汉代对老者的尊崇非同小可。

其三,"行驰道旁道"[3]。驰道是皇帝专用车道,王杖主享有在驰道旁道行走之特权。《汉书·贾山传》载:"为驰道于天下,东穷燕齐,南极吴楚,江湖之上,滨海之观毕至。道广五十

---

[1] 参见武威县博物馆:《武威新出王杖诏令册》,载《汉简研究文集》,第37页。

[2] 参见武威县博物馆:《武威新出王杖诏令册》,载《汉简研究文集》,第36—37页。

[3] 参见武威县博物馆:载《汉简研究文集》,《武威新出王杖诏令册》。

步,三丈而树,厚筑其外,隐以金椎,树以青松。"《汉书·鲍宣传》注引如淳曰:"令诸使有制得行驰道中者,行旁道,无得行中央三丈也。"只有皇帝才有权在驰道上行走,其他文武大臣只能行走于驰道旁道。如果一般平民百姓在驰道旁道行走,属犯法之举。《汉书·鲍宣传》载:"丞相孔光四时行园陵,官属以令行驰道中。"司隶鲍宣得知此事后,"使吏钩止丞相掾史,没入其车马,摧辱宰相"。另据《汉书·江充传》载:"充出,逢馆陶长公主行驰道中。充呵问之,公主曰:'有太后诏',充曰:'独公主得行,车骑皆不得。'尽劾没入官。"

其四,"贾市,毋租","田毋租,市毋赋,与归义同"[1]。种地免租,市卖免税,免除赋役负担。此外,王杖主还被允许"沽酒醪列肆"[2],老人享受在市场上卖酒之特权。天汉三年(前98),汉武帝接受桑弘羊提议,开始实行酒榷制,"故少府丞令请建酒榷,以赡边,给战士,拯救民于难也。"(《盐铁论·忧边》)官府垄断酿酒、卖酒行业,郡国设榷酤官代办具体事务,酒利上缴中央,私人违禁者将受到法律惩处。《汉书·赵广汉传》载:"广汉客私沽酒长安市,丞相(史)【吏】逐去(客)。"因此,汉代允许王杖主与六十岁以上的独寡老人在市场上卖酒,应该说是一项比较重要的经济上的优待措施。

其五,"吏毋得擅征召,狱讼毋得敷"。"吏民有敢殴辱者,逆不道。"[3]"犯(非)罪耐以上,

---

[1] 参见武威县博物馆:《武威新出王杖诏令册》,载《汉简研究文集》,第35页。

[2] 参见武威县博物馆:《武威新出王杖诏令册》,载《汉简研究文集》,第35页。

[3] 参见武威县博物馆:《武威新出王杖诏令册》,载《汉简研究文集》,第35,37页。

毋二尺告劾；有敢征召、侵辱者，比大逆不道。"[1] 在《王杖诏令册》和《王杖十简》中，有几起欺凌、殴打王杖主的案件：如云阳白水亭长张熬、汝南郡男子王安世、南郡亭长司马护、长安东乡啬夫田宣、男子张汤等等。在犯罪的十四人中，有亭长四人，游徼一人，乡啬夫三人，乡吏一人，平民五人，结果都被弃市。由此也可看出王杖主的几个特点：其一，王杖主基本上都是平民百姓；其二，欺凌、殴打王杖主实际上是对皇权的不敬，所以从令册所列举的案件分析，对殴辱王杖主的判决都非常重。

汉代政府在实行"王杖"制度的同时，又从政策上激励天下大众孝敬老人，培育敬老爱老的社会道德风尚。甘肃武威磨咀子汉墓出土的《王杖诏令册》有一条简文说："复人有养谨者扶持，明著令。"[2] 此处之"人"，指他人、旁人，凡能扶养老人者，享受"复"之待遇，即免除赋役。在传世文献中，最早记载以"复其身"为条件奖励孝事老人的材料，大概出自汉惠帝四年（前191）："春正月，举民孝弟力田者复其身。"（《汉书·惠帝纪》）颜师古注曰："弟者，言能以顺道事其兄也。"商鞅变法时规定："僇力本业，耕织致粟帛多者复其身。"（《史记·商君列传》）汉承秦制，但孝事老人也能"复其身"，却是汉朝自己的发明创造。汉文帝时"礼高年，九十者一子不事，八十者二算不事。"（《汉书·贾山传》）颜师古注曰："一子不事，蠲其赋役。二算不事，免二

---

[1] 参见武威县博物馆：《武威新出王杖诏令册》，载《汉简研究文集》，第60—61页。

[2] 参见武威县博物馆：《武威新出王杖诏令册》，载《汉简研究文集》，第35页。

口之算赋也。"公元前 348 年（秦孝公十四年），秦国"初为赋"，（《史记·秦本纪》）第一次按户按人口征收军赋，也就是湖北云梦出土的《秦律》中所说的"户赋"，也称"口赋"，为汉代"算赋"之起源。算赋是向成年人征收的人头税，从 15 岁至 56 岁，每人每年向国家交纳 120 钱，称为一算。商鞅变法实行的"复其身"，目的在于奖励耕战；西汉时期的蠲赋役、免算赋，是对老人的尊重和对孝子的褒奖，两者性质与目的不同。汉武帝时也采取一些专项措施来保证这一政策顺利实行。建元元年（前 138），汉武帝下诏："古之立教，乡里以齿，朝廷以爵，扶世导民，莫善于德。然则于乡里先耆艾，奉高年，古之道也。今天下孝子顺孙愿自竭尽以承其亲，外迫公事，内乏资财，是以孝心阙焉。朕甚哀之。民年九十以上，已有受鬻法，为复子若孙，令得身帅妻妾遂其供养之事。"（《汉书·武帝纪》）颜师古注："有子即复子，无子即复孙也。"年龄九十以上老者，不仅可以根据《受鬻法》享受政府发给的财物，而且可以免除其子孙部分徭役。汉昭帝元凤元年（前80）三月，"赐郡国所选有行义者涿郡韩福等五人帛，人五十匹，遣归"。并且下诏曰："朕闵劳以官职之事，其务修孝弟以教乡里。令郡县常以正月赐羊酒。有不幸者赐衣被一袭，祠以中牢。"（《汉书·昭帝纪》）"行义者"，指在乡村"修孝弟"之人，通过对"其务修孝弟以教乡里"者的奖励举措，培育邻里之间以修孝行义为荣的社会风尚。汉宣帝地节三年（前 67）十一月又下诏曰："朕既不逮，导民不明，反侧晨兴，念虑万方，不忘元元。唯恐羞先帝圣德,故并举贤良方正以亲万姓,历载臻兹,然而俗化阙焉。传曰:'孝弟也者,其为仁之本与。'其令郡国举孝弟、有行义闻于乡里者各一人。"(《汉书·宣帝纪》)让各郡国举荐"孝弟、有行义"者,是为了在乡里树立行孝的楷模,以孝行感化乡里,移风易俗。为了在全社会培育敬老爱老的社会风尚,两汉政府经常发布赏赐孝子钱帛爵的诏令,从西汉惠帝到东汉顺帝,全国性对孝悌褒奖、赐爵多达三十二次[1]。对一些事迹比较突出的孝子,汉代政府有意广为宣传。《后汉书·江革传》载:"建武末年,与母归乡里。每至岁时,县当案比,革以母老,不欲摇动,自在辕中挽车,不用牛马,由是乡里称之曰'江巨孝'。"江革告归乡里后,朝廷仍然念念不忘"江巨孝"。"元和中,天子思革至行,制诏齐相曰:'谏议大夫江革,前以病归,今起居何如?夫孝,百行之冠,众善之始也。国家每惟志士,未尝不及革。县以见谷千斛赐'巨孝',常以八月长吏存问,致羊酒,以终厥身。如有不幸,祠以中牢。'"既赏赐"谷千斛",又赐"巨孝"称号,名利双行。从此以后,"江巨孝"之名,妇孺皆知,"行于天下"。此外,汉朝政府对以孝治乡里、政绩卓著的官吏,也大加奖赏。西汉黄霸治颍川,以孝教化百姓,民风淳朴,政绩显著。天子下诏称扬曰:"颍川太守霸,宣布诏令,百姓乡化,孝子弟弟贞妇顺孙日以众多。田者让畔,道不拾遗,养视鳏寡,赡助贫穷,狱或八年亡重罪囚,吏民乡于教化,兴于行谊,可谓贤人君子矣,《书》不云乎?'股

[1] 参见孙筱:《孝的观念与汉代新的社会统治秩序》,载《中国史研究》1990年第3期。

胘良哉！'。"（《汉书·黄霸传》）"孝子弟弟贞妇顺孙日以众多"，是地方治理卓有成效的一大表现。黄霸因此被"赐爵关内侯，黄金百斤，秩中二千石。"

（二）民法

现代意义上的民法主要是指调整平等主体之间的财产关系与人身关系的法律规范。民法就其任务而言，是规定权利主体有无权利、义务的法律；就其效力而言，是全国范围内主体间一般通用的法律。严格地说来，中国古代并不存在现代意义上的民法。我们于此仍然使用"民法"这一概念，是从浩如烟海的史实中"选"（冯友兰语）出与西方民法相类似的内涵，建构中国古代法律体系中的民法部分，目的在于从现代法学理论的高度观照与评价中国古代的法律制度与法律行为。

1. 父母依法对子女拥有人身支配权

其一，父母具有卖子权。《孝经·开宗明义章》说："身体发肤，受之父母。"父母"全而生之"，子女有义务"全而归之"。基于这一理论依据，父母对子女的生命拥有所有权与支配权。汉代法律规定，父母在某些特殊情况下可以卖子。《汉书·食货志》载："汉兴，接秦之敝，诸侯并起，民失作业，而大饥馑。凡米石五千，人相食，死者过半。高祖乃令民得卖子，就食蜀汉。"虽然因饥荒而有此规定，但从法律意义上肯定了卖子的合法性。贾谊的奏疏也论及汉初卖子现象："汉之为汉几四十年矣，公私之积犹可哀痛。失时不雨，民且狼顾；岁恶不入，请卖爵、子。既闻耳矣，安有为天下阽危者若是而上不惊者！"如淳注："卖爵级又卖子也。"汉武帝时，淮南王刘安上书言："间者，数年岁比不登，民待卖爵赘子以接衣食，赖陛下德泽振救之，得毋转死沟壑。"（《汉书·严助传》）如淳注："淮南俗卖子与人作奴婢，名为赘子，三年不能赎，遂为奴婢。"颜师古注曰："赘，质也。一说，云赘子者，谓令子出就妇家为赘婿耳。"东汉初期，汉光武帝在十三年中，连续九次颁布关于释放奴婢的诏令。例如，建武二年（26）的诏令说："民有嫁妻卖子欲归父母者，恣听之。敢拘执，论如律。"（《后汉书·光武帝纪》）由此可见，两汉时期卖子现象比较普遍。

其二，父母对子女有管教权。许慎《说文解字》释"父"："父，矩也，家长率教者，从又举杖。"[1]《白虎通·三纲六纪》云："父子者，何谓也？父者，矩也，以法度教子也。子者，孳也，孳孳无已也。"[2] 父是"纲纪"，"纲纪"意味着准绳与枢纽，其间也隐含对为父者的责任要求；与此同时，父又是"矩"与"法度"，《尔雅·释诂上》："矩，常也。"又"矩，法也"。[3] 扑责子女是父家长天经地义、不容置疑的权力与义务，这一父权既合乎伦理又不背离法律。《汉书·刑法志》云："鞭扑不可弛于家，刑罚不可废于国，征伐不可偃于天下。"西汉匡衡说："又以为孝莫大于严父，故父之所尊子不敢

[1] 许慎：《说文解字》，中华书局1963年版，第64页。

[2] 陈立撰，吴则虞点校：《白虎通疏证·三纲六纪》，中华书局1994年版，第376页。

[3] 郭璞注，邢昺疏：《尔雅注疏》卷一，十三经注疏本，中华书局1980年版，第2569页。

不承,父之所异子不敢同。"(《汉书·韦贤传》)《后汉书·崔骃列传》载,汉灵帝时代公开卖官鬻爵、官场乌烟瘴气,"其富者则先入钱,贫者到官而后倍输,或因常侍、阿保别自通达"。崔烈"因傅母入钱五百万,得为司徒"。崔烈因为入仕途径不正,社会"声誉衰减"。崔烈在家询问其子崔钧:"吾居三公,于议者何如?"崔钧讥讽道:"论者嫌其铜臭。"崔烈恼羞成怒,"举杖击之"。身为虎贲中郎将的崔钧吓得"狼狈而走",其父在背后大骂:"死卒,父挝而走,孝乎?"父家长除了有权扑责子女之外,在法律上还享有送惩权。王尊兼任美阳令时,有一妇女上官府控告其"假子不孝","儿常以我为妻,妒笞我"。王尊立即派吏收捕验问,审讯后发现事情属实,"尊于是出坐廷上,取不孝子县磔著树,使骑吏五人张弓射杀之,吏民惊骇"。(《汉书·王尊传》)汉代法律之送惩权源自秦律。睡虎地云梦秦简《封诊式》收录了几例父母尊长告发子女的案例,其中一例为:"某里士五(伍)"到官府告发其子不孝,"谒杀,敢告"。令史前往捉拿归案。县丞审讯不孝子丙,供词称,"甲亲子,诚不孝甲所,毋(无)它坐罪"。[1]

其三,父母对子女有生杀大权。《宋书·何承天传》载议民不孝案:"法云,谓违犯教令,敬恭有亏,父母欲杀,皆许之。其所告惟取信于所求而许之。"子女不听从教令,父母有权杀子。程树德认为"此条所谓法云违犯教令,敬

[1] 睡虎地秦墓竹简整理小组:《睡虎地秦墓竹简》,文物出版社1978年版,第263页。

[2] 程树德:《九朝律考·晋律考中》,中华书局2003年版,第252页。

恭有亏，父母欲杀皆许之，当即晋律本文"²。晋律源于汉律，父母杀子权在法律上得到了承认。秦末，赵高、李斯与胡亥篡改诏书，另立太子，派遣使者北上，威逼扶苏自杀。"使者至，发书，扶苏泣，入内舍，欲自杀。蒙恬止扶苏曰：'陛下居外，未立太子，使臣将三十万众守边，公子为监，此天下重任也。今一使者来，即自杀，安知其非诈？请复请，复请而后死，未暮也。'使者数趣之。扶苏为人仁，谓蒙恬曰：'父而赐子死，尚安复请！'即自杀。"（《史记·李斯列传》）父命同于法令，违犯父命就是违背法律。汉武帝时，金日䃅原是匈奴休屠王太子，其子弄儿见宠于汉武帝。"弄儿或自后拥上项，日䃅在前，见而目之。弄儿走且啼曰：'翁怒。'上谓日䃅'何怒吾儿为？'其后弄儿壮大，不谨，自殿下与宫人戏，日䃅适见之，恶其淫乱，遂杀弄儿。弄儿即日䃅长子也。上闻之大怒，日䃅顿首谢，具言所以杀弄儿状。上甚哀，为之泣，已而心敬日䃅。"（《汉书·金日䃅传》）金日䃅这种杀子行为不仅未受到法律制裁，反而得到汉武帝的敬重。汉哀帝时，王莽的儿子王获杀死家中一位奴婢，王莽斥责其儿行径不当，并且"令自杀"。值得注意的是，王莽的杀子行为反而为他社会地位与社会声誉的提升造成了良好的社会效果，"吏上书冤讼莽者以百数"。（《汉书·王莽传》）两汉时期贫困人家杀子现象由来已久，逐渐形成一种社会风气，贾彪上任后对这一陋习进行了大力整改。"初仕州郡，举孝廉，补新息长。小民困贫，多不养子，彪严为其制，与杀人同罪。城南有盗劫害人者，北有妇人杀子者，彪出案发,而掾吏欲引南。彪怒曰:'贼寇害人,此则常理,母子相残,逆天违道。'遂驱车北行,案验其罪。……数年间,人养子者千数,金曰:'贾父所长',生男名为'贾子',生女名为'贾女'。"(《后汉书·贾彪列传》)

其四,父母对子女婚姻大事具有支配权。汉代婚姻的缔结大都由父母操持,婚姻当事人处在一个相对被动的地位,对自己的婚姻大事没有自决权。《诗经·齐风·南山》云:"取妻如之何,必告父母。"《礼记·曲礼上》云:"男女非有行媒,不相知名。"《管子·形势解》又云:"妇人之求夫家也,必用媒,而后家事成。"[1]《白虎通》卷十云:"男不自专娶,女不自专嫁,必由父母,须媒妁何?远耻防淫泆也。"[2]《诗经·卫风·氓》曾经描述了由于未能请到一位好媒人,结果一对恋人未能及时完婚的悲剧:"氓之蚩蚩,抱布贸丝。匪来贸丝,来即我谋。送子涉淇,至于顿丘。匪我愆期,子无良媒。将子无怒,秋以为期。"《白虎通·嫁娶》还从阴阳理论高度,为"男不自专娶,女不自专嫁"进行论证:女属阴,男属阳;阴卑阳尊,所以阴需通过阳"成之":"礼男娶女嫁何?阴卑,不得自专,就阳而成之。"媒妁之言与父母之命往往相提并论,其间彰显的实际上是父母尊长的绝对权威。如果婚娶不用媒,一方面有违于社会风俗,另一方面也意味着这种婚姻在法律层面与伦理道德层面均属无效。《孟子·滕文公下》云:"丈夫生而愿为之有

[1] 赵守正:《管子注译·形势解》,广西人民出版社1987年版,第189页。

[2] 陈立撰,吴则虞点校:《白虎通疏证·嫁娶》,中华书局1994年版,第452页。

室,女子生而愿为之有家,父母之心,人皆有之。不待父母之命,媒妁之言,钻穴隙相窥,踰墙相从,则父母国人皆贱之。"婚娶不用媒,孟子斥之为"贱",《管子·形势解》讥之为"丑耻"。缘此,齐国专设了"掌媒"的官员,履行"合独"之职。根据《礼记·昏义》的记载,当时已出现了比较完整规范的婚姻礼仪——"六礼"。"六礼"即纳采、问名、纳吉、纳征、请期、亲迎,这实际上是婚姻礼仪的六个阶段。纳采,指男家请媒人提亲,女家同意议婚,然后男家再备礼向女家正式求婚。纳采的主要贽品是雁,也称之为"委禽","贽用雁者,取其随时而南北,不失其节,明不夺女子之时也。又是随阳之鸟,妻从夫之义也。又取飞成行,止成列也。明嫁娶之礼,长幼有序,不相踰越也"[1]。贽用雁取义于鸿雁候时而动,顺乎阴阳往来之理;问名,是女家接受男家的求婚意向后,男家之父乃具书,遣媒人问女之名,女氏出具其女所出及出生年月日以告;纳吉,指男家归卜告于家庙,祷问双方结合是否吉利,求取祖先神灵的认可和保佑。若卜得吉兆,再请媒人通知女方,表示已经订婚;纳征,也叫纳币,在决定婚约之后,男家向女家纳聘礼。《周礼·地官·媒氏》说:"凡嫁子娶妻,入币纯帛,无过五两。"[2] 请期,男家卜取迎亲吉日,三请于女家,表示礼敬而不敢自专;亲迎,指正式成婚礼仪,通常要男方逆迎而女方有送。在成婚吉日,新郎受父命,于黄昏时到达女家迎新妇,"主人筵几于

---

[1] 陈立撰,吴则虞点校:《白虎通疏证》卷十《嫁娶》,中华书局1994年版,第457页。

[2] 孙诒让撰,王文锦、陈玉霞点校:《周礼正义·地官·媒氏》,中华书局1987年版,第1047页。

庙，而拜迎于门外。婿执雁入，揖让升堂，再拜奠雁，盖亲受之于父母也"[1]。《礼记·哀公问》专门讨论了亲迎的必要性，鲁哀公问：亲迎之礼，是不是过于隆重？孔子回答说："合二姓之好，以继先圣之后，以为天地、宗庙、社稷之主，君何谓已重乎？"[2]孔子认为上应天地阴阳二气，下合二姓之好、延续后嗣，当属参天地化育之大事。之后荀子进一步发挥说："亲迎之礼：父南乡而立，子北面而跪，醮而命之：'往迎而相，成我宗事，隆率以敬，先妣之嗣，若则有常。'子曰：'诺，唯恐不能，敢忘命矣？'"（《荀子诂译·大略》）《诗经·大雅·韩奕》描绘了韩国君王的亲迎之礼，于此可见亲迎之隆盛："韩侯取妻，汾王之甥，蹶父之子。韩侯迎止，于蹶之里。百两彭彭，八鸾锵锵，不显其光。诸娣从之，祈祈如云。韩侯顾之，烂其盈门。"但是，在婚姻礼仪的六个阶段，我们始终看不到婚姻当事人的选择权和内在情感，显现的都是父母单方面的主宰权。《太平御览》中记载的一则事例正好可以证明这一点："甲夫乙将船，会海盛风，船没溺流死亡，不得葬。四月，甲母丙即嫁甲，欲当何论？或曰：甲夫死未葬，法无许嫁，以私为人妻，当弃市。议曰：臣愚以为《春秋》之义，言夫人归于齐，言夫死无男，有更嫁之道也。妇人无专制擅恣之行，听从为顺，嫁之者归也。甲又尊者所嫁，无淫衍之心，非私为人妻也。明于决事，皆无罪名，不当坐。"[3]

[1] 孙希旦撰，沈啸寰、王星贤点校：《礼记集解·昏义》，中华书局1989年版，第1417页。

[2] 孙希旦撰，沈啸寰、王星贤点校：《礼记集解·哀公问》，第1261页。

[3] 李昉等撰：《太平御览》卷六百四十《刑法部六》，中华书局，1960年版，第2868页。

董仲舒以春秋大义为价值依据，认为甲无罪，理由是甲由父母主婚，非"私为人妻"。既然子女婚姻完全由父母一手操办，子女婚姻的延续与解除也由父母单方面决定。《礼记·内则》说："子甚宜其妻，父母不说，出。子不宜其妻，父母曰：'是善事我'，子行夫妇之礼焉，没身不衰。"婚姻关系是否解除，与婚姻当事人的意愿无关，主要取决于是否"善事我"。此处之"我"并非婚姻当事人，而是父母尊长。《大戴礼记·本命》列举了强行与妻子离婚的七种理由——"七出"：不顺父母、无子、淫、妒、恶疾、多言、窃盗。在"七出"之条中，是否孝顺父母尊长最为重要。东汉鲍永是有名的大孝子，"事后母至孝，妻尝于母前叱狗，而永即去之"。（《后汉书·鲍永列传》）《后汉书·列女传》载广汉姜诗："事母至孝，妻奉顺尤笃。母好饮江水，水去舍六七里，妻常泝流而汲。后值风，不时得返，母渴，诗责而遣之。"这两条史料涉及的皆是家庭琐碎小事，但因与孝相牵连，事情的性质就发生了根本性的变化。在汉代众多的材料中，最能反映因父母意愿而导致子女婚姻关系被迫解除的例子，莫过于汉代乐府诗《焦仲卿妻》中的焦仲卿与刘兰芝的爱情悲剧。"孔雀东南飞，五里一徘徊。十三能织素，十四学裁衣。十五弹箜篌，十六诵诗书。十七为君妇，心中常苦悲。君既为府吏，守节情不移。"夫妻两人恩恩爱爱，如胶似漆，但是，焦母不喜欢儿媳，焦仲卿不得不休妻。刘兰芝回到娘家后不久，母兄强迫其改嫁他人。万念俱灰的刘兰芝只好"揽裙脱丝履，举身赴清池。府吏闻

1/《焦仲卿妻》，王运熙，王国安评注：《汉魏六朝乐府诗评注》，齐鲁书社2000年版，第204—207页。

此事，心知长别离。徘徊庭树下，自挂东南枝"[1]。

2. 父母对家庭财产拥有所有权与处置权

家庭财产，包括动产与不动产，在法律意义上都属父母尊长所有，子女不拥有家庭财产所有权。"父母在，不敢有其身，不敢私其财，示民有上下也。……父母在，馈献不及车马，示民不敢专也。"（《礼记·坊记》）"父母存，不许友以死，不有私财。"（《曲礼上》）"子妇无私货，无私畜，无私器，不敢私假，不敢私与。"郑玄注曰："家事统于尊也。"（《内则》）父母健在，子女不得拥有个人财产，所有收入必须上交父母。江陵张家山汉简《奏谳书》中有一条有关法定继承财产顺序的律文："故律曰：死夫囗以男为后。毋男以父母，毋父母以妻，毋妻以子女为后。"[1]从中可以看出财产继承顺序依次是子、父母、妻、女。儿子虽然排在家庭财产继承顺序的第一位，但在父母健在的情况下，财产的唯一所有者是父母尊长。非经家长同意，子女无权动用家庭财产，更不允许私自将家庭财产借出或赠予他人。汉昭帝始元六年诏："罢榷酤官，民得以律占租，卖酒升四钱。"如淳注："律，诸当占租者家长身各以其物占，占不以实，家长不身自书，皆罚金二斤，没入所不自占物及贾钱县官也。"（《汉书·昭帝纪》）每个家长必须如实向国家申报家庭财产数额，并按法令缴纳赋税，否则将受到法律制裁。这也从一个侧面证明了家长对家庭财产具有完全支配权。不仅如此，父母对家庭财产具有经营权和处置权，

[1] 江陵张家山汉简整理小组：《江陵张家山汉简〈奏谳书〉释文》，载《文物》1995年第3期。

子女不得干涉。《后汉书·樊宏传》载,范宏"父重,字君云,世善农稼,好货殖。重性温厚,有法度,三世共财,子孙朝夕礼敬,常若公家。其营理产业,物无所弃,课役童隶,各得其宜,故能上下戮力,财利岁倍,至乃开广田土三百余顷。其所起庐舍,皆有重堂高阁,陂渠灌注。又池鱼牧畜,有求必给"。樊重治家有方,子女三代勤劳致富,"赀至巨万,而赈赠宗族,恩加乡闾"。樊重富而好仁,饮誉一方。另一个相反的例子是,西汉疏广辞去太子太傅官职回归乡里,汉宣帝"加赐黄金二十斤",皇太子又"赠以五十斤"。(《汉书·疏广传》)疏广衣锦还乡后,天天在家大宴宾客,觥筹交错,夜以继日,无暇他顾。家中财产挥霍殆尽,疏广子女忧心如焚,劝其买些田地房屋,为子女添置产业。疏广却说:"吾岂老悖不念子孙哉?顾自有旧田庐,令子孙勤力其中,足以共衣食,与凡人齐。今复增益之以为赢余,但教子孙怠惰耳。贤而多财,则损其志;愚而多财,则益其过。且夫富贵,众人之怨也;吾既亡以教化子孙,不欲益其过而生怨。"(《疏广传》)疏广天天饮酒作乐、挥金如土,原来有其深层次的考虑,无论"贤而多财",抑或"愚而多财",都会使子孙"怠惰"。疏广所作所为,恰恰从一个侧面说明了家长对家庭财产具有绝对的经营权和处置权。

(三) 刑法

刑法是关于犯罪与刑罚的法律规范的总称。刑法以规定什么行为是犯罪并适用于何种刑罚为内容。与其他部门法相比,刑法拥有最严厉的惩罚手段,可以剥夺犯罪者的财产、权利、人身自由甚至生命。在中国古代社会,"不孝"是一项触犯刑法的犯罪行为。传世文献中最早提及"不孝"罪的是《吕氏春秋·孝行览》引述《商书》佚文:"刑三百,罪莫重于不孝。"高诱注曰:"商汤所制法也。"其后《尚书·康诰》也有对不孝罪进行严惩之记载:"封,元恶大憝,矧惟不孝不友。子弗祗服厥父事,大伤厥考心;于父不能字厥子,乃疾厥子。于弟弗念天显,乃弗克恭厥兄。兄亦不念鞠子哀,大不友于弟。惟吊兹,不于我政人得罪,天惟与我民彝大泯乱。曰:乃其速由文王作罚,刑兹无赦。"不孝属"元恶大憝",所以要用文王制定的刑罚来严惩。稍后的文献如《周礼·地官·大司徒》也提到不孝罪:"以乡八刑纠万民:一曰不孝之刑,二曰不睦之刑,三曰不姻之刑,四曰不弟之刑,五曰不任之刑,六曰不恤之刑,七曰造言之刑,八曰乱民之刑。"齐桓公三十五年(前651),齐桓公与众诸侯会盟于葵丘,盟约中的一项条款为:"诛不孝。"(《孟子·告子下》)秦国也有不孝处重刑的法律条文。"免老告人以为不孝,谒杀,当三环之不?不当环,亟执勿失。"[1] 根据《周礼·司刺》记载,古代判处死刑有"三宥"法律程序,但如果属于"不孝"罪,则可以直接逮捕嫌疑人。《睡虎地秦墓竹简·封诊式》还有一条类似的材料:"某里士五(伍)甲告曰:'甲亲子同里士五(伍)丙不孝,谒杀,敢告。'即

[1] 睡虎地秦墓竹简整理小组:《睡虎地秦墓竹简·法律答问》,第195页。

令令史己往执。令史己爱书:与牢隶臣某执丙,得某室。丞某讯丙,辞曰:'甲亲子,诚不孝甲所,毋(无)它坐罪[1]。'"对于这类自诉案件,官府往往是有案必究,从不懈怠。汉朝"依律,杀母以大逆论"[2]。不孝入罪在湖北江陵张家山汉简《奏谳书》中得到了证实:"律曰:不孝弃市。"[3]

概而论之,汉代"不孝"入罪涵盖以下几方面:

其一,不供养父母。孔子儒家认为,从物质层面上孝养父母是人之所以为人的最基本的义务,甚至某些动物也能做到这一点。《孝经·庶人章》说:"谨身节用,以养父母。"《盐铁论·孝养》也认为"善养者不必刍豢也,善供服者不必锦绣也。以己之所有尽事其亲,孝之至也。故匹夫勤劳,犹足以顺礼;啜菽饮水,足以致其敬。"孝养父母首先在于是否有感恩之心,其次才是是否竭尽"己之所有"。如果能做到这两点,匹夫匹妇"啜菽饮水"也是孝子。中国古代社会是农耕社会,小农经济是国民经济之基础。以父系家长为核心的大家庭是否稳定与和睦,关系到整个社会秩序是否稳固与协调。基于此,汉代统治者大力倡导儒家孝伦理,良有以焉。孝子虞诩"年十二,能通《尚书》。早孤,孝养祖母。县举顺孙,国相奇之,欲以为吏。诩辞曰:'祖母九十,非诩不养。'相乃止"。(《后汉书·虞诩列传》)又据《后汉书·江革列传》载,江革"少失父,独与母居。

---

1 / 睡虎地秦墓竹简整理小组:《睡虎地秦墓竹简·封诊式》,第263页。

2 / 杜佑:《通典》卷一六六,中华书局1984年版,第878页。

3 / 江陵张家山汉简整理小组:《江陵张家山汉简〈奏谳书〉释文》,载《文物》1995年第3期。

遭天下乱,盗贼并起,革负母逃难,备经阻险,常采拾以为养。数遇贼,或劫欲将去,革辄涕泣求哀,言有老母,辞气愿款,有足感动人者。贼以是不忍犯之,或乃指避兵之方,遂得俱全于难。革转客下邳,穷贫裸跣,行佣以供母,便身之物,莫不必给"。虞诩与江革因为称孝于乡里,结果都被荐举为官。换言之,如果未能做到尽心竭力供养父母,有可能负法律责任。前引西汉薛宣就是被人控告"不供养,行丧服,薄于骨肉",结果断送了自己的政治前途。汉平帝时司直陈崇告发大司农孙宝不孝,"会宝遣吏迎母,母道病,留弟家,独遣妻子"。经三公讯问后,"坐免,终于家"。(《汉书·孙宝传》)江陵张家山汉简有一条简文说:"有生父而弗食三日,吏且何以论子?"廷尉回答说:"当弃市。"[1] 由于汉代社会"以孝治天下",大力宣传儒家孝伦理,结果也出现了一些怪诞社会现象。《风俗通义·愆礼》载:东汉九江太守陈子威自幼失母,"常自悲感"。后来"游学京师,还于陵谷中,见一老母,年六十余,因就问:'母姓为何?'曰:'陈家女李氏,''何故独行?'曰:'我孤独,欲依亲家。'子威再拜长跪自白曰:'子威少失慈母,姓陈,舅氏亦李,又母与亡亲同年,会遇于此,乃天意也。'因载归家,供养以为母"。

其二,服丧违法。《礼记》中有《丧服小记》《丧大记》《祭法》《祭义》《祭统》《奔丧》《问丧》《三年问》《丧服四制》等篇对服丧期间子女的行为规范,如奔丧、哭丧、入殓、丧服、

[1] 江陵张家山汉简整理小组:《江陵张家山汉简〈奏谳书〉释文》,载《文物》1995年第3期。

饮食等各个方面做了详细说明。如果有违，在法律上就被视为不孝。《礼记·祭义》云："父母既没，慎行其身，不遗父母恶名，可谓能终矣。"父母死后，子女应慎行其身，不留恶名，不辱父母。"慎行其身"具体包括居丧期间要着丧服、不居寝、不视乐、不婚嫁、不饮食酒肉、不过性生活等，否则将受到法律制裁。江陵张家山汉简载："妻之为后次夫、父母、夫、父母死，未葬，奸丧旁者，当不孝，不孝弃市。"[1]该女子在居丧期间与人通奸，结果被判为"不孝弃市"。《汉书·霍光传》载：汉昭帝死后，霍光率众大臣选昌邑王贺继位。但其在未正式登位典丧期间，无悲哀之心，"行淫乱"，"服斩缞，亡悲哀之心，废礼谊，居道上不素食，使从官略女子载衣车，内所居传舍"，结果被废帝位，这也是汉代唯一一位因服丧期间"不孝"而被褫夺皇位者。汉成帝时，常山宪王太子勃在其父重病与病亡服丧期间，"私奸，饮酒，博戏，击筑，与女子载驰，环城过市，入狱视囚"。有司请诛之，因皇帝不忍，结果"徙王勃以家属处房陵"。（《汉书·景十三王传》）汉安帝元初五年（118），赵相告发赵惠王乾"居父丧私娉小妻，又白衣出司马门"，赵惠王乾因此"坐削中丘县"。（《后汉书·宗室四王三侯传》）东汉赵宣葬亲时不闭墓道，身穿孝服在墓道中守孝二十多年，"乡邑称孝，州郡数礼请之"。青州刺史陈蕃闻知赵宣孝行后大为感动，于是接见赵宣。在交谈中察觉赵宣在二十多年的时间中竟然生了五个孩子，陈蕃大怒："圣人制

[1] / 江陵张家山汉简整理小组：《江陵张家山汉简〈奏谳书〉释文》，载《文物》1995年第3期。

礼，贤者俯就，不肖企及。且祭不欲数，以其易黩故也。况乃寝宿冢藏，而孕育其中，诳时惑众，诬汙鬼神乎？"（《后汉书·陈蕃列传》）结果赵宣被逮捕治罪。《后汉书·李固列传》载："先是颍川甄邵谄附梁冀，为邺令。有同岁生得罪于冀，亡奔邵，邵伪纳而阴以告冀，冀即捕杀之。邵当迁为郡守，会母亡，邵且埋尸于马屋，先受封，然后发丧。邵还至洛阳，缮行涂遇之，使卒投车于沟中，笞捶乱下，大署帛于其背曰：'谄贵卖友，贪官埋母。'乃具表其状，邵遂废锢终身。"甄邵的罪名有二：一是匿母丧；二是谄附梁冀，卖友求荣。由于孝观念的强化，原始儒家"葬之以礼，祭之以礼"的原则在汉代已趋于极端化，自残、自虐的社会现象层出不穷。有的孝子"父没哀恸，焦毁过礼，草庐土席，衰杖在身，头不枇沐，体生疮肿"（《后汉书·章帝八王传》）；有的孝子"行丧陵次，毁瘠过礼"（《彭城靖王恭传》）；有的守坟"野无烟火，而独在冢侧"（《祭遵列传》）；有的孝子"昼夜号泣，终三年不食盐菜。憔悴毁容，亲人不识之"（《和熹邓皇后纪》）；甚至有的孝子"遭母丧过毁，伤父魂灵不返，因哀恸绝命"（《独行列传》）。

其三，举告父母。孔子儒家认为，如果父母犯有过失，子女不可丧失独立人格，不可盲目听从，而应坚持原则，劝诫父母。"以正致谏""微谏不绝""谏而不逆"，就是基于原始儒家的思想而产生的劝谏理论。但是，迨至战国时代，儒家这一基本观点在法律层面已发生了变化：子女不得控告父母，否则将被视为犯罪。

《睡虎地秦墓竹简》载:"'子告父母,臣妾告主,非公室告,勿听。'可(何)谓'非公室告'?主擅杀、刑、髡其子、臣妾,是谓'非公室告',勿听。而行告,告者罪。告【者】罪已行,它人有(又)袭其告之,亦不当听。"[1]如果父母擅自杀死、刑伤子女,子女进而向官府控告,这在法律上属于"非公室告",官府一般不予受理。假如子女坚持不懈地上诉,控告者有罪。但是,如果"父子同居,杀伤父臣妾、畜产及盗之",则属于"家罪","其罪当刑城旦"[2]。张家山汉简《二年律令·告律》有类似记载,从而为秦律提供了佐证:"子告父母,妇告威公,奴婢告主、主父母妻子,勿听而弃告者市。"[3]除了出土文献之外,正史中有关禁止"子告父母"的材料也比较多。汉景帝三年,襄平侯嘉之子恢说欲谋反,事被发觉,恢说因"有私怨于其父",诬告其父知情不报。此案被定性为"不孝"和"大逆不道","论恢说及妻子如法",即恢说及妻子被处以"弃市"刑罚。(《汉书·景帝纪》)汉武帝元朔六年,衡山王刘赐想废太子刘爽,另立刘孝为太子。刘爽听说后,上书汉武帝,控告其父与淮南王刘安相互勾结,图谋叛逆。事发后,刘赐畏罪自杀。刘爽虽然如实向官府控告其父谋反,却未享受到因检举他人有功而免刑的特权,结果"太子爽坐告王父不孝,皆弃市"。(《汉书·衡山王刘赐传》)《后汉书·贾复列传》载,东汉章帝建初元年,贾复之子贾敏"坐

---

1 /《睡虎地秦墓竹简·法律答问》,第196页。

2 /《睡虎地秦墓竹简·法律答问》,第197—198页。

3 / 张家山247号汉墓竹简整理小组:《张家山汉墓竹简(247号墓)》,文物出版社2001年版,第151页。

诬告母杀人,国除"。东汉初年,刘晃与刘刚"与母太姬宗更相诬告",汉章帝下诏说:"朕闻人君正屏,有所不听。宗尊为小君,宫卫周备,出有辒辌之饰,入有牖户之固,殆不至如谮者之言。晃、刚忿乎至行,浊乎大伦,《甫刑》三千,莫大不孝。"(《后汉书·宗室四王三侯传》)由于下告上有违于孝道,刘晃由王贬为芜湖侯,刘刚削户三千。以上所举案例均为王或侯,其所受处分为国除、贬爵,并未入于刑律。如果身份是平民百姓,其行为已触犯刑律。《二年律令·告律》云:"诬告人以死罪,黥为城旦舂;它各反其罪。告不审及有罪先自告,各减其罪一等。"[1]如果控告人不实,就用所控告的罪名处罚告发人,这即是法制史上"诬告反坐"原则。"诬告反坐"原则既适用于诬告他人,也适用于诬告尊亲,而且诬告尊亲将受到比诬告他人更严厉的惩处。

其四,辱骂、殴杀父母。 儒家孝道注重"敬","爱亲者,不敢恶于人。敬亲者,不敢慢于人"[2]。敬与慢对举,《礼记·曲礼上》:"礼不踰节,不侵侮,不好狎。"郑玄注:"不好狎,为伤敬也。""侵侮"和"好狎"的具体表现就是辱骂、殴打父母尊长。汉代法律不允许辱骂、殴打父母。《二年律令·贼律》云:"子牧杀父母,殴詈泰父母、父母叚(假)大母、主母、后母,及父母告子不孝,皆弃市。"[3]西汉这一律文当是源自秦国法律条文,《睡虎地秦墓竹简》载:"'殴

[1] 张家山247号汉墓竹简整理小组:《张家山汉墓竹简(247号墓)》,第151页。

[2] 胡平生译注:《孝经译注·天子章第二》,中华书局1996年版,第4页。

[3] 张家山247号汉墓竹简整理小组:《张家山汉墓竹简(247号墓)》,第139页。

大父母,黥为城旦舂。'今殴高大父母,可(何)论?比大父母。"殴打祖父母与曾祖父母者,将被处以黥刑,并罚为城旦舂。依照秦律,城旦舂是一种刑期为四年的劳役型刑罚。汉代法律规定:"殴父也,当枭首。"[1] 由此可见,汉代法律对于殴打父母尊长的惩罚比秦国法律更加严酷。在董仲舒依据儒家经义决狱平讼的诸多案件中,有两例案子值得讨论:

例一,"甲有子乙以乞丙,乙后长大,而丙所成育。甲因酒色谓乙曰:汝是吾子,乙怒杖甲二十。甲以乙本是其子,不胜其忿,自告县官。仲舒断之曰:甲生乙,不能长育,以乞丙,于义已绝矣。虽杖甲,不应坐"[2]。

例二,"甲父乙与丙争言相斗,丙以佩刀刺乙,甲即以杖击丙,误伤乙,甲当何论?或曰:殴父也,当枭首。议曰:臣愚以父子至亲也,闻其斗,莫不有怵怅之心。扶伏而救之,非所以欲诟父也。《春秋》之义,许止父病,进药于其父而卒,君子原心,赦而不诛。甲非律所谓殴父也,不当坐"[3]。

董仲舒从《春秋》经义中引申出了一项新的法律原则——"原心论罪"。"《春秋》之听狱也,必本其事而原其志。"(《春秋繁露·精华》)苏舆注曰:"事之委曲未悉,则志不可得而见。故《春秋》贵志,必先本事。"在以法律行为和案件事实为依据前提下,注重分析与判断行为人的主观动机,然后判定案件的

[1] 李昉等撰:《太平御览》卷六四〇,第2868页。

[2] 杜佑撰:《通典》卷六九,中华书局1984年版,第382页。

[3] 李昉等撰:《太平御览》卷六四〇,第2868页。

性质，予以裁决。"《春秋》之义，意恶功遂，不免于诛。"(《汉书·薛宣传》）在案例一中，乙以杖击甲是客观事实，甲是乙之父也是客观事实。但是，董仲舒认为，甲作为生父从未承担过养育乙的社会责任与义务，在法律与伦理的双重层面上主动放弃了作为乙之父亲的社会权利，父子之义已绝。所以，虽然乙杖击生父，但不存在殴打父亲的主观故意，因而不应承担法律责任；在案例二中，基于子杖击父这一客观事实，法官认为"殴父也，当枭首"。对于这种源出于秦王朝的"客观归罪"司法准则，董仲舒予以否定。"君子原心"，"举意不善，虽有成功犹加诛"。(《薛宣传》颜师古注）如果主观动机为"善"，性质就发生变化了。甲虽有杖击乙之客观事实，但并非出于主观故意，因此董仲舒得出了无罪的结论。当然，我们也应该明白，这两例案件实际上属于非常特殊的现象。在一般情况下，对于殴打甚至杀害父母尊长的行为人的法律制裁是极其严厉的。汉景帝时，"廷尉上囚防年，继母陈论杀防年父，防年因杀陈。依律，杀母以大逆论。帝疑之，武帝时年十二，为太子在旁，帝遂问之。太子答曰：'夫继母如母，明不及母，缘父之故，比之于母。今继母无状，手杀其父，则下手之日母恩绝矣。宜与杀人者同，不宜与大逆论。'从之。"[1] 汉律，"杀母以大逆论"，陈防年继母犯故意杀人罪在先，并且母子恩情已绝，因此，幼年武帝认为陈防年案应定性为一般杀人罪，而非罪不容诛的"大逆"。当然，这一判决结果是基于案件的特殊性而发，如果是普

1／杜佑撰：《通典》卷一六六，第878页。

通的杀继母、后母、主母,仍将比照"继母如母"法律精神判为"大逆"。由于杀亲是罪大恶极之犯罪行为,先秦两汉时期有将杀亲者处以焚刑之传统,"凡杀其亲者,焚之"。(《周礼·秋官·掌戮》)此处所说的"亲",指"缌服以内"的亲人。西汉武帝时,有男子毕康杀其母,武帝下诏"燔烧其子尸,暴其罪于天下"[1],以示对不孝之子的严惩。由于杀伤父母是罪不容赦之重罪,过犹不及之案例也随之出现。《后汉书·循吏列传》载:"上虞有寡妇至孝养姑。姑年老寿终,夫女弟先怀嫌忌,乃诬妇厌苦供养,加鸩其母,列讼县庭。郡不加寻察,遂结竟其罪。"郡吏在缺乏证据的情况下,竟然将其判处死刑。后来在孟尝的一再呼吁下,才"刑讼女而祭妇墓"。

(四) 诉讼法

诉讼法是关于诉讼程序法律的总称,是诉讼活动的法律准则和操作规程,其任务是从诉讼程序方面保证实体法的正确实现。根据诉讼性质,可分为民事诉讼法、刑事诉讼法与行政诉讼法。

在中国古代社会,中华法系的特点是"诸法合体,民刑不分",因此也不存在独立的诉讼法。一直到清末沈家本参照西方法律制度起草民事诉讼法与刑事诉讼法,中国法律史上才有了自己真正意义上的诉讼法。基于此,我们在这里讨论儒家孝论对中国古代诉讼法的影响,旨在表明中国古代虽然没有西

---

[1] 严可均辑:《全上古三代秦汉三国六朝文》,《全后汉文》卷一四《桓谭》,中华书局1958年版,第543页。

方法律文化意义上那种系统性的、独立的诉讼法,但"类似"于西方诉讼法的一些法律条款与司法行为还是客观存在的。

1. "亲亲得相首匿"

"亲亲得相首匿"是指在一定法律范围内,亲属之间有权相互隐庇犯罪行为,并且不被追究法律责任[1]。作为古代社会一项重要法律准则,有的学者认为"亲亲得相首匿"的理论依据出于《论语·子路》:"叶公语孔子曰:'吾党有直躬者,其父攘羊,而子证之。'孔子曰:'吾党之直者异于是:父为子隐,子为父隐。直在其中矣。'"或许《论语》这一表述颇具代表意义,先秦两汉时代的众多学者都评述过此事。《庄子·盗跖篇》云:"直躬证父,尾生溺死,信之患也。"《韩非子·五蠹篇》云:"故行仁义者非所誉,誉之则害功;工文学者非所用,用之则乱法。楚之有直躬,其父窃羊,而谒之吏。令尹曰:'杀之。'以为直于君而曲于父,报而罪之。以是观之,夫君之直臣,父之暴子也。"《吕氏春秋·当务篇》载:"楚有直躬者,其父窃羊而谒之上。上执而将诛之。直躬者请代之。将诛矣,告吏曰:'父窃羊而谒之,不亦信乎?父诛而代之,不亦孝乎?信且孝而诛之,国将有不诛者乎?'荆王闻之,乃不诛也。孔子闻之曰:'异哉!直躬之为信也。一父而载取名焉。'故直躬之信不若无信。"《新序·节士篇》载:"子为父隐,父为子隐,直在其中矣。"《盐铁论·周秦篇》载:"父母之于子,虽有罪犹匿之,其不欲服罪尔。闻子为父隐,父

[1] 参见范忠信:《中西法律传统中的"亲亲相隐"》,载《中国社会科学》1997年第3期。

为子隐,未闻父子之相坐也。"《白虎通·谏诤篇》解释说:"君不为臣隐,父独为子隐何?以为父子一体,荣耻相及。故《论语》曰:'父为子隐,子为父隐,直在其中矣。'"历代学者对孔子在"父子相隐"价值取向上的理解似乎存在着一些偏差。《周礼·地官·大司徒》云:"五族为党。"郑玄注:"党,五百家。"关于这一问题,有两点必须辨明:其一,《睡虎地秦墓竹简》已发现有"子告父母,臣妾告主,非公室告,勿听"等法律条文,这一法律条文的缘起至少可上推数百年。秦简的出土可以证明在中国古代法律制度中长达两千多年的"同居相容隐"或"亲亲得相首匿"的诉讼法条款并非源出于孔子儒家,而是在孔子儒家诞生之前早已存在,儒家思想对古代法律制度真正产生影响最早也应在西汉时代;其二,由于史料阙如,仅就《论语·子路》这一条孤证而言,孔子实际上是立足于传统法律文化的角度而非家庭伦理的立场来评论这一古代法律制度中早已存在的"同居相容隐"或"亲亲得相首匿"的诉讼法原则。法律文化立场与家庭伦理立场有别,为了辨清这一问题,我们不妨将考察问题的视野拓宽一些。在以孔子为代表的原始儒家孝论中,孔子倡导父子人格平等,明确提出"谏亲"原则,反对子女无原则立场盲目服从父亲尊长意志,"以正致谏""微谏不倦"等孝亲原则就是在孔子观点的基础上提炼而成。在孔子思想体系中,孝是人伦逻辑性起点,成仁是德行最终归宿。至少在家庭伦理层面上,"父子相隐"恰恰与"仁者爱人"的人文关怀相契合。《春秋》文公十五年:"十有二月,齐人来归子叔姬。"《春秋公羊传》释:"父母之于子,虽有罪,犹若其不欲服罪然。"《春秋穀梁传》的解释大抵相近:"父母之于子,虽有罪,犹欲其免也。"[1] 有的学者进而认为,这是在阐发孔子"父子相隐"的观点。这种看法有待于商榷。实际上,《公羊传》与《穀梁传》对《春秋》这条经文的训释是一致的,其含义为:子女虽有罪,父母仍然希望他们能够得到赦免。实际上,在中国学术史上首次将"父子相隐"观念阐发为《春秋》大义"并进而将其论证为孔子本有之价值观的人物应是汉代董仲舒。"时有疑狱曰:'甲无子,拾道旁弃儿乙养之,以为子。及乙长,有罪杀人,以状语甲。甲藏匿乙,甲当何论?'仲舒断曰:'甲无子,振活养乙,虽非所生,谁与易之。《诗》云:"螟蛉有子,蜾蠃负之。"《春秋》之义,父为子隐,甲宜匿乙,诏不当坐。'"[2] 养子乙犯有杀人罪,养父甲将其藏匿。董仲舒首先引用《诗经》中的"螟蛉有子,蜾蠃负之"一语,确认养父与养子关系等同于亲父子;董仲舒进而根据"《春秋》之义,父为子隐"原则,为养父的首匿行为开脱罪责。但是,董仲舒所论述的这一司法原则并没有普遍推行于当时的司法实践中。在汉武帝时代,主要还是推行首匿相坐之法,父子、夫妇也不例外。一直到汉宣帝地节四年(前66),"亲亲得相首匿"之法才开始颁布实施:"父子之亲,夫妇之道,天性也。虽有患祸,犹蒙死而存之。诚爱结于心,仁厚之至也,岂能违之哉!自今子首匿父母,

---

[1] 傅隶朴:《春秋三传比义》中册,中国友谊出版公司1984年版,第113页。

[2] 杜佑撰:《通典》卷六九,第382页。

妻匿夫，孙匿大父母，皆勿坐。其父母匿子，夫匿妻，大父母匿孙，罪殊死，皆上请廷尉以闻。"（《汉书·宣帝纪》）但是，这种"亲亲得相首匿"之法也是有一些限制性条款的。其一，相容隐范围仅仅局限于上面提到的几种亲属关系；其二，并非任何犯罪行为皆可以隐匿。假若亲属犯有谋反、谋逆等重罪，其亲人不但不可隐庇，反而有向政府告发的义务，否则将受到法律制裁。"亲亲得相首匿"之法的颁布实施，对中国法制史的影响是深远的。以后历代法律除了因危及统治政权的谋反、谋大逆外，均有亲属相容隐的法律条款，否则就是"干犯名义"，触犯法律。《晋书·刑法制》云："相隐之道离，则君臣之义废；君臣之义废，则犯上之奸生矣。"真可谓一箭中鹄、鞭辟入里！"亲亲得相首匿"之法实际上蕴含双重社会功效：在家庭伦理层面援儒入法，借儒家人伦信仰维持家庭稳定，进而维护社会稳定；在社会政治层面则是为了证明君臣政治伦理的合法性和历代政权存在之正当性。在高扬充满人文关怀的儒家大纛的背后，隐藏着极其功利性的社会政治诉求。南朝梁武帝时，建康女子任提女之案颇具代表性："三年八月，建康女子任提女，坐诱口当死。其子景慈对鞫辞云：'母实行此。'是时法官虞僧虬启称：'案子之事亲，有隐无犯，直躬证父，仲尼为非。景慈素无防闲之道，死有明目之据，陷亲极刑，伤和损俗。凡乞鞫不审，降罪一等，岂得避五岁之刑，忽死母之命！景慈宜加罪辟。'诏流于交州，至是复有流徒之罪。"（《隋书·刑法志》）建康女子任提女犯有死罪，其子景慈在法庭上证实其母确实犯有此罪,结果法官认为景慈"陷亲极刑,伤和损俗",判处景慈"流于交州"。《唐律》开始按照人们的身份、地位、长幼、亲疏之别,制定了不同的诉讼行为,详详细细规定了"同居相为隐"的法规,甚至连奴婢、部曲也在容隐之列。"诸同居,若大功以上亲及外祖父母、外孙,若孙之妇、夫之兄弟及兄弟妻,有罪相为隐;部曲、奴婢为主隐,皆勿论,即漏露其事及擿语消息亦不坐。"《唐律》卷二十三《斗讼》说:"诸告祖父母、父母者,绞。"《疏议》说:"父为子天,有隐无犯。如有违失,理须谏诤,起敬起孝,无令陷罪。若有忘情弃礼而故告者,绞。注云'谓非缘坐之罪',缘坐谓谋反、大逆及谋叛以上,皆为不臣,故子孙告亦无罪,缘坐同首法,故虽父祖听捕告。若故告余罪者,父祖得同首例,子孙处以绞刑。下条准此者,谓告期亲尊长,情在于恶,欲令入罪而故告之,故云'准此'。"但是,并非所有的犯罪行为皆可以隐匿。《唐律》规定:"若犯谋叛以上者,不用此律。"《疏议》:"谓谋反、谋大逆、谋叛,此等三事,并不得相隐,故不用相隐之律,各从本条科断。"所以,"同居相为隐"法律条款的宗旨并非单纯为了维护温情脉脉的儒家伦理道德,其深层次的目的还在于论证社会政治伦理的正当性和政权存在的神圣性。但是,历史上有些人偏偏看不透其间的奥秘,陷入左右为难、举棋不定之窘境,《魏书·窦瑗传》中的议论就颇具代表意义。"臣伏读至三公曹第六十六条,母杀其父,子不得告,告者死。再三返覆之,未得其门。何者?案律,子孙告父母、祖父母者死。又汉宣云：子匿父母，孙匿大父母，皆勿论。盖谓父母、祖父母，小者攘羊，甚者杀害之类，恩须相隐，律抑不言。法理如是，足见其直。未必指母杀父止子不言也。若父杀母，乃是夫杀妻，母卑于父，此子不告是也。而母杀父，不听子告，臣诚下愚，辄以为惑。昔楚康王欲杀令尹子南，其子弃疾为王御士而上告焉。对曰：'泄命重刑，臣不为也。'王遂杀子南。其徒曰：'行乎？''吾与杀吾父，行将焉入！'曰：'臣乎？'曰：'杀父事仇，吾不忍。'乃缢而死。注云：弃疾自谓不告父为与杀，谓王为仇，皆非礼，《春秋》讥焉。斯盖门外之治，以义断恩，知君杀父而子不告，是也。母之于父，同在门内，恩无可掩，义无断割。知母将杀，理应告父；如其已杀，宜听告官。今母杀父而子不告，便是知母而不知父。识比野人，义近禽兽。且母之于父，作合移天，既杀己之天，复杀子之天，二天顿毁，岂容顿默！此母之罪，义在不赦。下手之日，母恩即离，仍以母道不告，鄙臣所以致惑。"母杀其父，子若不告，就是间接参与杀父；如果子告官，母被依法处死，儿子又是间接杀母。窦瑗似乎陷入了一个两难困境之中，窦瑗的困惑就在于：他始终未意识到"同居相为隐"的法规在社会伦理层面上有维护家庭伦理之"直"的功能，在社会政治层面上更有弘扬与维护政治伦理之"忠"的作用。如果单纯从法理高度探究其逻辑上之严整性与内涵上的系统性，难免陷入"未得其门"之惑。司法部门的三公郎答复他说："身体发肤，受之父母，生我劳悴，续莫大焉。子于父母，同气异息，终天靡报，在情一也。今欲忽论其尊卑,辨其优劣,推心未忍,访古无据。母杀其父,子复告母,母由告死,便是子杀。天下未有无母之国,不知此子将欲何之!……且圣人设法,所以防淫禁暴,极言善恶,使知而避之。若临事议刑,则陷罪多矣。恶之甚者,杀父害君,著之律令,百王罔革。此制何嫌,独求削去。既于法无违,于事非害,宣布有年,谓不宜改。"三公郎表面上是从家庭伦理角度阐述子告母与告父皆有违于儒家伦理,实质上是由家及国,落脚点在于社会政治伦理上的"防淫禁暴",双方辩论的重心不一,价值指向有异,这一辩论的结果,自然是"事遂停寝",不了了之。

2. 宽宥复仇

血亲复仇在远古时代是一种非常普遍的社会习俗,几乎在每一个地区、每一个民族中都存在。摩尔根在谈及北美易洛魁人的血亲复仇之风时说:"为血亲报仇这种古老的习俗在人类各部落中流行得非常广,其渊源即出自氏族制度。氏族的一个成员被杀害,就要由氏族去为他报仇。审问罪犯的法庭和规定刑罚的法律,在氏族社会中出现得很晚,但是在政治社会建立以前便已出现。另一方面,自从有人类社会,就有谋杀这种罪行;自从有谋杀这种罪行,就有亲属报仇来对这种罪行进行惩罚。在易洛魁人以及其他一般的印第安部落当中,为一个被杀害的亲属报仇是一项公认的义务。"[1]恩格斯后来又对摩尔根的研究做过述评:

"同氏族人必须相互援助、保护,特别是在受到外族人伤害时,要帮助报仇。个人依靠氏族来保护自己

[1] 摩尔根:《古代社会》,第75页。

的安全,而且也能做到这一点;凡伤害个人的,便是伤害了整个氏族。因而,从氏族的血族关系中便产生了那为易洛魁人所绝对承认的血族复仇的义务。假使一个氏族成员被外族人杀害了,那么被害者的全氏族必须实行血族复仇。起初是试行调解;行凶者的氏族议事会开会,大抵用道歉与赠送厚礼的方式,向被害者的氏族议事会提议和平了结事件。如果提议被接受,事情就算解决了。否则,受害的氏族就指定一个或几个复仇者,他们的义务就是去寻出行凶者,把他杀死。如果这样做了,行凶者的氏族也没有诉怨的权利,事情就算了结了。"[1] 为本氏族的人复仇,是每一位氏族成员的神圣义务,甚至被涂抹上了些许宗教的色彩。从现有文献材料来推断,商部族首领上甲微诛杀有易氏之君绵臣,可能是中国历史上最早的血亲复仇的事例。上甲微之父王亥是商部族著名的首领,他驯服了牛马,用之于交通与生产。王亥率领商部族越过黄河,向北发展,结果被贪财的有易氏酋长绵臣所杀,运载物质的牛群遭抢夺。之后上甲微借助于河伯的力量,战胜有易氏,诛杀绵臣,振兴了商部族,"上甲微能帅契者也,商人报焉"。(《国语·鲁语》)此外,还有诸如魏信陵君替如姬报杀父之仇、赵氏孤儿报仇雪恨等故事。但实际上先秦时代血亲复仇的事例是比较少的。与之形成一种鲜明对照的社会文化状态是,两汉时代盛极一时的血亲复仇之风是中国五千年文明史上发人深省的一种文化现象,其蔓延之广、流布之深,几至

---

[1] 恩格斯:《家庭、私有制和国家的起源》,《马克思恩格斯选集》第四卷,人民出版社1972年版,第83页。

于独步古今之地步。

汉代甚嚣尘上的血亲复仇之风产生的原因比较复杂，两方面的缘由值得注意：

其一，儒家孝论为汉代血亲复仇存在之正当性与合法性提供了客观理论依据。但是，需要特别指明的是，这里所说的"儒家孝论"仅限于战国之后的儒家。换言之，孔子、孟子坚决反对不分是非曲直、枉法徇私的血亲复仇行为。在孔子仁论思想体系中，"恕"是仁的内涵之一，"己所不欲，勿施于人"。(《论语·卫灵公》)恕是对待他人的一种最低限度的道德品质要求，它强调推己及人，设身处地去体谅他人、宽容他人。《论语》一书中讲"恕"之处很多："以直报怨，以德报德。"(《宪问》)"恶称人之恶者，恶居下流而讪上者。"(《阳货》)"躬自厚而薄责于人。"(《卫灵公》)"伯夷、叔齐不念旧恶，怨是用希。"(《公冶长》)"成事不说，遂事不谏，既往不咎。"(《八佾》)孔子之"恕"，蕴涵以直报怨、以诚相待之义，恕伦理体现的是孔子"仁者爱人"的基本精神。正因为如此，曾子当年深有体会地说："夫子之道，忠恕而已矣。"(《里仁》)《中庸》载子路问"强"，孔子先列举"南方之强"与"北方之强"，然后对"南方之强"大加称赞，其原因在于"宽柔以教，不报无道"[1]。以宽容温和对待他人，即使对方粗暴无理，也不轻率报复。因此，"南方之强"属君子德行。战国时代的孟子也坚决反对冤冤相报的

[1] 朱熹：《中庸章句》，《四书章句集注》，中华书局1983年版，第21页。

血亲复仇社会恶俗。《孟子·尽心下》载:"吾今而后知杀人亲之重也:杀人之父,人亦杀其父;杀人之兄,人亦杀其兄。然则非自杀之也,一间耳。"这段话的原始语境虽已无从得知,但孟子认为杀害他人之父兄等于间接杀害自己之父兄的观点十分明确。基于此,有一点非常确定:孔子、孟子立场鲜明地反对血亲复仇。迨至战国秦汉儒家,对血亲复仇的态度与立场开始发生大逆转。《春秋公羊传》隐公十一年:"君弑,臣不讨贼,非臣也;不复仇,非子也。"[1]《春秋》庄公四年:"夏,齐侯陈侯郑伯遇于垂。纪侯大去其国。"[2]《公羊传》阐发说:"大去者何?灭也。孰灭之?齐灭之。曷为不言齐灭之?为襄公讳也。春秋为贤者讳,何贤乎襄公?复仇也。何仇尔?远祖也。哀公亨乎周,纪侯谮之,以襄公之为于此焉者,事祖祢之心尽矣。尽者何?襄公将复仇乎纪,卜之曰:师丧分焉,寡人死之,不为不吉也。远祖者,几世乎?九世矣。九世犹可以复仇乎?虽百世可也。"[3]《公羊传》作者认为,齐襄公为九世祖齐哀公复仇之举是正当的,为祖辈复仇不存在时间障碍,"虽百世可也"。因此,《公羊传》庄公四年何休《解诂》说:"礼:父母之仇,不同戴天;兄弟之仇,不同国;九族之仇,不同乡党,朋友之仇,不同市朝。"《公羊传》的复仇观与《礼记》《大戴礼记》的观点几乎是如出一辙:"父母之仇,不与同生;兄弟之仇,不与聚国;朋友之仇,不

---

[1] 傅隶朴:《春秋三传比义》,中国友谊出版公司1984年版,第95—96页。

[2] 傅隶朴:《春秋三传比义》,第215页。

[3] 傅隶朴:《春秋三传比义》,第215—216页。

第三章
"十恶不赦":孝观念对汉唐法律制度的影响

与聚乡;族人之仇,不与聚邻。"(《大戴礼记·曾子制言》)"子夏问于孔子曰:'居父母之仇,如之何?'夫子曰:'寝苫枕干,不仕,弗与共天下也。遇诸市朝,不反兵而斗。'曰:'请问居昆弟之仇如之何?'曰:'仕弗与共国,衔君命而使,虽遇之不斗。'曰:'请问居从父、昆弟之仇如之何?'曰:'不为魁,主人能,则执兵而陪其后。'"(《礼记·檀弓上》)此处的孔子,已非历史上真实的孔子,而是被战国秦汉儒家改造、利用之孔子,一个符号化的孔子。孔子的亡灵之所以一再被人请出,无非是后世之儒为了论证他们复仇观的合法性,以便于在"托古改制"的幌子下演出"世界历史的新场面"[1]。

其二,两汉政府对复仇者同情、宽容与奖掖,客观上助长了复仇之风的蔓延。两汉时期赦令频繁,世罕其匹。据有的学者统计,"武帝在位55年,凡18赦。元帝时翻了一番,在位15年,凡10赦,不足二年即有一赦。哀、平在位日浅,几乎无年不赦。东汉自光武帝始,屡颁赦令。桓、灵之时,达到高峰。桓帝在位21年,凡13赦。灵帝在位22年,赦达20次之多。二代赦令之频繁,可谓空前绝后"[2]。大赦是复仇者的福音,因为大部分的被赦免者都是复仇者。《华阳国志·汉中士女》载:陈纲"少与同郡张宗受学南阳,以母丧归。宗为安众刘元所杀。纲免丧,往复之。值元醉卧,还,须醒,乃煞(杀)之。自拘有司。会赦,

[1]/《马克思恩格斯选集》第一卷,人民出版社1972年版,第604页。

[2]/周天游:《两汉复仇盛行的原因》,载《历史研究》1991年第1期;蒋庆:《公羊学引论》,辽宁教育出版社1995年版。

免。"[1]陈纲因"报友"义举,成为社会讴歌之英杰,不久"三府并辟,举茂才。拜弘农太守"。《后汉书·酷吏列传》载:阳球"性严厉,好申、韩之学。郡吏有辱其母者,球结少年数十人,杀吏,灭其家,由是知名。"这种杀人犯不仅未受到任何法律制裁,反而"初举孝廉,补尚书侍郎",此后又"拜九江太守","迁为司隶校尉"。《后汉书·张禹传》注引《东观记》:"(张)歆守皋长,有报父仇贼自出,歆召囚诣阁,曰:'欲自受其辞。'既入,解械饮食,便发遣,遂弃官亡命,逢赦出,由是乡里服其高义。"张歆为了复仇者不惜以身试法,甚至弃官而去,可谓世称其奇。实际上,比张歆之事更为神奇的事,在两汉史实中可谓汗牛充栋。东汉桥玄任齐国相时,有一孝子为父报仇,囚禁于临淄狱中。桥玄"愍其至孝",准备上书请求减刑。县令路芝抢先一步,将孝子杀害。桥玄觉得"深负孝子",于是"捕得芝,束缚籍械以还,笞杀以谢孝子冤魂"[2]。在桥玄看来,孝子为父报仇虽违于法,但合于孝道;路芝依法杀孝子虽合于法,但有违于人伦。在今天看来是非颠倒、法理不分之举,在两汉却成为称颂与赞美的对象。

两汉时代血亲复仇的类型大体上可划分为三种:

其一,为父复仇。汉武帝时,"睢阳人犴反,人辱其父,而与睢阳太守客俱出同车。犴反杀其仇车上,亡去"。(《汉书·文三王传》)《后汉书·苏不韦传》载:苏不韦,扶

---

[1] [晋]常璩撰,任乃强校注:《华阳国志校补图注》卷十,上海古籍出版社1987年版,第600页。

[2] 李昉等撰:《太平御览》卷四八一,第2204页。

风平陵人。其父被司隶校尉李暠杀害,"不韦时年十八,征诣公车,会谦见杀,不韦载丧归乡里,瘗而不葬,仰天叹曰:'伍子胥独何人也!'乃藏母于武都山中"。然后改名易姓,散尽家财,招募剑客。苏不韦率众人夜以继日挖掘地道,直通仇人家中。苏不韦杀死李暠的小妾与小儿,李暠因不在家而侥幸逃生。李暠惊恐万分,"乃布棘于室,以板籍地,一夕九徙,虽家人莫知其处。每出,辄剑戟随身,壮士自卫。不韦知暠有备,乃日夜飞驰,径到魏郡,掘其父阜冢,断取阜头,以祭父坟,又标之于市曰'李君迁父头'。暠匿不敢言,而自上退位,归乡里,私掩塞冢椁。捕求不韦,历岁不能得,愤恚感伤,发病欧血死"。时人赞之曰:"力唯匹夫,功隆千乘,比之于员,不以优乎?"《后汉书·列女传》载:酒泉女子庞淯母,"赵氏之女也,字娥"。其父被同县人所杀,庞淯母的三个兄弟皆因病亡故。仇人于是暗中欣喜,以为赵家无人能复仇。"娥阴怀感愤,乃潜备刀兵,常帷车以候仇家。十余年不能得,后遇于都亭,刺杀之。"庞淯母自首后不久,"遇赦得免"。太常张奂赞叹她的义举,"以束帛礼之"。《华阳国志》记载了一例十三岁的小孩为养父复仇的故事:"左乔云,绵竹人也。少为左通所养,为子。通坐任徒徒逃。吏欲破通膑。通无壮子,故为吏所侵。乔云时年十三,喟然愤怒,以锐刀杀吏,解通将走。[将]令出追;初闻,以为壮士;及知是小儿,为之流涕。"[1]《后汉书·钟离意传》载:钟离意为堂邑县令时,平民防广为父复仇,"系狱,其母病

[1]《华阳国志校补图注》卷十中,第566页。

死,广哭泣不食。意怜伤之,乃听广归家,使得殡敛。丞掾皆争,意曰:'罪自我归,义不累下。'遂遣之。广敛母讫,果还入狱。意密以状闻,广竟得以减死论"。《后汉书·党锢列传》记载了一个为朋友报杀父之仇的事迹:何颙"少游学洛阳。颙虽后进,而郭林宗、贾伟节等与之相好,显名太学。友人虞伟高有父仇未报,而笃病将终,颙往候之,伟高泣而诉。颙感其义,为复仇,以头醊其墓"。《后汉书·申屠蟠传》载:同郡女子缑玉为父报仇,"杀夫氏之党,吏执玉以告外黄令梁配,配欲论杀玉。蟠时年十五,为诸生,进谏曰:'玉之节义,足以感无耻之孙,激忍辱之子。不遭明时,尚当表旌庐墓,况在清听,而不加哀矜!'"外黄令梁配大为感动,并积极为缑玉申诉,"乡里称美之"。

其二,为母复仇。《后汉书·吴祐列传》载,安丘男子毋丘长"与母俱行市,道遇醉客辱其母,长杀之而亡,安丘追踪于胶东得之。祐呼长谓曰:'子母见辱,人情所耻。然孝子忿必虑难,动不累亲。今若背亲逞怒,白日杀人,赦若非义,刑若不忍,将如之何?'长以械自系,曰:'国家制法,囚身犯之。明府虽加哀矜,恩无所施。'祐问长有妻子乎?对曰:'有妻未有子也。'即移安丘逮长妻,妻到,解其桎梏,使同宿狱中,妻遂怀孕。至冬尽行刑,长泣谓母曰:'负母应死,当何以报吴君乎?'乃啮指而吞之,含血言曰:'妻若生子,名之'吴生',言我临死吞指为誓,属儿以报吴君。'因投缳而死"。《后汉书·酷吏列传》载:渔阳泉州人阳球,少习弓剑骑射,家世大姓冠盖。"郡吏有辱其母者",阳球纠合数十人,杀死郡吏及其全家,阳球从此声名大振,"初举孝廉,补尚书侍郎",后来又升迁为九江太守。既然有子为母复仇的,也就有母为子血恨的。《后汉书·刘盆子列传》载:吕母,琅邪海曲人,其子因犯小罪被县宰所杀。吕母为了给儿子报仇雪恨,用百万家产酿美酒,置刀剑。"少年来酤者,皆赊与之,视其乏者,辄假衣裳,不问多少。数年,财用稍尽,少年欲相与偿之。吕母垂泣曰:'所以厚诸君者,非欲求利,徒以县宰不道,枉杀吾子,欲为报怨耳。诸君宁肯哀之乎!'少年壮其意,又素受恩,皆许诺。其中勇士自号猛虎,遂相聚得数十百人,因与吕母入海中,招合亡命,众至数千。"吕母自称将军,率众攻破海曲县城,擒获县宰。"诸吏叩头为宰请。母曰:'吾子犯小罪,不当死,而为宰所杀。杀人当死,又何请乎?'遂斩之。以其首祭子冢,复还海中。"

其三,为兄弟报仇。魏朗,会稽上虞人。其兄被同乡人杀害,魏朗于是"白日操刃报仇于县中,遂亡命到陈国"。魏朗并未受到法律制裁,几年之后"初辟司徒府,再迁彭城令"。后来官至河内太守。《后汉书·崔骃列传》载:崔瑗"年十八,至京师,从侍中贾逵质正大义,逵善待之,瑗因留游学,遂明天官、历数、《京房易传》、六日七分。诸儒宗之。与扶风马融、南阳张衡特相友好。初,瑗兄章为州人所杀,瑗手刃报仇,因亡命。会赦,归家。家贫,兄弟同居数十年,乡邑化之"。赵熹,南阳宛人。其从兄被人所害,十五岁的赵熹看到从兄膝下无子,于是决心为其复仇。赵熹挟兵结客前去报仇,却发现仇人全家皆患病卧床不起,没有能相抗衡者。赵熹觉得此刻下手,"非仁者心",于是对仇人说:"尔曹若健,远相避也。"仇人一家病愈之后,皆自缚前往赵熹家请罪,赵熹竟然残酷地将他们杀死。赵熹不仅未受法律制裁,反而"进为太傅,录尚书事"。(《后汉书·赵熹传》)

对复仇者宽容、赦免与奖掖的结果,客观上形成了道德高于法律、法伦理化的社会局面,人们崇尚复仇,甚至于恃法专杀。面对这种法律与道德关系的内在紧张,历代有不少有识之士对此进行了反思,力求缓解法律与道德二者内在的紧张状态。《周礼》云:"凡和难:父之仇辟诸海外,兄弟之仇辟诸千里之外,从父兄弟之仇不同国。君之仇眂父,师长之仇视兄弟,主友之仇视从父兄弟。弗辟,则与之瑞节而以执之。凡杀人有反杀者,使邦国交仇之。凡杀人而义者,不同国,令勿仇,仇之则死。凡有斗怒者,成之;不可成者,则书之,先动者诛之。"《周礼》作者提出的调解原则可以用两个字来概括:逃避。正如郑玄所论:"和之使辟于此,不得就而仇之。"(《周礼正义·地官·调人》)复仇者只要逃避,则既合乎法令也顺乎伦理。从表面上看,"逃避"原则似乎化解了法律与道德二者的两难困境,其实不然。这种做法的结果是单方面高扬了伦理诉求,抑制甚至于废弃了法律精神。汉末的荀悦曾经与人探讨过这一问题,有人问:"纵复仇可乎?"荀悦回答说:"不可。"然后进一步解释说:"有纵有禁,有生有杀。制之以义,断之以法,是谓义法并立。……依古复仇之科,使父仇避诸异州千里。兄弟之仇,避诸异郡五百里。从父从兄弟之仇,避诸异县百里。弗避而报者无罪,避而报之杀。犯王禁者罪也,复仇者义也。以义报罪,从王制顺也,犯制逆也。以逆顺生,杀之。凡以公命行止者,不为弗避。"[1] 荀悦提出了"义法并立"的原则,伦理诉求与法律诉求可以兼顾,两全其美。但是,"义法并立"原则的具体内容却又和《周礼》惊人地一致,仍旧是老调重弹,还是企图通过"逃避"来化解二者的矛盾冲突。迨至唐代,对这一两难困境的看法似乎有了一些新的迹象。武则天时代发生的徐元庆案是一则非常具有代表意义的案例。徐元庆之父被县尉冤杀,徐元庆为父报仇,将该县尉杀死,然后自首。武则天怜其为孝子,想赦免他,但陈子昂认为不妥。他的理由是:在复仇问题上自古以来存在着二元标准。依据伦理标准,复仇是仁、是义、是德,是烈士之举;依照法律标准,复仇则是犯罪行为,犯罪者不得游离于法律准绳之外。"无义不可以训人,乱纲不可以明法,故圣人修礼理内,饬法防外,使夫守法者不以礼废刑,居礼者不以法伤义。然后能使暴乱不作,廉耻以兴,天下所以直道而行也。"如何在礼与法之间寻找一个平衡点,使义法并立,不相偏废,这是令人深思的一大难题。"且夫以私义而害公法,仁者不为;以公法而徇私节,王道不设。"有鉴于此,陈子昂主张对徐元庆首先"宜正国之法",然后"旌其闾墓""嘉其徽烈"。[2] 既不乖离伦理道德,又不偏废法律,义法两立,在一个肯定的道德评价

1 / 荀悦:《申鉴·时事》,上海古籍出版社1990年版,第14-15页。

2 / 徐鹏校点:《陈子昂集》卷七《复仇议状》,中华书局1960版,第152-153页。

的基础上再加上一个否定的法律裁评。不仅如此，陈子昂认为此案颇具价值导向意义，因此主张"编之于令，永为国典"。柳宗元不同意陈子昂"诛之而旌其闾"的观点，认为混淆了"旌"与"诛"的界限。"旌"与"诛"相对立，不可并立，"旌与诛莫得而并焉"。诛其可旌，则滥；旌其可诛，则僭，使"趋义者不知所向，违害者不知所立"。他主张徐父如果并未触犯国家法律，官吏徇私枉法，则应肯定徐元庆的复仇之举。"元庆能以戴天为大耻，枕戈为得礼。处心积虑，以冲仇人之胸，介然自克，即死无憾，是守礼而行义也。"[1] 假若徐父确实犯罪，官又不愆于法，则不能复仇。因为"是非死于吏也，是死于法也"。方其如此，才能达到礼刑一统的社会理想境界。从表面上看，似乎两人的观点针锋相对，势若水火，其实不然。两人的区别仅在于：陈子昂对复仇做了无限的肯定，柳宗元则对复仇做了有限的肯定。值得一提的是，柳宗元的观点后来又得到了韩愈的附和。唐宪宗元和六年（811），发生了梁悦"为父杀仇人"案，案情与徐元庆案相似。韩愈据此认为，"复仇，据《礼经》则义不同天，征法令则杀人者死。礼法二事，皆王教之端，有此异同，必资论辩，宜令都省集议闻奏者。伏以子复父仇，见于《春秋》，见于《礼记》，又见于《周官》，又见于诸子史，不可胜数，未有非而罪之者也。最宜详于律，而律无其条，非阙文也。盖以为不许复仇，则伤孝子之心，而乖先王之训；许复仇，则人将倚法专杀，无以禁止其端矣。夫

---

[1] 柳宗元：《柳河东集·驳复仇议》，上海古籍出版社2008年版，第64页。

律虽本于圣人,然执而行之者,有司也。经之所明者,制有司也。丁宁其义于经,而深没其文于律者,其意将使法吏一断于法,而经术之士,得引经而议也。《周官》曰:'凡杀人而义者,令勿仇;仇之则死。'义,宜也,明杀人而不得其宜者,子得复仇也。此百姓之相仇者也。《公羊传》曰:'父不受诛,子复仇可也。'不受诛者,罪不当诛也。又《周官》曰:'凡报仇雠者,书于士,杀之无罪。'言将复仇,必先言于官,则无罪也。今陛下垂意典章,思立定制。惜有司之守,怜孝子之心,示不自专,访议群下。臣愚以为复仇之名虽同,而其事各异。或百姓相仇,如《周官》所称,可议于今者;或为官吏所诛,如《公羊》所称,不可行于今者。又《周官》所称,将复仇,先告于士则无罪者,若孤稚羸弱,抱征志而伺敌人之便,恐不能自言于官,未可以为断于今也。然则杀之与赦,不可一例。宜定其制曰:凡有复父仇者,事发,具其事由,下尚书省集议奏闻。酌其宜而处之,则经律无失其指矣。"(《旧唐书·刑法志》)韩愈的观点是:先斩后奏。先复仇,后裁定。韩愈认为这种做法既成全了"先王之训",又不违背法令,义法并立,两全其美。但是,韩愈的观点实质上仍然是扬德而抑法。概而论之,历代哲人对复仇问题的思考始终陷于道德与法律二元对立的思维定式中而不能自拔。始终未能认识到法律精神与伦理精神在正常情况下往往是相互协调,甚至是合二为一的。因为伦理精神是法律制度内在的支撑,法律条款是伦理精神的国家强制性形式。立足于"罪刑法定主义"现代法理高度反思与衡评古代复仇问题，我们不难发现，困扰了人们数千年的伦理与法律如何兼顾的问题，实际上是一个伪命题。在现代法治社会中，这种问题早已失去了其合法存在的前提。

二、儒家孝道对《唐律》的影响

《唐律》是集中国古代法律之大成者，承前启后，影响深远。一方面，《唐律》总结了以往历朝历代的立法精神与司法实践，使之系统化、完善化，成为有效调节社会关系的法律规范；另一方面，《唐律》成为宋、元、明、清编纂法律与诠释律例之准则，历代"承用不废"。正如清代纪昀所论："论者谓《唐律》一准乎礼，以为出入得古今之平，故宋世多采用之。元时断狱，亦每引为据。明洪武初，命儒臣同刑官进讲《唐律》，后命刘惟谦等详定《明律》，其篇目一准于唐。……盖斟酌画一，权衡允当，迨今日而集其大成。而上稽历代之制，其节目备具，足以沿波而讨源者，要惟《唐律》为最善。故著之于录，以见监古立法之所自焉。"[1] 一直到清末沈家本按照西方法律思想与体例特点来重新编撰"刑事诉讼法""民事诉讼法"，这种历朝历代奉《唐律》为最高圭臬的格局才被打破。恰如有些学者所论，《唐律》的出现意味着中国传统法律制度儒家化进程的最终完成，"所谓中国封建法律的儒家化亦就是其宗法伦理化，就是儒家伦理法思想全

[1] [清]纪昀总纂：《四库全书总目提要》卷八十二，河北人民出版社2000年版，第2161—2162页。

面指导立法和法律注释,并积淀、衍化为律疏的原则和规则,《唐律疏议》正是这样一部儒家伦理化的法典。"[1]《唐律》最大的特征是"一准乎礼",而礼之内在精神为"别贵贱""异尊卑"。礼是《唐律》的灵魂,《唐律》是礼的法律表现。"礼""法"贯通,表里如一。唐代法律无论在立法精神,还是在体式内容、量刑轻重上,都受到了儒家文化的浸润。

(一)"不孝"罪

"十恶"是古代法律中"常赦所不原"的十宗大罪。唐代法律中的"十恶"为:谋反、谋大逆、谋叛、恶逆、不道、大不敬、不孝、不睦、不义和内乱。《唐律疏议》云:"五刑之中,十恶尤切,亏损名教,毁裂冠冕,特标篇首,以为明诫。其数甚恶者,事类有十,故称'十恶'。然汉制《九章》,虽并湮没,其'不道'、'不敬'之目见存,原夫厥初,盖起诸汉。案梁陈已往,略有其条。周齐虽具十条之名,而无'十恶'之目。开皇创制,始备此科,酌于旧章,数存于十。大业有造,复更刊除,十条之内,唯存其八。自武德以来,仍遵开皇,无所捐益。"根据长孙无忌的考证,"十恶"之罪源于西汉。《汉书·高帝纪》载:楚汉相争之时,汉王刘邦为义帝发丧,遣使告诸侯说:"天下共立义帝,北面事之。今项羽放杀义帝江南,大逆无道。"下犯上、臣弑君,均为"大逆无道",人人可诛之。西汉初期,诸侯

[1] 参见俞荣根:《儒家法思想通论》,广西人民出版社1998年版,第584页。

王封地几乎占据全国三分之二的土地。汉景帝即位,诸侯王欺其年少,更加骄横无礼。御史大夫晁错于是上削藩之议,结果引发吴、楚七国之乱。丞相严青翟等人乘机怂恿景帝杀晁错以谢七国,"错不称陛下德信,欲疏群臣百姓,又欲以城邑予吴,亡臣子礼,大逆无道。错当要斩,父母妻子同产无少长皆弃市。"在汉景帝许可下,"论如法",晁错"衣朝服斩东市"(《汉书·爰盎晁错传》)。由此可见,"大逆无道"在汉代法律中是最严重的犯罪行为。魏晋时代,大逆不道与大不敬仍然是法律中之重要条款。《晋书·刑法志》云:"又改《贼律》,但以言语及犯宗庙园陵,谓之大逆无道,要斩,家属从坐,不及祖父母、孙。至于谋反大逆,临时捕之,或汙潴,或枭菹,夷其三族,不在律令,所以严绝恶迹也。""其知而犯之谓之故,意以为然谓之失,违忠欺上谓之谩,背信藏巧谓之诈,亏礼废节谓之不敬,两讼相趣谓之斗,两和相害谓之戏,无变斩击谓之贼,不意误犯谓之过失,逆节绝理谓之不道,陵上僭贵谓之恶逆,将害未发谓之戕,唱首先言谓之造意,二人对议谓之谋,制众建计谓之率,不和谓之强,攻恶谓之略,三人谓之群,取非其物谓之盗,货财之利谓之赃:凡二十者,律义之较名也。"在二十条重罪中,已出现后来《唐律》"十恶"中的不敬、不道、恶逆等名称。南朝梁律规定:"其谋反、降叛、大逆已上皆斩。父子同产男,无少长,皆弃市。"陈律沿袭梁律,并且一再重申:"若缙绅之族,犯亏名教,不孝及内乱者,发诏弃之,终身不齿。"(《隋书·刑法志》)迨至北齐法律,"重罪十条"名称正式成立。北齐河清三年（564），尚书令、赵郡王叡等人奏上《齐律》十二篇，"又列重罪十条：一曰反逆，二曰大逆，三曰叛，四曰降，五曰恶逆，六曰不道，七曰不敬，八曰不孝，九曰不义，十曰内乱。其犯此十者，不在八议论赎之限"。（《隋书·刑法志》）隋代开皇元年（581），隋文帝下诏更定新律，"又置十恶之条，多采后齐之制，而颇有损益。一曰谋反，二曰谋大逆，三曰谋叛，四曰恶逆，五曰不道，六曰大不敬，七曰不孝，八曰不睦，九曰不义，十曰内乱。犯十恶及故杀人狱成者，虽会赦，犹除名"。（《隋书·刑法志》）隋代法律总结了汉魏以来历代法律的立法精神，"十恶"大罪至此无论在内涵上，还是在概念上皆已趋完备[1]。

何谓"不孝"？《唐律疏议》界定说："善事父母曰孝。既有违犯，是名'不孝'。"（《名例》）侍奉父母尊长、遵从长辈意志为孝；违反父母尊长意志、侵犯父母尊长之尊严则为不孝。隋唐时代"孝"范畴的所指与能指与孔子儒家相比，已发生了重大变化。此间的孝范

1 / "十恶"一词或与佛教有着密切关联。在佛教大乘、小乘诸多经典中，"十恶""十善"概念频频出现。所谓"十恶"，指可导致坠入"三恶道"（地狱道、饿鬼道和畜生道）苦报的十种恶业，概称"十恶业道"。据《佛说未曾有经》载："起罪之由，为身、口、意。身业不善：杀、盗、邪淫；口业不善：妄言、两舌、恶口、绮语；意业不善：嫉妒、嗔恚、憍慢邪见。是为十恶，受恶罪报。今当一心忏悔。"佛教大乘、小乘诸多经典早在隋朝以前就已在民间广泛流传。隋朝开皇初年，隋文帝将佛教之中的"十恶"之名引入律法，在《开皇律》中确立了"十恶"之罪，取代了《齐律》中的"重罪十条"。

畴已实现忠孝合一、家庭伦理与政治伦理合流，孝与不孝的标准主要显现为是否在意志与行动上绝对无条件地顺从父母尊长的意志。通而论之，唐律中的"不孝"之罪主要涵摄五个方面：

其一，"告言、诅詈祖父母父母"。《唐律疏议》解释说："本条直云：'告祖父母父母'，此注兼云'告言'者，文虽不同，其义一也。诅犹呪也，詈犹骂也。依本条'诅欲令死及疾苦者，皆以谋杀论'，自当'恶逆'。唯诅求爱媚，始入此条。"（《名例》）子孙不得控告、谩骂、诅咒祖父母和父母，违者即为不孝，"皆以谋杀论"。《宋史·舒亶传》载："舒亶字信道，明州慈溪人。试礼部第一，调临海尉。民使酒詈逐后母，至亶前，命执之，不服，即自起斩之，投劾去。王安石当国，闻而异之，御史张商英亦称其材，用为审官院主簿。"在疑犯"不服"的情况下，舒亶竟然亲自斩杀疑犯。舒亶的行为，受到社会称赞，最后官至御史中丞。关于诅咒，《贼盗律》还有更为详细的规定："诸有所憎恶，而造厌魅及造符书呪诅，欲以杀人者，各以谋杀论减二等。"（《贼盗》）《唐律疏议》说："若于期亲尊长及外祖父母、夫、夫之祖父母、父母，各不减，依上条皆合斩罪。"诅咒有罪，甚至"欲以杀人"与杀人同等裁定，这种立法思想在中国法律文化中绝非空穴来风，实际上存在着源远流长的法律文化渊源。在商鞅法哲学中，"刑用于将过"是颇具特色的立法理论之一。"刑加于罪所终，则奸不去；赏施于民所义，则过不止；刑不能去奸，而赏不能止过者，必乱。故王者刑用于将过，则大邪不生；赏施于告奸，则细过不失。"(《商君书·开塞》)犯罪行为本身存在着一个发展变化的过程，就一次具体的犯罪行为而言，从产生犯罪动机到预备犯罪、实施犯罪、完成犯罪，前后存在着四个不同性质的演变阶段，对于不同阶段的犯罪应有严格的区分与不同的法律裁评。但商鞅并不这样认为，他将已遂犯和预备犯、未遂犯等同看待并同样处置。他主张在预备犯罪阶段，即在犯罪行为完成之前的各个发展阶段制止犯罪行为的发展，并将"嫌疑犯"交付司法机关，处以与已遂犯同等的刑罚，杀一儆百，收到预防犯罪的社会功效。从现代法学理论的角度分析，预备犯罪属于犯罪行为的组成部分，应当承担相应的法律责任。如果犯罪行为在预备犯罪阶段就被阻止了，或者自动中止，就不会产生或不会完全产生危害社会的后果。因此，在量刑上就应该从宽处理，或者免除其法律责任，即处罚预备犯罪应该轻于已遂犯罪。但是，商鞅为了发挥刑罚的社会威慑功效，竟然将未遂犯和已遂犯、思想犯罪与行为犯罪完全混而为一，施以同样性质的刑罚。商鞅这种"刑用于将过"的立法理论实际上开创了"思想有罪"的先例，且对中国古代法律文化产生了深远的影响。《睡虎地秦墓竹简》载："甲谋遣乙盗，一日，乙且往盗，未到，得，皆赎黥。"[1] "赎黥"是秦律对一般盗窃犯罪行为施予的常刑。但是，这是一件合谋盗窃案，甲乙两人共同策划预谋，甲派乙前去行窃，未到达盗窃地点就被擒获，本应属于盗窃未遂犯。

1 /《睡虎地秦墓竹简》，第152页。

但是，结果甲乙两人均受到与盗窃已遂犯同样的"赎黥"刑罚。这一司法裁决的法律依据就是商鞅关于未遂犯与已遂犯同罪的立法原则——"刑用于将过"。《睡虎地秦墓竹简》还有一件类似的案例，"实官户扇不致，禾稼能出，廷行事赀一甲"。"实官户关不致，容指若抉，廷行事赀一甲。"[1]这是有关防止仓库损耗粮食的法律条款，它的前提是把损耗粮食看成是犯罪行为，然而法律同时又规定如果仓库门窗不紧严，以至于有可能漏失粮食，当事人就要被处以"赀一甲"的刑罚。这实际上是把损耗粮食的可能性与损耗粮食的犯罪事实完全等同划一，一律看成是犯罪行为，这与商鞅"刑用于将过"的立法理论完全吻合。

其二，"及祖父母父母在，别籍、异财"。《唐律疏议》解释说："祖父母、父母在，子孙就养无方，出告反面，无自专之道。而有异财、别籍，情无至孝之心，名义以之俱沦，情节于兹并弃，稽之典礼，罪恶难容。二事既不相须，违者并当十恶。"（《名例》）祖父母、父母健在，子孙无权分居独立，也无权占有与支配家庭财产，违者即为不孝。在《户婚律》中，对此做了更为详尽的规定："诸祖父母、父母在，而子孙别籍、异财者，徒三年。""诸居父母丧，生子及兄弟别籍、异财者，徒一年。"据此，子孙别籍异财存在着三种情况，分别会承担不同的法律责任：

（1）祖父母、父母健在而子孙另立户籍、分割财产，子孙将被"徒三年"。注云："别籍、异财不相须。"（《唐律疏议·户婚》）别籍与异财两

---

[1]《睡虎地秦墓竹简》，第215页。

种情况不必同时具备，或别籍而财同，或户同而异财，只要具备其中一项，子孙就将受到法律制裁。此外，关于子孙后代擅自占有、挪借家财的问题，《户婚律》还有进一步的说明："诸同居卑幼私辄用财者，十匹笞十，十匹加一等，罪止杖一百。即同居应分，不均平者，计所侵，坐赃论减三等。"父母健在，"子孙无所自专"，子女无权占有与私自占用家庭财产。根据律令，家庭成员在分土地及财物时，兄弟之间应该平均分配。兄弟亡者，子承父份。如果分配不公，按侵占他人财物论处，"坐赃论减三等"（《户婚》）。

（2）"若祖父母、父母令别籍及以子孙妄继人后者，徒二年；子孙不坐。"（《户婚》）祖父母、父母主动提出并决定让子孙别籍，以及将子孙随意过继他人为后，判徒刑二年，子孙无罪。同时律文规定，如果祖父母、父母提出与子孙异财，不算违法。

（3）"诸居父母丧，生子及兄弟别籍、异财者，徒一年。"（《户婚》）在父母二十七个月的丧期内，兄弟之间别籍异财，"徒一年"。但是，在祖父母、父母丧期之外别籍异财，无罪。

《旧唐书·于公异传》载：于公异少时为后母所不容，仕宦成名后，不再返归乡里。于公异素与宰相陆贽不和，陆贽于是"奏公异无素行，黜之"。唐德宗下诏曰："祠部员外郎于公异，顷以才名，升于省闼。其少也，为父母之所不容，宜其引慝在躬，孝行不匮，匿名迹于畎亩，候安否于门闾，俾其亲之过不彰，庶其诚之至必感。安于弃斥，游学远方，忘其温清之恋，竟至存亡之隔，为人子者，忍至是乎！宜放归田里，俾自循省。其举公异官尚书左丞卢迈，宜夺俸两月。"于公异遭贬斥的罪名是"安于弃斥，游学远方"，其实质含义是不孝养父母。这一罪名也同时意味着儿女即使遭父母尊长虐待或遗弃，也不得心怀怨恨，弃置父母而不养。否则，即为不孝。从唐朝司法案例分析，对子孙别籍异财的判罚往往比律令严厉，除了于公异案之外，唐玄宗天宝三年制曰："其有父母见在，别籍异居，亏损名教，莫斯为甚。亲殁之后，亦不得分析。自今已后，如有不孝不恭伤财破产者，宜配隶碛西，用清风教。"[1]这是用流代徒，远重于"徒三年"。唐肃宗乾元元年进一步规定："百姓中有事亲不孝，别籍异财，玷污风俗，亏败名教，先决六十，配隶碛西，有官品者，禁身奏闻。"[2]流刑附杖刑，进一步加重了刑罚。这一司法现象对宋代也有所影响。《宋刑统》颁布于宋太祖建隆四年（963），律令中有关对子孙别籍异财的定罪量刑与唐律一致。但是，在宋朝初期的司法实践中，往往偏离这一既定的量刑标准。譬如，开宝二年（969），宋太祖"诏川、峡诸州察民有父母在而别籍异财者，论死"。(《宋史·太祖本纪》）对别籍异财者不是"徒三年"，而是"论死"。这一与律令原则相背离的司法量刑标准在宋初实行了十余年，一直到宋太宗太平兴国八年（983），才专门下诏宣布废除这一酷刑：

---

[1] 王钦若等编：《册府元龟》卷五九《帝王部·兴教化》，中华书局1960年版，第662页。

[2] 王钦若等编：《册府元龟》卷六一二，《刑法部·定律令四》，中华书局1960年版，第7348—7349页。

"除川峡民祖父母、父母在,别籍异财者,前诏并弃市,自今除之,论如律。"[1]"论如律"意味着重新按照《宋刑统》的既定刑律标准论罪,对别籍异财者不再论死弃市。沈家本在《历代刑法考·律令六》中就别籍之罪定为死刑评论说:"此法太重,当为一时一地而设,故太宗除之。"[2]

其三,"若供养有缺"。《唐律疏议》云:"《礼》云:'孝子之养亲也,乐其心,不违其志,以其饮食而忠养之。'其有堪供而阙者,祖父母、父母告乃坐。"(《名例》)"若供养有缺"属自诉案件,不告不受理。在儒家思想中,养亲是整个孝论思想体系中最低档次的伦理要求,孔子称之为"养口体"之孝,有别于精神层面的"养志"之孝。"今之孝者,是谓能养。至于犬马,皆能有养;不敬,何以别乎?"(《论语·为政》)甚至有些动物也能做到从物质层面上反哺双亲,人类假若不能将孝亲提升到精神层面的敬亲、爱亲,人之孝论就将沦落为禽兽之孝。美国学者博登海默将人类道德划分为两类:第一类涵摄社会有序化的基本要求,如避免暴力与伤害、忠实履行义务,这对于维持与组织一个正常而健康的社会而言必不可少;第二类指谓那些仅仅有助于提高生活质量、提升精神境界的伦理原则,如博爱、仁慈与慷慨等等。前者是底线伦理,后者是精英伦理。"一个人,作为社会的一个成员,不管在自己的一生中怀抱

1 / 李焘:《续资治通鉴长编》卷二十四,中华书局2004年版,第556页。

2 / 沈家本撰,邓经元、骈宇骞点校:《历代刑法考》,中华书局1985年版,第971页。

什么样的个人和社会的理想,追求什么样的价值目标,有一些基本的行为准则和规范是无论如何必须共同遵循的。否则社会就可能崩溃。"[1] 底线伦理是一种应然的要求,需要已然的具有权威性、普遍适用性与事后惩戒性的法律制度保障其实现。但是,作为高要求的精英伦理不具备普遍性,也不可能使之法律化,因为法律无法强迫某人做到他力所能及的优良程度。基于此,作为道德诉求的外在表现样式的法律制度,它只能对底线伦理负有责任。在一个家庭中,子女有能力从物质生活上供养父母却未能尽心尽力,导致"堪供而阙者",是为不孝。《斗讼律》进一步规定说:"诸子孙违犯教令及供养有阙者,徒二年。"但是,如果子孙确实家境贫寒,无力供养双亲,不合有罪。此外,律文同时又规定,该条文属于自诉案件,"须祖父母、父母告,乃坐"。如果父母尊长不起诉,则不立案追究。在《户婚律》中,对养父母的赡养责任也做了详尽的规定:"诸养子,所养父母无子而舍去者,徒二年。若自生子及本生无子,欲还者,听之。"《疏议》曰:"依《户令》:'无子者,听养同宗于昭穆相当者。'既蒙收养,而辄舍去,徒二年。若所养父母自生子及本生父母无子,欲还本生者,并听。即两家并皆无子,去住亦任其情。若养处自生子及虽无子,不愿留养,欲遣还本生者,任其所养父母。"(《户婚》)依律,如果无子,可以收养同宗同姓之子侄为子。收养责任成立之后,被收养者无权擅自舍弃养父母,违者"徒

[1] 何怀宏:《底线伦理》,辽宁人民出版社1998年版,第8-9页。

二年"。如果养父母收养之后又生下亲生儿子,或者说亲生父母膝下无子,欲回归亲生父母者合法。如果两家都无子,去留由养子自主决定。如果后来养父母自生子,或者说养父母虽无子但不愿继续收养,可由养父母自主决断。从《户婚律》的规定可看出,法律所保护的对象为收养者。收养关系一旦确立,被收养者个人的法律权利是比较微弱的。

其四,"居父母丧,身自嫁娶,若作乐,释服从吉。"(《名例》)《疏议》云:"'居父母丧,身自嫁娶',皆谓首从得罪者。若其独坐主婚,男女即非'不孝'。所以称'身自嫁娶',以明主婚不同十恶故也。其男夫居丧娶妾,合免所居之一官,女子居丧为妾,得减妻罪三等;并不入'不孝'。若作乐者,自作、遣人等。乐,谓击钟、鼓,奏丝、竹、匏、磬、埙、箎,歌舞,散乐之类。'释服从吉',谓丧制未终,而在二十七月之内,释去衰裳而著吉服者。"(《名例》)父母丧期为二十七个月。在此期限内,子女不得擅自嫁娶、作乐与释服从吉,违者即为不孝。"身自嫁娶"是指子女自己做主而产生的嫁娶行为。如果嫁娶是由父母尊长做主,则不入十恶大罪。在古代社会,妻与妾的法律权力与地位有如云泥之别。《户婚律》规定:"诸以妻为妾,以婢为妻者,徒二年。以妾及客女为妻,以婢为妾者,徒一年半。"《疏议》说:"妻者,齐也,秦晋为匹。妾通卖买,等数相悬。婢乃贱流,本非俦类。若以妻为妾,以婢为妻,违别议约,便亏夫妇之正道,黩人伦之彝则,颠倒冠履,紊乱礼经,犯此之人,即合二年徒罪。"(《户婚》)婢与妾属贱人,是可以买卖的商品。妻与妾的社会身份如同"冠履",上下不可颠倒。因此,男子在居丧期间纳妾,女子在居丧期间为妾,只承担一定的刑事责任,但不视为"不孝"之罪。

其五,"闻祖父母父母丧,匿不举哀及诈称祖父母父母死"。(《名例》)《疏议》曰:"依《礼》:'闻亲丧,以哭答使者,尽哀而问故。'父母之丧,创巨尤切,闻即崩殒,擗踊号天。今乃匿不举哀,或拣择时日者,并是。其诈称祖父母、父母死,谓祖父母、父母见在,而诈称死者。若先死而诈称始死者,非。"(《名例》)《疏议》所提及的《礼》,当指《礼记》,其中的《问丧》与《奔丧》等篇详细记述了居丧之礼。《问丧》篇载:"亲始死",孝子立即去冠、光脚、把上衣掖进腰带,痛哭三天,水米不进。"恻怛之心,痛疾之意,伤肾、干肝、焦肺,水浆不入口,三日不举火,故邻里为之糜粥以饮食之。夫悲哀在中,故形变于外也。痛疾在心,故口不甘味,身不安美也。"《奔丧》篇陈述了身居异国他乡的子女,听到父母去世的消息回家奔丧的礼节:"始闻亲丧,以哭答使者,尽哀;问故,又哭,尽哀。遂行,日行百里,不以夜行;唯父母之丧见星而行,见星而舍;若未得行,则成服而后行。过国,至竟哭,尽哀而止,哭辟市朝。望其国竟哭。至于家,入门左,升自西阶,殡东,西面坐哭,尽哀,括发、袒,降堂东即位,西乡哭,成踊,袭、绖于序东,绞带,反位,拜宾,成踊,送宾,反位。"《奔丧》所载"见星而舍"与《祭统》所载"不避昼夜"

相矛盾，总之仕宦者若遭父母大丧，必须离职归家奔丧，否则将被视为大逆不道，为社会所不容。战国军事家吴起少有大志，执意入仕从政，治国平天下。为此不惜散尽家财，结交权贵，以求跻身于上层社会。但事与愿违，吴起不仅未打开仕途之门，反而招来邻里乡党的嘲讽。吴起一怒之下，"杀其谤己者三十余人"。（《史记·孙子吴起列传》）这一举动虽然让那些嘲笑者付出了生命代价，但也使他自己失去了在故乡立足的可能性。吴起在离别故国时，对老母咬臂发誓："起不为卿相，不复入卫。"吴起离卫至鲁，投师于名儒曾申门下。不久，母亲亡故，吴起坚守诺言，终不归家奔丧。曾申不能容忍吴起这种不孝之举，"曾子薄之，而与起绝"。吴起后来虽位至卿相，但因母死不归的劣迹而屡屡遭时人贬责。《汉书·陈汤传》载：西汉元帝时，陈汤"少好书，博达善属文"，富平侯张勃"高其能"，适逢朝廷诏令列侯举荐茂才，张勃于是将陈汤荐于朝廷。陈汤在等待升官赴任之际，恰逢其父亡故。他担心回家奔丧会错失仕宦的机会，于是留居京城，秘不发丧。后来事发，司隶以大逆之罪上告陈汤，并告张勃推举不实。朝廷闻奏，将陈汤下狱治罪，削减张勃食邑二百户，以示惩恶。

（二）婚姻法

在中国古代社会，由于文献记载不同，何为合法的成婚年龄一直是一聚讼未决的问题。第一种说法是"令男三十而娶，女二十而嫁"。郑玄注:"二三者,天地相承覆之数也。"[1]《礼记·内则》也说男子"二十而冠","三十而有室"。女子"十有五年而笄,二十而嫁",《穀梁传》也持此说;第二种观点认为,男子二十而娶,女子十五而嫁。《墨子·节用上》载:"故孰为难倍,唯人为难倍,然人有可倍也。昔者圣王为法曰:丈夫年二十,毋敢不处家;女子年十五,毋敢不事人,此圣王之法也。"《韩非子·外储说右下》亦云:"丈夫二十而室,妇人十五而嫁。"第三种观点则认为,男子十六而娶,女子十四而嫁。《黄帝内经素问·上古天真论》说:"女子七岁,肾气盛,齿更发长。二七而天癸至,任脉通,太冲脉盛,月事以时下,故有子。……丈夫八岁,肾气实,发长齿更。二八,(肾气盛),天癸至,精气溢(泻),阴阳和,故能有子。"《大戴礼记》与《白虎通》也持这种观点。《孔子家语·本命解》则试图对上述三种观点进行调解:鲁哀公问孔子:"男子十六精通,女子十四而化,是则可以生民矣。而礼,男子三十而有室,女子二十而有夫也,岂不晚哉?"孔子答:"夫礼言其极,不是过也。男子二十而冠,有为人父之端;女子十五许嫁,有适人之道。于此而往,则自婚矣。"男子三十、女子二十是最高婚龄,男子二十、女子十五是指最低婚龄,并且与冠笄的时间相一致。这一解释,可以说是对上述三种观点的调和。迨至唐朝,法定适婚年龄为男二十、女十五。唐太宗贞观元年二月下诏:"诏民男二十、女十五以上无夫家者,州县以礼聘娶;贫不能

---

[1] 孙诒让撰,王文锦、陈玉霞点校,《周礼正义·地官·媒氏》,第1034页。

自行者,乡里富人及亲戚资送之。"(《新唐书·太宗纪》)唐玄宗开元二十二年对法定婚姻年龄又做出了新的规定:以男十五、女十三为嫁娶年龄。[1]

概而论之,儒家孝论对唐代婚姻法的影响主要体现在以下几方面:

1. 父母尊长的主婚权

《户婚律》规定:"诸卑幼在外,尊长后为定婚,而卑幼自娶妻,已成者,婚如法;未成者,从尊长。违者,杖一百。"《疏议》解释说:"'卑幼',谓子、孙、弟、侄等。'在外',谓公私行诣之处。因自娶妻,其尊长后为定婚,若卑幼所娶妻已成者,婚如法;未成者,从尊长所定。违者,杖一百。'尊长',谓祖父母、父母及伯叔父母、姑、兄姊。"依照唐律,法定主婚权在父母尊长,婚姻当事人无权决定自己的婚姻大事。具体地说,又分为两种情况:其一,子孙在外工作,自行定婚,父母尊长定婚在后,如果此时子孙已经成婚,婚姻关系合法有效;其二,如果子孙虽已定婚,但尚未成婚,则子孙自行订定的婚姻不合法,父母尊长所定的婚姻有效,违者"杖一百"。既然婚姻大事是父母之命、媒妁之言,父母尊长与子孙所应承担的法律责任也就有所不同。《户婚律》规定:"诸嫁娶违律,祖父母、父母主婚者,独坐主婚。若期亲尊长主婚者,主婚为首,男女为从。余亲主婚者,事由主婚,主婚为首,男女为从;事由男女,男女为首,主婚为从。其男女被逼,

[1] 参见王溥:《唐会要》卷八三,上海古籍出版社2006年版。

若男年十八以下及在室之女,亦主婚独坐。未成者,各减已成五等。媒人,各减首罪二等。"

其一,《户婚律》《贼盗篇》对"嫁娶违律"条例做了详细规定。譬如,"诸同姓为婚""尊卑共为婚姻""诸娶逃亡妇女为妻妾""娶所监临之女""诸杂户不得与良人为婚""略人为妻妾者"等等。《户婚律》《贼盗篇》的这些规定其来有自,或许是受到了《大戴礼记》的影响:"女有五不取:逆家子不取,乱家子不取,世有刑人不取,世有恶疾不取,丧妇长子不取。逆家子者,为其逆德也;乱家子者,为其乱人伦也;世有刑人者,为其弃于人也;世有恶疾者,为其弃于天也;丧妇长子者,为其无所受命也。"(《大戴礼记·本命》)《疏议》对"嫁娶违律"解释说:"'嫁娶违律',谓于此篇内不许为婚,祖父母、父母主婚者,为奉尊者教命,故独坐主婚,嫁娶者无罪。假令祖父母、父母主婚,为子孙娶舅甥妻,合徒一年,唯祖父母、父母得罪,子孙不坐。"(《户婚》)如果婚姻违律,须分清谁是"主婚者"、谁是听从者。如果青年男女为顺从父母尊长意志不得不成婚,"奉尊者教命"无罪,主婚之父母尊长有罪。

其二,"期亲"是指服丧一年的亲属。《魏书·广川王略传》云:"欲令诸王有期亲者为之三临,大功之亲者为之再临,小功缌麻为之一临。"《唐律疏议》释"期亲":"期亲尊长,次于父母,故主婚为首,男女为从。'余亲主婚者',余亲,谓期亲卑幼及大功以下主婚,即各以所由为首:事由主婚,主婚为首,男女为从;

事由男女,男女为首,主婚为从。虽以首从科之,称'以奸论'者,男女各从奸法,应除名者亦除名。"(《户婚》)

其三,关于"男女被逼"。《疏议》解释说:"谓主婚以威若力,男女理不自由,虽是长男及寡女,亦不合得罪。若男年十八以下及在室之女,亦主婚独坐,男女勿论。"(《户婚》)主婚人以威力逼迫婚姻当事人成婚,婚姻当事人无罪。由此可以看出,婚姻当事人的意愿已成为唐律量罪定刑的参考依据。唐朝成丁年龄凡三变,唐高祖时规定二十一岁为成丁,唐玄宗改为二十三岁,唐代宗又改为二十五岁。但是,唐朝法律所规定的成丁年龄却是十八岁,这与均田制和赋役层面所规定的成丁年龄有所区别。

其四,"未成者"是指虽然嫁娶违律,但尚处于订婚而未成婚阶段。《疏议》解释说:"'未成者',谓违律为婚,当条合得罪,定而未成者,减已成五等。假有同姓为婚,合徒二年,未成,即杖八十,此是名减五等。其媒人犹徒一年,未成者杖六十,是名'各减首罪二等'。各准当条轻重,依律减之。略举同姓为例,余皆仿此。凡违律为婚,称'强'者,皆加本罪二等;称'以奸论'有强者,止加一等。媒人,各减奸罪一等。"(《户婚》)

2. 婚姻关系的解除

根据《唐律·户婚》记载,唐代离婚有三种方式:其一,"出妻",指由夫方提出的强制离婚;其二,强制离婚,凡发现有"义绝"和"违律结婚"者必须强制离婚,"义绝"包括夫对妻族、妻对夫族的殴杀罪、奸杀罪和谋害罪。经官府判断,认为一方犯了义绝,法律即强制离婚,并处罚不肯离异者;其三,"和离"。

"出妻"。在先秦时代,男女离婚称之为"出""归""大归"。《春秋穀梁传·成公五年》云:"妇人之义,嫁曰归,反曰来归。"《春秋左传·文公十八年》载:"夫人姜氏归于齐,大归也。将行,哭而过市曰:'天乎!仲为不道,杀适立庶。'市人皆哭,鲁人谓之哀姜。"[1]这种遍及史册的"来归""大归",显现的皆是男性的绝对权力。西汉陈平少时家贫,"有田三十亩,独与兄伯居。伯常耕田,纵平使游学"。陈平高大肥胖,虽家贫也不务农。陈伯之妻愤愤不平:"有叔如此,不如无有。"陈伯听说后,"逐其妇而弃之"。(《史记·陈丞相世家》)《史记·循吏列传》载:鲁相公仪休见其妻子织布技巧高超,竟然将她赶出家门,燔烧织布机,理由是不与民争利:"见其家织布好,而疾出其家妇,燔其机,云'欲令农士工女安所雠其货乎?'"在貌似清廉、耿直的背后,显扬的是对女性权利的忽视。《礼记·内则》则公开宣称婚姻关系维系与否的最终权力在于父母:"子有二妾,父母爱一人焉,子爱一人焉,由衣服饮食,由执事,毋敢视父母所爱,虽父母没不衰。子甚宜其妻,父母不说,出。子不宜其妻,父母曰:是善事我。子行夫妇之礼焉,没身不衰。""离婚"一词大概最早出现于《晋书·刑法志》:"毋丘俭之诛,其子甸妻荀氏应坐死,其族兄颙与景帝姻,通表魏帝,以匄其命。诏听离婚。"其后《世说新语》也有"离婚"一词:"贾充前妇,是李丰女。丰被诛,离婚徙边。"

[1] / 傅隶朴:《春秋三传比义》(中册),中国友谊出版公司1984年版,第280,132页。

(《贤媛》)从此以后,普遍用"离婚""离之""两愿离"或"离"等词语来表示婚姻关系的解除。从存世文献分析,可能从商鞅变法之后婚姻关系已纳入法律调整的范围。《法律答问》云:"女子甲为人妻,夫亡,得及自出,小未盈六尺,当论不当?已官,当论;未官,不当论。"在秦国与秦王朝,妻子无权擅自离开丈夫出走,丈夫却具有单方面休弃妻子的法定权力。"未盈六尺"即不满十五岁,秦律对未满十五岁的逃婚妇女按两种情况处理:如果这一婚姻已经得到官府认可,官府可对逃妻依法查处;否则,官府不予受理。"女子甲去夫亡,男子乙亦阑亡,相夫妻,甲弗告请(情),居二岁,生子,乃告请(情),乙即弗弃,而得,论可(何)殹也?当黥为城旦舂。"[1]女子甲离夫私逃,男子乙知情不报,结果女子甲黥为舂,男子乙黥为城旦。"'弃妻不书,赀二甲。'其弃妻亦当论不当?赀二甲。"[2]休妻而不在官府登记者,罚二甲。这一法则虽说是为了维护程序法的权威性,其间也彰显出男子在法律上休妻权力的正当性。汉承秦制,汉律对逃婚妇女的惩处比秦律更加严酷。张家山汉简《奏谳书》记载了一个因娶逃亡者为妻而遭受处罚的案例,通过它我们对这条禁令会有更深入的认识:女子符逃亡,诈称未曾傅籍,并"自占书名数",为大夫明的依附人口。大夫明将符嫁为隐官解妻,解对于符的逃亡情况并不知晓。后来符逃亡的事情暴露,符、解二人双双被拘执,依汉律:"取(娶)亡人为妻,黥为城旦,弗智(知),非有减也。"虽有更

1 / 2 《睡虎地秦墓竹简·法律答问》,文物出版社1978年版。

为解辩护:"符有数明所,明嫁为解妻,解不智(知)其亡,不当论。"但廷报却答复曰:有关禁娶逃亡的法律已经相当明确,无须再议,解虽不知实情,"当以取(娶)亡人为妻论,斩左止(趾)为城旦"[1]。受秦、汉法律的影响,唐律也有禁娶逃亡妇女的法律规定:"诸娶逃亡妇女为妻妾,知情者与同罪,至死者减一等。离之。即无夫,会恩免罪者,不离。"《疏议》云:"妇女犯罪逃亡,有人娶为妻妾,若知其逃亡而娶,流罪以下,并与同科;唯妇人本犯死罪而娶者,流三千里。仍离之。即逃亡妇女无夫,又会恩赦得免罪者,不合从离。其不知情而娶,准律无罪,若无夫,即听不离。"(《户婚》)唐律对娶逃亡妇女为妻妾者的惩处区别对待,"知情者与同罪","不知情而娶,准律无罪"。由此可见,唐律这一法令与秦律比较近似,与汉律反而相距较远,这或许与汉初吏民脱籍流亡现象非常严重有关。

"七出"是"出妻"的重要内容之一。"七出"概念始见于《大戴礼记》《春秋公羊传》等典籍。《大戴礼记·本命》载:"妇有七去:不顺父母去,无子去,淫去,妒去,有恶疾去,多言去,窃盗去。不顺父母去,为其逆德也;无子,为其绝世也;淫,为其乱族也;妒,为其乱家也;有恶疾,为其不可与共粢盛也;口多言,为其离亲也;盗窃,为其反义也。"《春秋公羊传·庄公二十七年》何休注:"妇人有七弃五不娶三不去。……无子弃,绝世也;淫佚弃,乱类也;不事舅姑弃,悖德也;口舌弃,离

[1] 江陵张家山汉简整理小组:《江陵张家山汉简〈奏谳书〉释文》,载《文物》1993年第8期。

亲也；盗窃弃，反义也；嫉妒弃，乱家也；恶疾弃，不可奉宗庙也。"西汉刘向编撰的《列女传》也有类似的记载："且妇人有七见去，夫无一去义。七去之道，妒正为首，淫僻、窃盗、长舌、骄侮、无子、恶病皆在其后。"《孔子家语·本命解》则曰："七出者，不顺父母者，无子者，淫僻者，嫉妒者，恶疾者，多口舌者，窃盗者。"《大戴礼记》和《孔子家语》作者把"不顺父母"放在首位，何休则把"无子"放在第一位。因时代变迁，价值观已有所变化。尽管史籍对"七出"内涵与顺序的记载不尽相同，但其基本思想趋同，都是对女性权利的单方面限制和对男性权利的片面张扬，此所谓"妇人有七见去，夫无一去义"。"七出"思想后来被唐朝法律所肯定与采纳，《户婚律》云："诸妻无七出及义绝之状，而出之者，徒一年半。"《疏议》说："伉俪之道，义期同穴，一与之齐，终身不改。故妻无七出及义绝之状，不合出之。七出者，依令：'一无子，二淫泆，三不事舅姑，四口舌，五盗窃，六妒忌，七恶疾。'"（《户婚》）唐律之"七出"范畴与何休之表述最为贴近，由此可以看出"七出"概念的生成与流传过程。唐德宗时，中军鼓角使、左神武军大将军令狐建之妻，乃成德节度使李宝臣之女，"建将弃之，诬与门下客郭士伦通，榜杀士伦而逐其妻，士伦母痛愤卒"。(《新唐书·令狐建传》) 令狐建诬妻与门下客私通，以"淫泆"弃之。唐中宗时，兵部尚书李迥秀之母少贱，"妻尝詈媵婢，母闻不乐，迥秀即出其妻。或问之，答曰：'娶妇要欲事姑，苟违颜色，何可留？'"(《新唐书·李迥秀传》) 这是以"不事舅姑"出妻的典型案例。除了以"七出"条例休妻，诸多家庭琐事也成为出妻原因。据《旧唐书·源休传》载：源休娶吏部侍郎王翊之女为妻，唐德宗时，"因小忿而离"，妻族认为源休休妻之举有悖于律令，因而上诉，下御史台验理，"休迟留不答款状，除名，配流溱州"。唐宪宗元和年间，户部尚书李元素也因出妻违律而被停官。"初，元素再娶妻王氏，石泉公方庆之孙，性柔弱，元素为郎官时娶之，甚礼重。及贵，溺情仆妾，遂薄之。且又无子，而前妻之子已长。无良，元素寝疾昏惑，听譖遂出之，给与非厚。妻族上诉，乃诏曰：'李元素病中上表，恳切披陈，云"妻王氏，礼义殊乖，愿与离绝"。初谓素有丑行，不能显言，以其大官之家，所以令自处置。访闻不曾告报妻族，亦无明过可书，盖是中情不和，遂至于此。胁以王命，当日遣归，给送之间，又至单薄。不唯王氏受辱，实亦朝情悉惊。如此理家，合当惩责。宜停官，仍令与王氏钱物，通所奏数满五千贯。'"（《旧唐书·李元素传》）李元素休妻的理由是王氏"礼义殊乖"，这一理由不符合"七出"条例。李元素虽然被朝廷斥责，但未否定其出妻之行。由此可见，在"七出"范围之外，男性的出妻权受法律保护。《大元通制条格》卷四载："东昌路王钦因家私不和，画到手模，将妾孙玉儿休弃归宗，伊父母主婚将本妇改嫁殷林为正妻，王钦却行争悔。本部议得：王钦虽画手模将妾休弃，别无明白休书，于理未应。缘本妇改嫁殷林为妻，与前夫已是义绝，再难同处，合准已婚为定。今后凡出妻妾，须用明立休书，即听归宗，似此手模，拟合禁治。都省准拟。"王钦的过错仅在于只

"画手模",没有写"明白休书"。换言之,只要出具"明白休书",法律给予男性离婚的自由裁量权相当大。

如果说"七出"是男性离婚权的过度张扬,"三不去"则是对男性离婚权力的适度限制。《大戴礼记·本命》说:"妇有三不去:有所取,无所归,不去;与更三年丧,不去;前贫贱,后富贵,不去。"妻子被离弃但无家可归者,可以不去;妻子与丈夫共同服过三年之丧,对父母孝顺的,可以不去;娶时夫家贫贱,婚后富贵发达的,妻子可以不去。《春秋公羊传·庄公二十七年》何休注云:"尝更三年丧不去,不忘恩也;贱娶贵不去,不背德也;有所受无所归不去,不穷穷也。"何休于此把"三不去"提炼为三种美德:"不忘恩""不背德""不穷穷"。《唐律》进而将"三不去"做了明确规定:"'虽犯七出,有三不去',三不去者,谓:一,经持舅姑之丧;二,娶时贱后贵;三,有所受无所归。而出之者,杖一百。并追还合。"(《户婚》)但是,《户婚律》同时又规定:如果有恶疾与奸,虽有"三不去"法律条款的存在,男子仍然可以休妻。缘此,在"七出"条款中,实际上只有五种情况适用于"三不去"。元朝法律稍稍有所更动,仅规定"其犯奸者,不用此律"。(《大元通制条格》卷四)

义绝。汉代儒家认为,夫妇以义相合,义绝则离。"昏礼者,将合二姓之好,上以事宗庙,而下以继后世也。故君子重之。……敬慎重正,而后亲之,礼之大体,而所以成男女之别,而立夫妇之义也。男女有别,而后夫妇有义;夫妇有义,而后父子有亲;

父子有亲，而后君臣有正。故曰：'昏礼者，礼之本也。'"（《礼记·昏义》）在中国古代社会，子女成婚是体"道"、遵"天命"的大事，以至于父母要向即将成婚的儿子敬酒，以表达"敬慎重正"之意。缘此，夫妇之间如何以义相处，也就提升到了"礼之本"的高度。在唐朝法律中，"义绝"属于强制性离婚方式之一。《户婚律》罗列了"义绝"的五种具体情况：一是丈夫殴打妻子的祖父母、父母和杀害妻子的外祖父母、伯叔父母、兄弟、姑母、姊妹；二是夫妻双方的祖父母、父母、外祖父母、伯叔父母、兄弟、姑母、姊妹相互残杀；三是妻子打骂丈夫的祖父母、父母和杀伤丈夫的外祖父母、伯叔父母、兄弟、姑母、姊妹；四是妻子同丈夫五服之内的亲戚或丈夫同岳母有奸情；五是妻子图谋害死丈夫。凡犯其中一条，"虽会赦，皆为义绝"。《户婚律》说："诸犯义绝者离之，违者，徒一年。"《疏议》解释说："夫妻义合，义绝则离。违而不离，合得一年徒罪。离者，既无'各'字，得罪止在一人，皆坐不肯离者；若两不愿离，即以造意为首，随从者为从。皆谓官司判为义绝者，方得此坐，若未经官司处断，不合此科。"犯有义绝者，由官府强制性判离。不离者，"徒一年"。（《户婚》）但是，如果未经官府判决，不离者无罪。《全唐文》有一"义绝"案例："右，臣刘氏堂外生，即故碛州刺史伯华嫡孙，左补阙某第三女，是臣亡叔庶子绛州刺史勋外孙。父身早亡，臣妹多病，遗孤寡妇，无所依投及臣总戎，来相依止。臣见其长成，须有从归。姜钵久在太原，曾任主簿，诚非匹敌，误与婚姻。岂料如兽之心，同人之面,纵横凶悖,举止颠狂。旬月之间,豪横备极,恶言丑语,所不忍闻。有忝祖宗,难施面目。臣以为夫妇之道,无义则离,因遣作书,遂令告绝。""义绝"的理由为男方"纵横凶悖,举止颠狂",根据"无义则离"的法律原则离婚。从中可以看出,"义绝"必须出具文书,也须有中人出面作证。

和离。和离是指在双方自愿基础上达成的协议离婚,这是一种法律和社会风俗皆承认的离婚方式。唐朝社会风气比较开放,女子再嫁不为失节,也不以屡嫁为耻。唐代公主再嫁、三嫁者甚多,仅以唐肃宗以前诸帝公主计,再嫁者二十三人,三嫁者四人。实际上,这种离婚方式早已出现。《周礼·地官·媒氏》:"媒氏掌万民之判。凡男女自成名以上,皆书年月日名焉。令男三十而娶,女二十而嫁。凡娶判妻入子者,皆书之。"宋郑锷注云:"民有夫妻反目,至于仳离,已判而去,书之于版,记其离合之由也。"江永也认为"书之者,防其争讼也"。这种离婚方式一是基于自由意志,男女双方都是行为主体;二是法律手续齐备。《史记·管晏列传》载:春秋时齐相晏婴的车夫胸无大志,"意气扬扬,甚自得也",其妻于是提出离婚。"晏子长不满六尺,身相齐国,名显诸侯。今者妾观其出,志念深矣,常有以自下者。今子长八尺,乃为人仆御,然子之意自以为足,妾是以求去也。"汉代朱买臣家庭贫寒,每天靠砍柴为生,其妻嫌其贫苦,主动提出离婚。朱买臣劝慰她:"我年五十当富贵,今已四十余矣。女苦日久,待我富贵报女功。"其妻讥讽他说:"如公等,终饿死沟中耳,何能富贵?"(《汉书·朱买臣传》)其妻决绝而去。《唐律·户婚律》规定:"若夫妻不相安谐而和离者,不坐。"《疏议》曰:"'若夫妻不相安谐',谓彼此情不相得,两愿离者,不坐。"(《户婚》)《宋刑统·户婚律》云:"若夫妻不相安谐而和离者,不坐。"无论文字抑或内涵,宋律与唐律基本一致。夫妇感情不洽,双方自愿离婚,法律予以支持。但是,如果法律程序不完备,或者和离并非出于双方自由意志,法律会加以禁止。譬如,《唐律·户婚律》规定:"即妻妾擅去者,徒二年;因而改嫁者,加二等。"《疏议》解释说:"妇人从夫,无自专之道,虽见兄弟,送迎尚不踰阈。若有心乖唱和,意在分离,背夫擅行,有怀他志,妻妾合徒二年。因擅去而即改嫁者,徒三年,故云'加二等'。"敦煌文书中有一类汉文离婚契约,年代上属唐代至北宋初期,可统称作"放妻书"或"放妻手书",从中可窥见唐代离婚现象的大致情况:

例一,"(前缺)从结契,要尽百年,如水如鱼,同欢□□。生男满十,并受公卿,生女柔容,温和内外。六亲欢美,远近似父子之情,九族悒(邑)怡,四时而不曾更改。奉上有谦恭之道,恓下无僣(党)无□。家饶不尽之财,妯娌称延长之庆。何乃结为夫妻,六亲聚而成怨,九族见而含恨。酥乳之合,上(尚)恐异流,猫鼠同窠,安能见久。今对六亲,各自取意,更不许言夫说妇。今妇一别,更选重官双职之夫,随情窈窱(窕),美耷(齐)音乐,琴瑟合韵。伏愿郎娘子千秋万岁,布施欢喜。三年衣粮,便献柔仪。宰报云"[1]。

例二,"放妻书一道盖闻夫天妇地,结因于三世之中。男阴(阳)女阳(阴),纳婚于六礼之下。理贵恩义深极,贪爱因浓性。生前相守抱白头,死后要同于黄土。何期二情称怨,互角憎多,无秦晋之同欢,有参辰之别恨。偿了赤索,非系树阴,莫同宿世怨家,今相遇会,只是二要互敌,不肯蘖遂。家资须却少多,家活渐渐存活不得。今亲姻村老等与妻阿孟对众平论,判分离别遣夫主留盈讫。自后夫则任娶贤失,同牢延不死之龙。妻则再嫁良媒,合卺契长生之奉。虑却后忘有搅扰,贤圣证之,促于万劫千生,常处□□之趣。恐后无信,勒此文凭,略述尔由,用为验约"[2]。

从这两份离婚文书中可看出,凡和离有三个必要条件:其一,须有中人主持离婚仪式,中人应是与双方当事人无关的第三者。其二,和离须出具书面契约,这是离婚程序的具结形式。敦煌契约文书中保存了数份"放妻书样文",格式和语言大致相同,说明和离已成为被全社会普遍认可的离婚方式。其三,在离婚程序中,夫妇双方亲属必须到场,"聚会二亲"[3],"今对六亲,各自取意""今亲姻村老等与妻阿孟对众平论",双方议定离婚事宜。

---

[1] / 沙知录校:《敦煌契约文书辑校》,江苏古籍出版社1998年版,第470-471页。相关论文有:刘文锁:《敦煌"放妻书"研究》,载《中山大学学报》2005年第1期;杨际平:《敦煌出土的放妻书琐议》,载《厦门大学学报》,1999年第4期。

[2] / 沙知录校:《敦煌契约文书辑校》,江苏古籍出版社1998年版,第473页。另见黄永武主编《敦煌宝藏》第133册,新文丰出版公司1986年版,第414页。

[3] / 沙知录校:《敦煌契约文书辑校》,江苏古籍出版社1998年版,第479页。

这其中不仅包括离婚之缘由，也包含夫妻财产的分割。从《唐律》与敦煌离婚文书分析，妇女的有些基本权利能得到保障，妇女的社会地位较之以往有所提高。

(三)"同居相为隐"

中国古代法律中"容隐制"的实质是授予亲属一定范围内的不举告和不举证权利。如前所述，由于在《睡虎地秦墓竹简》中已发现有"子告父母，臣妾告主，非公室告，勿听"[1]等法律条文，学术界有些学者所坚持的影响中国古代法律制度长达两千多年的"同居相为隐"的诉讼法条款源出于孔子儒家的观点实际上已不攻自破[2]，儒家理论对古代法律制度真正产生影响最早也应在西汉时代。在唐宋元明清法律制度中普遍存在的"同居相为隐"或"同居相容隐"的诉讼法条款，实际上是对先秦时代就已出现的成文法传统的继承。当然，在唐宋元明清法律制度中，儒家理论的影响无处不在。

通而论之，唐代法律中的"同居相为隐"的诉讼法条款包涵五项内容：

1. 告祖父母、父母等亲属

《斗讼律》云："诸告祖父母、父母者，绞。即嫡、继、慈母杀其父，及所养者杀其本生，并听告。"《名例律》又言："诸同居，

---

1 / 张家山汉简《二年律令·告律》有类似记载，从而又为秦律提供了佐证："子告父母，妇告威公，奴婢告主、主父母妻子，勿听而弃告者市。"

2 / 参见杨鸿烈：《中国法律思想史》，中国政法大学出版社2004年版，第187页。钱大群：《唐律研究》，法律出版社2000年版。

若大功以上亲及外祖父母、外孙,若孙之妇、夫之兄弟及兄弟妻,有罪相为隐;部曲、奴婢为主隐,皆勿论。即漏露其事及擿语消息亦不坐。其小功以下相隐,减凡人三等。若犯谋叛以上者,不用此律。"依律,子孙告祖父母、父母有罪。《疏议》解释说:"父为子天,有隐无犯。"父母尊长若有违失,儿孙理应谏诤,"起敬起孝,无令陷罪"。如果子孙"忘情弃礼",控告祖父母、父母,就处以死刑。但是,子孙不允许控告父母、祖父母也不是绝对的,在两种情况下,可以控告父母尊长:其一,《疏议》说"注云'谓非缘坐之罪',缘坐谓谋反、大逆及谋叛以上,皆为不臣,故子孙告亦无罪,缘坐同首法,故虽父祖听捕告"。(《斗讼》)如果父祖犯有谋反、谋叛与大逆等"十恶"之罪,子孙控告父祖的行为是合法、正当的;其二,假若嫡母、继母、慈母杀害其父亲,以及养父母杀害其亲生父母,准许子女控告。

2. 告期亲尊长

《唐律疏议·斗讼》云:"诸告期亲尊长、外祖父母、夫、夫之祖父母,虽得实,徒二年;其告事重者,减所告罪一等;即诬告重者,加所诬罪三等。告大功尊长,各减一等;小功、缌麻,减二等;诬告重者,各加所诬罪一等。即非相容隐,被告者论如律。若告谋反、逆、叛者,各不坐。其相侵犯,自理诉者,听。"宋朝法律相关记载基本照抄唐律:"诸告周亲尊长、外祖父母、夫、夫之祖父母,虽得实,徒二年;其告事重者,减所告罪一等;即诬告重者,加所诬罪三等。告大功尊长,各减一等;小功、缌麻,减二等;诬告重者,各加所诬罪一等。即非相容隐,被告者论如律。若告谋反、逆、叛者,各不坐。其相侵犯,自理诉者,听。"(《宋刑统·讼律》)唐宋律在司法量刑原则上,往往以血亲的等级作为确定犯罪行为轻重的依据。其基本原则为:如果卑犯尊,越亲近,刑罚越重;越疏远,刑罚越轻。如果尊犯卑,越亲近,刑罚越轻;越疏远,刑罚越重。依照这一规律,血缘亲疏与刑罚轻重的关系可表述为:

血亲关系	袒免	缌麻	小功	大功	齐衰	斩衰
刑罚轻重	徒一年	徒一年半	徒二年	徒二年半	徒三年	流二千里

依据唐律《名例律》与《斗讼律》,期亲尊长、外祖父母、夫、夫之祖父母,属于"有罪相为隐"适用范围,控告者"徒二年",即使所告案情属实也有罪。被控告者,以自首论处。假定所控告事件重于"徒二年"的,减所告之罪一等。譬如,控告期亲尊长"盗上绢二十五匹",合徒三年,尊长依照自首法免罪,卑幼减所告罪一等,合徒二年半。注云:"'所犯虽不合论',……依法犹坐。"意指期亲以下,或者说年八十以上、十岁以下,或是笃疾者,犯罪虽不合论,但卑幼告之,仍然有罪。诬告期亲尊长,"得罪重于二年徒者",加所诬罪三等。"假有诬告期亲尊长一年半徒罪,加所诬罪三等,合徒三年。""告大功尊长,各减一等。"意指子孙卑幼即使控告属实,仍然要"徒一年半"。重于徒一年半的,也减期亲一等。假定有子孙卑幼控告大功尊长三年徒,减期

亲一等，只"徒二年"。"告小功、缌麻尊长，虽得实，同减期亲二等"，只"徒一年"。所控告之事比较严重，也减期亲尊长二等。假定有人告三年徒，虽然控告属实，"徒一年半之类"。"诬告重者"，意指诬告大功、小功、缌麻情节严重者，"各加所诬罪一等"。假如有人诬告大功尊长，"一年半徒"，加所诬罪一等，"徒二年"。诬告小功、缌麻，"徒一年罪"，也加所诬罪一等，"徒一年半之类"。小功、缌麻不属于"相容隐"行列，因此，如果被卑幼控告并且情况属实，"各依律科断"，不得按自首论处。与此相对应，按照"亲属相为隐"的法律原则，尊长告卑幼也有罪。同时，刑律还规定，法司断狱不得令相容隐亲属和奴婢为证，官吏违犯者，以"违律遣证"罪名惩处。对这类犯罪，唐律处杖刑八十。(《唐律疏议·断狱》)

3. 告缌麻以上卑幼

《唐律疏议·斗讼》"告缌麻卑幼"条云："诸告缌麻、小功卑幼，虽得实，杖八十；大功以上，递减一等。诬告重者，期亲，减所诬罪二等；大功，减一等；小功以下，以凡人论。"此条律文涉及尊长控告子孙卑幼，在量刑上，明显轻于子孙卑幼告尊长。《疏议》解释说：缌麻、小功相互容隐，有罪也不应告，"其相隐既得减罪，有过不合告言"。(《斗讼》)假若尊长控告缌麻、小功卑幼，"故虽得实，合杖八十"。告大功卑幼，减小功一等；告期亲卑幼，又减一等。"诬告重者"，意指诬告期亲卑幼重于杖六十的，减所诬罪二等。譬如，诬告弟姪九十杖罪，"合减所诬二等"，只杖七十。若告大功卑幼,"减一等",只杖八十。"若告小功以下",以凡人论,杖九十。如果诬告子孙、外孙、子孙之妇妾及己之妾,不算有罪,"各勿论"。

4. 部曲、奴婢告主

从古代法律条文分析,两汉奴婢身份地位比唐代略高。汉哀帝时,王莽"中子获杀奴,莽切责获,令自杀"。(《汉书·王莽传》)缪王元"前以刃贼杀奴婢",继而又"令能为乐奴婢从死",结果受到"不宜立嗣"的处罚。(《汉书·景十三王传》)汉光武帝十一年诏规定:"天地之性人为贵。其杀奴婢,不得减罪。"(《后汉书·光武帝纪》)凡此种种,说明汉代对杀奴案件处罚颇严。根据《唐律疏议·斗讼》"其有愆犯,决罚致死及过失杀者,各勿论"律文规定,主人杀奴婢可以减罪四等,故意杀奴婢仅处徒刑一年,过失杀奴婢无罪。而奴婢殴伤主人,即使是过失伤主,也要被处以绞刑。就汉唐法律规定而言,唐朝奴婢的地位显然比两汉时要低。《斗讼律》规定:"诸部曲、奴婢告主,非谋反、逆、叛者,皆绞;告主之期亲及外祖父母者,流;大功以下亲,徒一年。诬告重者,缌麻,加凡人一等;小功、大功,递加一等。即奴婢诉良,妄称主压者,徒三年;部曲,减一等。"《名例律》也规定:"部曲、奴婢为主隐,皆勿论。"《疏议》解释说:"部曲、奴婢,主不为隐,听为主隐。非'谋叛'以上,并不坐。"《斗讼律》与《名例律》实际上是针对同一问题做出正反两方面的规定。部曲、奴婢告主,根据所告对象与主人血缘关系亲疏远近,分别处以绞、流和徒等刑罚;部曲、奴婢隐而不告,反而无罪。当然,这种"为主隐"是有限定条件的。《疏议》解释说:"日月所照,莫匪王臣。"部曲、奴婢虽然在人身关系上隶属于主人,但是,假定主人犯有谋反、大逆、谋叛等大罪,仍然有权控告。除此之外,部曲、奴婢所检举告发之事即使属实,主人免刑,部曲、奴婢获罪。《旧唐书·张镒传》载:太仆卿赵纵被其家奴当千告发,下御史台治罪,"贬循州司马"。张镒上疏说:"伏见赵纵为奴所告下狱,人皆震惧,未测圣情。贞观二年,太宗谓侍臣曰:'比有奴告其主谋逆,此极弊法,特须禁断。假令有谋反者,必不独成,自有他人论之,岂藉其奴告也。自今已后,奴告主者皆不受,尽令斩决。'由是贱不得干贵,下不得陵上,教化之本既正,悖乱之渐不生。为国之经,百代难改,欲全其事体,实在防微。顷者长安令李济得罪因奴,万年令霍晏得罪因婢,愚贱之辈,悖慢成风,主反畏之,动遭诬告,充溢府县,莫能断决。建中元年五月二十八日,诏曰:'准斗竞律,诸奴婢告主,非谋叛已上者,同自首法,并准律处分。'自此奴婢复顺,狱诉稍息。今赵纵非叛逆,奴实奸凶,奴在禁中,纵独下狱,考之于法,或恐未正。将帅之功,莫大于子仪;人臣之位,莫大于尚父。殁身未几,坟土仅干,两壻先已当辜,赵纵今又下狱。设令纵实抵法,所告非奴,才经数月,连罪三壻。录勋念旧,犹或可容,况在章程,本宜宥免。陛下方诛群贼,大用武臣,虽见宠于当时,恐息望于他日。太宗之令典尚在,陛下之明诏始行,一朝偕违,不与众守,于教化恐失,于刑法恐烦,所益悉无,所伤至广。臣非私赵纵,非恶此奴,叨居股肱,职在匡弼,斯是大体,敢不极言。"唐德宗斟酌之后,"左贬"赵纵,杖杀当千。张镒命令郭子仪家奴数百人前往观看,"以死奴示之",以儆效尤。唐代初期,唐太宗为了稳定局势,曾经规定:即使主人犯有谋反、谋叛、大逆之罪,奴婢也无权控告,违者"斩决"。但是,这一法令并未长期存续。《旧唐书·王锷传》载:王锷的儿子王稷"历官鸿胪少卿。锷在藩镇,稷尝留京师,以家财奉权要,视官高下以进赂,不待白其父而行之。广治第宅,尝奏请藉坊以益之,作複垣洞穴,实金钱于其中。贵官清品,溺其赏宴而游,不惮清议。及父卒,为奴所告稷换锷遗表,隐没所进钱物。上令鞫其奴于内仗,又发中使就东都验责其家财。宰臣裴度苦谏,于是罢其使而杀奴"。王稷大肆贿赂官员,贪污进奉物,两位家奴于是向官府告发其罪行。裴度为其申辩道:"王锷身殁之后,其家进奉已多。今因其奴告检责其家事,臣恐天下将帅闻之,必有以家为计者。"(《旧唐书·裴度传》)裴度以家奴应"听为主隐"为理由,积极为王稷申辩。唐宪宗于是免除了对王稷的处罚,两位家奴虽告属实仍被"决杀"。

5. **禁止子孙在法庭陈述祖父母、父母罪行或作证词**

唐代法律禁止对直系亲属起诉,同时又不允许子孙在法庭陈述祖父母、父母罪行或作证词。《晋书·刑法志》载,东晋卫展上书云:"今施行诏书,有考子正父死刑,或鞭父母问子所在。"卫展认为这种借助严刑逼供手段断案的方式，将会导致十分严重的社会道德危机。"相隐之道离，则君臣之义废；君臣之义废，则犯上之奸生矣。"晋元帝采纳了他的意见，下诏说："礼乐不兴，则刑罚不中，是以明罚敕法，先王所慎。自元康已来，事故荐臻，法禁滋漫。大理所上，宜朝堂会议，蠲除诏书不可用者，此孤所虚心者也。"南朝刘宋侍中蔡廓也提出了类似的建议："鞫狱不宜令子孙下辞明言父祖之罪，亏教伤情，莫此为大。自今但令家人与囚相见，无乞鞫之诉，便足以明伏罪，不须责家人下辞。"在司法审讯过程中，禁止逼迫子孙在法庭上陈述父祖罪行，或作证人。蔡廓的这一奏议，最后也被接受。"朝议咸以为允，从之。"（《宋书·蔡廓传》）唐朝法律起而踵之，对此做了进一步的规定："诸应议、请、减，若年七十以上，十五以下及废疾者，并不合拷讯，皆据众证定罪，违者以故失论。若证不足，告者不反坐。其于律得相容隐，即年八十以上，十岁以下及笃疾，皆不得令其为证，违者减罪人罪三等。"（《唐律疏议·断狱》）何谓"其于律得相容隐"？《疏议》解释说："谓同居，若大功以上亲及外祖父母、外孙，若孙之妇、夫之兄弟及兄弟妻，及部曲、奴婢得为主隐；其八十以上，十岁以下及笃疾，以其不堪加刑，故并不许为证。"所谓"违者减罪人罪三等"，是指如果有强迫子孙后代为父祖尊长作证词者，"遣证徒一年，所司合杖八十之类"。（《断狱》）

《唐律疏议·名例》尝言："德礼为政教之本，刑罚为政教之用，犹昏晓阳秋相须而成者也。"礼为本，刑为用，这是荀子"隆礼重法"、以礼入法思想在社会法律制度上的具体实践。瞿同祖先生在论述中国法律的儒家化进程时指出:"法律之儒家化汉代已开其端。汉律虽为法家系统,为儒家所不喜,但自汉武标榜儒术以后,法家逐渐失势,而儒家抬头,此辈于是重整旗鼓,想将儒家的精华成为国家制度,使儒家主张借政治、法律的力量永垂不朽。汉律虽已颁布,不能一旦改弦更张,但儒家确有许多机会可以左右当时的法律。"[1] 又言:"历代的法典都出于儒者的手笔,并不出于法家之手,这些人虽然不再坚持反对法治,但究是奉儒家为正统的,所以儒家的思想支配了一切古代法典,这是中国法系的一大特色,不可不注意。"[2]

---

[1] 瞿同祖:《中国法律与中国社会》,中华书局2003年版,第357-358页。

[2] 瞿同祖:《中国法律与中国社会》,中华书局2003年版,第346-347页。

第四章
朱熹、王阳明谈孝

一、朱熹：以理论孝

朱熹（1130—1200），江西婺源人，字元晦，号晦庵，1148年中进士，一生经历了四个皇帝，曾任秘阁修撰、焕章阁待制等官职，但是为官时间很短暂。他将毕生的精力倾注于儒家经典的整理和注释，并且成就了一家之言，成为理学的集大成者，在当时产生了极大的影响。明永乐年间，朱学被定为官方学说，朱熹的名著《四书章句集注》被指定为科举考试的教材。重视孝道是儒家的传统，朱熹也不例外。他在理学的脉络下定义了孝，论证了孝的合理性，为教育人们行孝奠定了理论基础。朱熹非常重视对于民众的孝教育，常常发布榜文教育民众行孝。为了训示童蒙，他编纂了《小学》一书，其中孝道教育占相当大的比重。在朱熹的著作中，蕴含着丰富而深刻的孝亲观念，对于当今的孝道建设有重要的启示。

(一) 理是什么

朱熹以理为核心,构建了中国哲学史上周密而完备的理本论哲学。他认为,理是哲学的第一概念和最高范畴,是宇宙本根,是天、地、人存在的终极依据。他认为,宇宙之间最根本的是理,天获得了理才成为天,地获得了理才成为地,天地万物获得了理才成就自身之性。天理无所不在,事事物物都有它们的道理,大到天地、山川、河流,小到一草一木,一粒尘埃,都有各自的道理。不唯自然界,人类社会的事情也是如此,人伦道德都是天理。事物的理是天理在事物上的落实。

人禀受了天理作为人性,物禀受了天理作为物性。因为来源都是天理,所以人性和物性本来是相同的。但是人和物有着显著的差异,原因在于人和物所禀受的气不同。气是载体,人物气不同,获得的天理也是不同的。人获得的天理较全,物获得的天理较偏。好比同样的水放在不同颜色的碗里,看起来颜色也会不同,放在白碗里看起来就是白的,放在黑碗里看起来就是黑的,放在青碗里看起来就是青的。事物由理和气构成,理构成了事物的属性,气构成了事物的形体。理无形无象,气有形有象,无形之理寓于有形之气中,并且通过气的运动变化表现自身,所以在事物之中,理和气是不可分割的整体,任何事物都是由理和气共同组成,没有无理之气,也没有无气之理。

理是先天的,事物还没有存在的时候,理就已经存在了。还没有父子，就已经有了父子之理；还没有君臣，就已经有了君臣之理；还没有草木，就已经有了草木之理。在一切事物产生之前，事物的规律、法则、原理早已经存在。事物有生有灭，理却是永恒存在的。朱熹曾经说过，等到山河塌陷了，理还在那里。

理还是客观的，不受其他因素的影响，不会因为人的意志而改变自身。无论人的意愿是什么，春夏秋冬、四季轮回不会改变。人总希望自己和家人能够健康长寿，但是生老病死不是人能够自主决定的。汉武帝迷恋神仙方术，千方百计以求延年益寿，结果也没有活过七十岁。所以，人在天理面前是渺小的，只能去顺应天理，不能去违背天理，或者改变天理。天理是人力无法左右的，违背天理的结果是危险的。就拿种庄稼为例，庄稼的存活、生长需要充足的水分，所以在天气干旱的时候，应该及时给庄稼浇水，否则庄稼有可能被旱死。这启示我们在做事的时候一定要顺应规律，不能过分夸大人的主观能动性。理是真诚无妄的，没有虚伪，没有矫饰，天地万象是理的真实呈现。诚是天理之道，而儒家主张人要法天而行，所以真诚也是人为人处世的准则。

理是无形无象的，所以本没有什么动静可言，动静用来形容有形体的物体。但是理与气是一体的关系，理存在于气之中。气是可以动可以静的，理在有动有静的气上，也就是有动有静的了。就好像是人骑在马背上一样，马在奔跑，人虽然没有动，但是也随着马一起奔跑。

在朱熹的思想中，理既是世界的本原，也是事物具体的法则、规律。作为事物规律的理与世界本原的理之间是什么样的逻辑关系呢？在朱熹看来，作为世界本原的理和规律之理是一本和万殊之间的关系。作为世界本原的理只有一个，作为规律的理随物而异，是多种多样的。山川河流、人物动植，物类虽殊，但都以同一个天理作为终极依据。天地万物产生的时候，天赋之理是相同的，但是人和物的禀受有差别。朱熹用一江水的例子来解释这一道理，同是一江水，使用不同的量器，获取的水量也是不同的。用勺子舀，得到的是一勺水量；用碗去取，得到的是一碗水量；用桶和缸取水，获得的是一桶、一缸的水量。所以作为世界本原的天理和作为事物规律的理之间是圆满自足的"一"和异彩纷呈的"多"之间的关系，是全体和局部之间的关系，是种概念和属概念之间的关系。

　　朱熹认为事物的道理包括"所当然之则"和"所以然之故"。"所当然之则"指的是事物本来的道理，不受人为因素的影响，不因个人好恶而改变，人只能去顺从它、适应它。例如，春生夏长、秋荣冬枯，例如火是热的，冰是寒的，等等，这是永恒的，完全不受其他因素的影响。不仅自然界有"所当然之则"，人文世界也是如此。比如，人对长辈应该有礼貌，对老师应该尊敬，对同学应该友爱，对朋友应该守信，对陌生人也要关爱……孝是人侍奉父母的"当然之则"，是人对待父母所必须遵守的行为准则，人不能违背这个准则，只能去遵守它。人如果违背孝道，后果是严重的，父母会伤心失望，当事人自己也会受到社会舆论的谴责，进而可能会影响当事人生活的方方面面。理还包括"所以然之故",指的是事物"所当然之理"的缘故。天高地厚是"所当然之则",天为何高、地为何厚是"所以然之故",人要孝敬父母是"所当然之则",人要孝敬父母的缘由是"所以然之故"。朱熹认为天道流行不息,赋予事物的是天命,天命就是事物的"所以然之故",所以孝的"所以然之故"是天命,子女孝敬父母是天经地义。知道了孝是天命,人对于为什么要去孝敬父母这个问题也就没有疑惑了,就会乐于去顺从天命去孝敬父母。

人禀受了天理作为人性,朱熹又把人性分为天命之性和气质之性。天命之性,顾名思义,是天所赋予的人性,全是天理。天理是至善的,天命之性也是至善的,只有仁、义、礼、智四者,而且每个人的天命之性都是相同的。但人的现实人性是多种多样的,并非全是后天形成的,人性生来有不同,有的人生来就善良,有的人生来比较邪恶,有人生来比较无私,有人生来比较自私……朱熹将人天生的有差别的人性称为气质之性。气质之性是天命之性被人的气质影响之后的结果,人的气质是多种多样的,所以气质之性也是千差万别的。阴阳五行二气在排列组合中形成了清气和浊气,人随机禀受清浊二气,禀受气较清的人对天命之性的遮蔽较少,气质之性较善;禀受气较浊的人对天命之性的遮蔽较多,气质之性较恶。人的气质决定了气质之性,气质是可以变化的,所以人可以通过变化气质来变化人性。

(二) 仁义礼智: 天理在人性

朱熹从宇宙本根——天理的高度,为人伦道德寻找终极依据。何谓人伦?孟子说,人类有其生存规律,即使吃饱、穿暖、住得安逸,如果没有后天的教养也和禽兽差不多。圣人为此感到忧虑,便任命契为司徒,教导民众人伦:父子之间讲究慈孝,君臣之间讲究仁义,夫妻之间讲究内外有别,长幼之间讲究尊卑有序,朋友之间讲究诚信。人伦道德指的是人与人之间的关系准则,主要有五种人伦:父子、君臣、夫妇、兄弟、朋友,对应了五种道德,即仁、义、礼、智、信。朱熹认为人伦道德并不是社会发展到一定阶段的产物,而是在人出现之前就已经存在。天理圆满无缺,内含万事万物的道理,其中也包括人伦道德。换言之,在朱熹的思想中,天理既是宇宙的起源,也是人伦道德价值体系的本源。朱熹将天理比作谷种,是一个百无欠缺的圆满自足之物,人伦道德是这一谷种的内在属性之一。仁、义、礼、智、信是天理赋予人的人性,是天理在人伦关系中的具体落实。理是人伦道德的终极依据,而仁、义、礼、智、信五常则是天理的分名。天理与仁、义、礼、智、信之间的关系不是本源和派生物之间的关系,而是本源和属性之间的关系。仁、义、礼、智、信不是天理依次生出来的,理是人伦道德的总名,仁、义、礼、智、信是理的"件数"。二程曾经指明人伦就是天理,这已经从哲学高度将人伦定性为天理内在之属性,朱熹在二程基础上继续深入论证。弟子问:"既然是一个理,又叫五常,为什么呢?"朱熹回答:"可以叫一理,也可以叫五理。一理可以包含五理,所以叫一,分成五个就叫五。"弟子又问五理的秩序,朱熹答:"浑然一体,不可分辨。"理是人伦道德的总名,故可以涵盖一切人伦道德,而五常是天理的显现,是天理在具体的人伦关系中的落实。五常在落实之前是浑然一体的,没有先后次序可言。朱熹说:"理,只是一个理。……如果说着仁,则理都在仁上;说着诚,则理都在诚上;说着忠恕,则理都在忠恕上;说着忠信,则理都在忠信上。"仁义礼智信是天理落实在具体的人伦关系上的一个道理。天理在亲子关系中,叫仁;在君臣关系中,叫义;在夫妻关系中,叫礼;在朋友关系中,叫信。如果将他们贯通起来,只有一个理而已。

天理是无形无象的,五常作为天理的内在属性,亦是无形无象的,无法展示自身,需要通过孝敬父母、尊敬兄长等具体的道德行为才能表露出来。事亲从兄等具体的道德行为可以称为事。所以理与事之间是融为一体的关系,理是事的道理,事是理的载体和运用。朱熹说,无处不是天理的流行,寒往暑来、川流山峙、父子有亲、君臣有义之类都是天理。无论是自然规律,还是人伦道德,都是天理的自然流行。正如李泽厚所言:"朱熹庞大体系的根本核心在于建立这样一个观念公式:'应当'(人世伦常)='必然'(宇宙规律)。""朱熹包罗万象的'理'世界是为这个公式而设:万事万物之所以然('必然')当即人们所必"需"('应当')崇奉、遵循、服从的规律、法则、秩序,即'天理'

是也。"[1]按照经验，自然规律和人伦道德是有区别的，其区别在于自然规律是实然，而人伦道德是应然。实然的意思是，无论处于何种情况下，无论在哪个历史时期，寒往暑来、水流山峙都实际存在，是必然的。人伦道德则不然，虽然人们应该遵守人伦道德，遵守人伦道德有助于社会有序发展，但是违背伦理道德的现象比比皆是。应当不是必然，朱熹当然清楚这一点，他论证社会人伦道德的客观性是在超越的意义上讲的，是为了凸显道德理性的神圣性和绝对性。无论道德原则在历史和现实中的遭遇如何，它本身是永恒的。人们可以对道德原则在历史和现实中的作用和影响进行分析和阐述，但是它们的价值不应被怀疑。道德原则是人之所以为人、人区别于其他动物的根本依据，在这个意义上，朱熹的理一元论恰恰是他终极关怀和深远智慧之所在。

（三）孝是行仁的根本

在中国古代思想史上，"仁"和"孝"是一对极为重要的概念范畴。"仁"是儒家思想的核心观念，贯穿了儒学发展的全过程，从一定意义上来讲，儒学就是仁学。在儒家思想中，孝被视为百善之首、众德之本、人伦之始。那么"仁""孝"这两个核心概念之间的关系又是如何呢？孔子弟子有若尝言："孝弟也者，其为仁之本与！"（《论语·学而》）此句揭开了后世"仁孝之辩"的开端。所谓"仁孝之辩"，指的是仁、孝的先后、体用、本末等关系问题。从字面来看，

[1] 李泽厚：《中国古代思想史论》，人民出版社1985年版。

这句话表达的意思是孝悌为仁的根本。孝是本，仁是末，孝的位置比仁高，显然与《论语》的一贯思想相悖。所以学者多主张将"仁"训为"人"，变成"孝悌也者，其为人之本与！"，意思是孝悌是人之为人的根本。所以有若这句话讲的并不是孝与仁之间的关系，而是在强调孝对于人的重要性。《后汉书·延笃传》载经学家延笃对于仁孝关系的看法："仁和孝的关系，就好像肢体和心腹、枝叶和本根的关系。……如果一定要比较两者的优劣，则仁因为枝叶扶苏为大，孝是心体本根为先，这么说就没有争议了。"延笃博通经传，对仁孝学说有着深刻的见解，他认为孝是仁之根，孝为先，仁为大，汉唐学者大都持相似意见。宋代学者二程、朱熹则认为应将有若之言改为"孝弟也者，其为行仁之本与"，方能正确阐述仁孝之间的关系，孝不是仁之本，而是行仁之本。

二程并没有理会仁是否为通假字，而是直接将"孝弟也者，其为仁之本与"，改为"孝弟也者，其为行仁之本与"，表达其对于仁孝关系的理解。程颐从实践伦理的角度来解读仁孝关系，认为孝不是仁之本，而是行仁之本，行仁自孝始。人性中只有仁、义、礼、智，而没有孝德目。孝是仁在亲子关系中的展现，它的含义已经内在于仁之中了。朱熹认为程颐的观点是合理的，并在程颐思想的基础上有所发展。朱熹关于仁孝关系的观点具体表现在以下几个方面。其一，仁属于人性的范畴，孝属于情感的范畴。天理落实于人身上叫人性，人性中只有仁、义、礼、智，并没有孝。孝是对亲人的爱，是情感。其二，仁和孝是本体和发用之间的关系，或者本质和现象之间的关系，仁是本质，孝是现象。朱熹将仁比作谷种，将孝比作禾苗，谷种是禾苗的根，禾苗是谷种的生发，仁是孝之本体，孝是仁的发用。仁发用为作为情感的爱，爱不仅指爱父母亲，还包括爱亲戚、爱故旧，乃至于仁民、爱物。仁的发用有先后的秩序，孝是仁的先发，然后依次为仁民、爱物。其三，因为孝是仁的先发，而且最为亲切，所以行仁自孝开始，孝是行仁的根本。朱熹用水流经塘子的故事来说明这一问题。水从上面流下来，下面有几个塘子，水必须从第一个塘子流过，然后再流到第二个塘子、第三个塘子……孝便是第一个塘子，行仁必须先从孝开始。

在朱熹看来，孝不仅是行仁之本，还是行义之本、行礼之本、行智之本。在父母生病时子女应该如何尽孝，可以说明这个问题。当父母生病的时候，子女也会跟着焦虑、担心，这是对父母的爱，是仁的表现。除了担心之外，子女还要考虑怎么做才是合适的，比如陪父母去医院看病，照料父母的身体，宽慰他们的心情。义是合宜的意思，行孝的合宜处是义的表现。

孔子认为孝是以礼侍奉亲人，子女对待父母要严格遵守孝的礼节。现代社会，孝的礼节已经基本被废除，我们没必要泥古，一定要去做一些"亲尝汤药"之类的事情，但是礼的精神却是必须要传承的。礼的精神是尊敬，对待父母一定要尊敬。疾病中的父母心情难免会受到影响，可能会脆弱、会哭泣，无论在什么情况下,子女只能尊敬父母。对父母的尊敬是礼的表现。人知道侍奉父母的道理是孝,对待父母的正确态度是爱,知道父母生病了之后应该怎么做,并且实实落落去做,就是智的表现。侍奉父母只是一件事情,但从不同的角度体现了人性不同的侧面。从情感上讲,就是仁;把这件事做得恰当,就叫义;谦逊地去做,就叫礼;知道怎么做,就叫智。孝不仅是仁的表现,也是义、礼、智的表现;行孝不仅是行仁之始,也是行义、礼、智之始,若孝不存,则朱熹的整个伦理体系将中断和坍塌。

(四)尽孝方法之主静涵养

人禀受了至善的天理作为人性,人性的内涵是仁、义、礼、智。孝是仁、义、礼、智的表现。人除了禀受了天理之外,还禀受了气,形成了质,作为人的形体。人所禀受的天理都是一样的,但是气是多种多样的,阴阳二气和五行在排列组合中形成了清气和浊气,人随机禀受清气和浊气,禀受清气较多的人质美,禀受浊气较多的人质恶,质美者私欲少,质恶者私欲多。善的念头是天性发出来的,恶的念头是私欲发出来的,那些不孝的念头和行为都是私欲的表现。例如,爸妈劳累了一天,到了晚上会腰酸背疼,我们看到了难免心疼,自然想着去给他们按摩捶背。心里想着给他们按摩捶背就去按摩捶背,这就是孝心的表现。通常我们会心血来潮坚持几天,最后因为懒惰不了了之。懒惰就是私欲,私欲在人心中占主导地位,阻碍了我们行孝。圣人没有私欲,心中全是天理,所以他们的言行举止都是天理的表现。他们作为子女,只有一颗孝心,只是按照孝心去做,没有私欲的阻挡,所以能够尽孝。除了圣人之外,普通人都有私欲,区别只在于多和少,普通人不能尽孝的原因就在这里。因此,朱熹认为尽孝的方法在于"去人欲、存天理"。这里有必要解释下朱熹"人欲"的准确含义,很多人误解了朱熹的"人欲",认为"人欲"指人所有的欲望,连吃饭穿衣也包含在内。实际上,朱熹所说的"人欲"指人的私欲,人渴了喝水,饿了吃饭,困了睡觉,这些都不是私欲,是人自然的需求,属于天理的范围。超出人自然需求的那部分才是私欲,比如过量饮酒、挑食、功利之心等。朱熹认为人尽孝必须要去除私欲,克去私欲的方法首先在于主敬涵养。

每一位大思想家都有其独特的修养方法,朱熹自然不例外。朱熹的修养方法是主敬涵养,是吸收了程颐"涵养须用敬"的思想,并且结合了个人修养体验发展而成的,是理学修养方法的集大成者,对于宋明学者产生了较大的影响。

朱熹认为主敬就是唤醒人的内心。人心常常被私欲所蒙蔽,好像睡着了一样,主敬能使得人心常常处于一种清醒警觉的状态。主敬要求人内心要收敛、警觉、敬畏、主一,行为举止要端庄严肃。收敛指的是收敛身心,不能放纵自己胡思乱想,一旦发现心思外放,就赶紧收回来;警觉是昏倦的反义词,指的是人的内心时刻处在一个警觉的状态中,一旦有私欲出现,心要马上识别,立即将私欲扼杀掉,不能使私欲蒙蔽内心;敬畏是指使人的内心时刻处在一种敬畏的状态中,不能有丝毫傲慢之心;主一的意思是无论大事还是小事,都要一心在事情上,去孝敬父母的时候就一心在父母上。无事时也要一心主敬,不能有私心杂念;端庄严肃是朱熹对人外在的要求。概括地说,主敬就是内无妄思、外无妄动。朱熹希望通过主敬达到一种内心清明和宁静的状态,为格物致知打好心理基础。只有这样,人才能做到有效地去认识事物之理。设想一个人心思散漫、私心杂念很多,怎么能够去格物致知呢?倘若人能真正做到主敬,私欲就不会产生。即使做不到内心清明,只要朝着主敬的方面去努力,私欲也会减少。

通过主敬的涵养工夫,提醒人心不应该放纵,要时时警觉,时时清明,不要被私欲所蒙蔽。久而久之,阻碍人去孝敬父母的私欲就会越来越少,人的孝心会日益真诚。

(五)尽孝方法之格物致知

朱熹"格物"的"物"包括事和物,既包括自然界的一草一木,也包括人文世界的事情,后者是朱子格物的重点。万事万物都有理,理是事物存在的根本依据。格物就是去事物上探索它们的道理,也就是穷理的意思。朱子将"格物"之"格"解释为"尽",就是穷尽事物的道理,而且要穷理到十分的程度才是格物,也就是把事物所有的道理都探索明白,达到一种极致,一知半解不是格物。格物的目的是致知,"致"是推致的意思,"知"是知识的意思,"致知"是扩充知识到达极致。知识的具体内涵是事物的理，人通过格物去获取事物的理，直到穷尽了事物所有的理，致知才最终完成。朱熹认为大学就是格物致知之学，具体做法是学者依据心中已知之理，不断扩充，以求穷尽天下所有的道理。他主张一物一物地格，今天格一件，明天格一件，等到时间长了，再将事物的道理加以归类总结，所格之理便会豁然贯通。一旦豁然贯通，事物大大小小的道理就都明白了。致知并非在头脑中推理，而是要去格物。世界上没有独立存在的理，理寓于事物之中，并且通过事物的运动变化表现自身。可以说，事物的运动变化就是理的外化。理无形无象，没法直接把握。相对于事来说，理比较难懂。我们必须从直观呈现的事物现象中探索理。格物是致知的途径，致知是格物的目的。格物和致知实际上只是一件事情，只是命名的角度不同。格物是从物的角度来命名，致知是从主体的角度来命名。

二程认为穷理的途径是多种多样的，可以通过读书讲明义理，也可以谈论古今人物辨别是非，或者在处事时寻找恰当的做法，等等。朱熹继承了二程的思路，认为事物包罗万象、变化多端，包括身心性情之德、人伦日用之常，也包括天地鬼神之变和鸟兽草木之宜等。格物的方式必然是多种多样的，朱熹列举了几种常用的方式："考之事为之著""察之念虑之微""求之文字之中""索之讲论之际"。

在中国传统社会，君臣、父子、兄弟、夫妇、朋友是人必不可少的五伦，学者需要做的是穷尽五伦之理。臣对君要尽忠，子对父要尽孝，兄弟之间要讲究友爱，夫妇之间要讲究差别，朋友之间要守信。朱熹认为，事物都有他们的道理，人生来也都有知识。人渴了就知道去喝水，饿了知道去吃饭，父母都知道去慈爱子女。人在孩提之时就知道爱自己的父母，等到长大了自然知道尊敬兄长，这些都是人生来就有的知识。但是这种知识只是大概知道，不够细致、全面、透彻，没有达到尽知的程度，所以需要格物来扩充知识。朱熹将人通过格物不断扩充知识的现象比喻为一束光，一束光开头只是一个点，越往后开口越大，光也越大。人在孩提之时就知道爱父母，但未必知道在具体的情况下怎么样做才是真正的爱父母，以及人为什么会生来爱父母。知道人应该孝敬父母，这是表面的道理；知道人为什么要去孝敬父母，孝敬父母应该怎么做，这是里面的道理；知道人应该孝敬父母，知道父母生病了要给父母治病，这是粗的道理；父母生病之后心情肯定也会受到影响，子女也要知道怎样安慰他们，何时才是恰当的时机，这是精细的知识。孝是表里粗精，无所不包的。

　　要想穷尽孝的知识必须要去格物致知，格一物就获得一物的知识，比如读《论语·为政篇》："孟懿子问孝。子曰：'无违。'樊迟御，子告之曰：'孟孙问孝于我，我对曰，无违。'樊迟曰：'何谓也？'子曰：'生，事之以礼；死，葬之以礼，祭之以礼。'"读了这段话，我们可以知道，孔子认为孝就是以礼侍奉亲人。我们身处现代社会中，很多古代的礼节已经被废除，父母和子女之间已经没有什么硬性的礼节要去遵守。但是礼的实质是尊敬,以礼侍奉父母的实质是尊敬父母,对父母态度要和颜悦色。现在很多人虽然爱父母,但是对待父母的态度却不好,常常以不耐烦的口气跟父母说话,这些都是不对的。这就是格物,通过读《论语》,我们知道了对待父母要尊敬。这是在书本上格物致知,我们还可以在做事中格物致知。上文已经提到过,父母生病的时候心情会受到影响,作为子女,应该去安慰父母,陪伴父母。那么如何安慰父母呢?何时才是恰当的时机?朱熹认为应该"听于无声,视于无形",也就是默识的意思。人按照默识去行动,根据行动的结果判断默识的结果正确与否,从中可以获取一些规律,这也是格物致知的一种方式。

格一件事就增加了一件事的知识,不断地格物,则知识不断增加,直到掌握了所有有关孝道的知识,直到在任何一种具体情况下都知道怎样对待父母才是合适的,才是符合孝道的。

(六) 尽孝方法之力行

朱熹认为,知行相须,即知行相互依赖,不可分离。他以人走路为例,没有眼睛只有腿,人走不了路。没有腿只有眼睛,人也走不了路。人要想走路,眼睛和腿必不可少,两者谁也离不开谁。知好比眼睛,行好比腿,知行谁也离不开谁。他还将知和行比喻为人的两条腿,人要走路必须使用两条腿,一条腿是不能走路的,知与行就好像两条腿一样相互依赖、不可分离。除了不可分离之外，知行还相互促进。我们对某件事情认识得越深刻，我们去做这件事情就会越顺利。另一方面，行对知也有促进作用，人从行动中获得的知识最为真切，远比通过其他途径，比如书本上或者老师口中得到的知识要深刻。"一朝被蛇咬，十年怕井绳"的谚语可以说明这个道理，曾经被蛇咬过的人最知道蛇的可怕，见到跟蛇类似的东西都会发怵。所以知行两者不可偏废，要齐头并进，人不能厚此薄彼。知行必须一齐去做，才能有所成效。如果偏向一边，必然会导致失败。尽孝也是如此，人不仅要获取孝的知识，也要在孝的知识的指导下去行。对于尽孝来说，两者互相依赖、不可分割。而且两者互相促进，人对孝的认识越深刻，去行孝的动力就会越足。随着知的不断积累，行的动力也在不断加大，先是决定去孝，后来努力去孝。等到真的明白了孝的意义后，一定会义无反顾地去孝。而真正去做了孝敬父母的事情之后，人对于孝的认识也会更加深刻，对于如何去行孝也会有更加真切的认识。所以，知孝和行孝不可偏废。

  在处理现实问题时，知和行并不是齐头并进的。从先后次序上来说，知在先，行在后。因为行必须在知的指导下进行，如果没有知，行就是盲目的行，很可能会陷入危险的境地。所以人在行之前要先获得知，然后在知的指导下去行。朱熹主要是在道德领域内谈论知行关系，知是道德认知，行是道德践履，在道德践履之前必须获得道德认知，道德践履必须在道德认知的指导下进行，才能做出符合道德规范的行为。反之，都不知道道德是什么,又怎可能做出符合道德规范的事情呢?比如我们想去某个地方,却不知道路怎么走,又怎么能够到达? 所以朱熹主张先去格物致知,然后在知的指导下力行。学习孝道也是如此,在行孝之前,先要知道怎么去行孝。当父母有违反道德和法律的想法之时,身为子女,应该去劝谏,在劝谏以前一定要知道如何去谏亲,否则有可能出现更危险的结果,不仅不能阻止父母,反而激怒父母。而且真知必行,真切的知识能够给出行动的动力,我们真正懂得道德价值,自然会去遵守道德。我们真正懂得了孝的意义,知道孝是天赋之命,知道孝是人之本性,自然乐于去行孝。

知行二者论轻重的话,知为轻,行为重。知的目的在于行,如果不去行,获取再多的知识也没有意义。朱熹认为道德以行为本,实践性是道德最重要的品格,只有一个人去做了有道德的事,我们才会认为这个人是有道德的人。一个人真正做了孝顺父母的事情才可以称得上是一个孝顺父母的人。如果不去做孝顺父母的事情,知道再多孝顺父母的道理,也是没有意义的。行对于知有重要的意义,行是真知的必备条件,只有行过之后,人的知才能真正真切笃实。上文已经提到,知与行并重,不可偏废,但这里朱熹又提出行比知重要,这两种提法不会矛盾吗?并不矛盾。朱熹看到很多学者流于空谈义理,看似懂得很多道德知识,却不去行动。为了矫正这种观念,朱熹提出了力行学说。因为这些学者重知不重行,才要告诉他们行重于知,目的是让他们行动起来,达到知行并重的效果。所以,这两种提法并不矛盾。

(七) 朱熹的孝亲观念

在朱熹著作中，蕴含着丰富而深刻的孝亲观念，值得深入挖掘，对今日之孝道建设具有重要的借鉴意义。

1. 谏亲

在儒家思想中，顺亲是孝的重要内涵之一。对于在顺亲的同时是否要谏亲，不同的思想家持不同的观点。孟子认为劝勉从善是朋友之道，子女劝勉父母从善，是很伤感情的。孟子的朋友匡章就是因为劝勉父亲从善得罪了父亲，时人因此认为他是不孝子。匡章的父亲杀害了匡章的母亲，并将其尸体草草埋在马栈之下，匡章劝勉父亲从善而得罪了父亲，受到了社会大众的谴责。因为得罪了父亲，匡章赶走了妻子和儿女，终身不用他们奉养。由此可见，在当时人们的观念中，孝子不能得罪父母，必须无条件顺从父母。与孟子观点相反，荀子认为子女应该"从义不从父"，假如父母做出不义之事，子女不应该一味顺从他们。对此问题，《孝经》作者与荀子站在了同一思想阵线，认为如果父母有善于谏诤的子女，就不会身陷不义之中，若父母可能做出不义之事，子女应该及时劝谏，不辨是非、盲目顺从父母，不算是真正的孝顺。

朱熹也认为子女应该及时劝谏父母。人的感情自有偏向，最亲爱的莫过于父母。父母不是圣人，也有犯错的时候，子女哪能够因为感情而忘记了劝谏？人所敬畏的莫过于君主和父亲，到了应该直言相劝的时候，哪能够因为敬畏而不敢发出声音？父母有不义的想法和行为，就有走上邪路的危险，子女有义务端正父母的思想，将父母从危险中解救出来。及时劝谏父母的过错，才是真的孝顺。朱熹认为孝是顺德，顺不是不违逆父母的心意，不是曲意顺承父母来取悦他们，而是及时规劝父母，使他们知晓道、言谈举止不违背道。顺从父母的心意来取悦父母是小事，以道劝谕父母、以理侍奉父母才是大事。

朱熹认为孟子与匡章来往是怜悯他，并非认为匡章是孝子。匡章不孝的原因不是劝勉父亲从善，而是劝说的方式不对，伤害了父子感情，在和父亲关系不和睦之后，又驱赶自己的妻子和儿女，使他们终身无法奉养自己。所以向父母劝谏应该注意方式和态度，尽量避免得罪父母，伤害亲子感情。孔子主张向父母劝谏应该做到"几谏"，朱熹赞同孔子的观点，并且对"几谏"加以详细注解：假如父母有过，子女应该劝谏。劝谏时应该做到柔声细气、言辞婉转。假如父母不听从劝谏，子女要更加尊敬更加孝顺他们，等到他们心情好的时候再开始劝谏。假如父母因此恼怒，被打到流血也不能怨恨他们，反而会更加孝敬他们。一方面，子女不能违背"几谏"的原则，切勿因为唐突而触怒父母；另一方面，不能违背自己的劝谏之心，一定要让父母处于无过之地。见到父母不听从劝谏，因怕触怒他们而停止劝谏，是不对的；为了达到劝谏成功的目的而冒犯父母，也是不对的。

《论语》中讲道，判断一个人孝与不孝，在父亲健在的时候要看他的志向,在父亲去世之后要看他的行为,三年不改"父之道",可以说是孝了。三年不改"父之道",指的是对父亲的顺从,可见孔子仍在强调孝的"顺亲"义。程颐的弟子尹焞认为,如果父之道是君子之道,终生不改也是可以的。如果不合于君子之道,又何须三年再改?之所以三年不改,只是因为孝子不忍心罢了。朱熹认为不应该拘泥于这一标准,应该区别对待不同的情况。若是父之道符合君子之道,就可以三年不改,甚至终身不改;父之道若是不好不坏,就可以三年之后改,孝子不忍心父亲一去世就做出改变。如果在父亲死后立刻做出改变,有希望父亲去世、宣扬父亲过错的嫌疑,等到三年之后再慢慢改正,就不会有人发觉了;如果父亲之道是小人之道,会危害他人,就不能再执行了,无须等到三年之后再改。不立即改正,就会加重父亲的过错。朱熹的处理原则与他"从道不从君,从义不从父"的思想是一以贯通的。一方面,朱熹认为子女不应该盲目顺从父母,而是用道义来约束父母,及时向父母劝谏,避免父母陷入险境;另一方面,朱熹也提醒子女注意劝谏的态度、方式,以图在不伤害亲子感情的情况下劝谏成功。这一劝谏思想对于如今的孝道建设具有重要的意义。

2. 朱熹对大众的孝教育

童蒙教育。南宋淳熙十四年(1187),朱熹在武夷精舍推行的《小学》一书,可以说是中国现存最早的童蒙教材。这部书在当时很受欢迎,自朱子推行以来,以闽北武夷山为中心,迅速向全国各地推广。《小学》以"立教""明伦""敬身"和"稽古"为纲领,以"父子""君臣""夫妇""长幼""朋友""心术""威仪""衣服"和"饮食"为节目。朱子在书中除了阐述自己的观点之外,也援引了一些格言、故事、书信、家训等。孝道教育在《小学》中占有举足轻重的地位,它在"父子之亲"中广泛引用了《礼记》中记载的孝礼,以及孔子、孟子、曾子等儒家先贤的话,对子女如何侍奉父母做了详细的指导,并且敦促子女一定要身体力行。朱子认为童蒙教育应该以伦理道德为根本,孝悌教育是重中之重。朱子弟子黄榦说:"朱子教导人,以孝悌作为人道最重要的内涵。"朱熹在《小学》序中说:"古人注重教育孩童洒扫、应对、进退的礼节和爱亲、敬长、隆师、亲友的道理,都是修身、齐家、治国、平天下的根本,一定要让孩子们在小时候就学会这些。"《小学》中孝教育的内容很多,"明伦"中将近一半的篇幅与孝道相关,涉及了日常孝行的方方面面。"稽古"篇中也有将近一半的篇幅叙述古圣先贤的孝道故事。"嘉言"篇和"善行"篇亦是如此。朱子认为对孩童的孝教育要采用讲故事的方式,告诉他们应该怎么样去做孝敬父母的事情,等到他们长大了,再告诉他们道理。弟子曾经请教朱熹:"小学和大学并不是截然不同的。小学是学做事,大学是穷理,这么说对吗?"朱子答:"大学和小学只是一件事情。小学是学着侍奉亲人、侍奉长辈,只要学习做事就可以了。大学要详细探究事情的道理,探究这样侍奉亲人的原因是什么。"小学指的是儿童要学习的学问,大学是指修身、齐家、治国、平天下之学,也就是成圣之学。其中《内篇》中"立教""明伦""敬身"以及《外篇》中的"嘉言"或者摘录了古圣先贤的名言警句,或者直接表达观点,其中多篇涉及孝,主要内容为谆谆教导儿童如何行孝。例如《明伦》:君主生病需要喝汤药,臣子要先尝一尝。父母有疾病要喝药,子女要先品尝。尝过之后,才知道父母能不能接受这个味道。如果医生不是出自祖传三代以上的医学世家,就不喝他的药。《内篇》中"稽古"篇和《外篇》中"善行"篇讲述了许多历史上感人至深的孝子故事,朱熹期望能够为儿童树立榜样,其中包括舜、闵损、老莱子、伯俞、黄香、陆绩、王祥、王裒、庾黔娄、王延、江革、唐夫人和朱寿昌等著名孝子。他们的故事有些被宋末林同录入《孝诗》之中,有些被郭居敬纳入《全相二十四孝诗选》之中。以朱熹在宋元时期的影响力来推断,朱子在《小学》中收录的故事应该对这两本书选择孝子的标准有所影响。

　　朱子提倡采用日记故事的形式来进行孝教育,他在《小学》中引用北宋文学家杨亿之言:"日记故事,不拘今古,必先以孝悌忠信、礼义廉耻等事,如黄香扇枕、陆绩怀桔、叔敖阴德、子路负米之类,只如俗说,便晓此道理,久久成熟,德性若自然矣。"将古今著名的孝子故事用浅显易懂的语言撰写成一个个日记故事,孩子们在阅读时自然能够领会其中所蕴含的道理,时间长了会产生潜移默化的影响。朱子《小学》一书引发了学者诠释《小学》读本、编写童蒙读物的热潮,其中虞韶受到朱子的启发,参考《小学》中的孝子故事，编写了《日记故事》，试图每天教儿童记诵一篇故事，以图达到潜移默化的效果。

朱子在仕宦生涯中，不断以发布榜文的形式在全社会提倡孝道。他在《揭示古灵先生劝谕文》中写道："为吾民者，父义，兄友，弟敬，子孝，夫妇有恩，男女有别，子弟有学，乡间有礼，贫穷患难，亲戚相救，婚姻死丧，邻保相助，无惰农桑，无作盗贼，无学赌博，无好争讼，无以恶凌善，无以富吞贫，行者逊路，耕者逊畔，班白者不负戴于道路，则为礼义之俗矣。以上同保之人今仰互相劝戒，孝顺父母，恭敬长上，和睦宗姻，周恤邻里，各依本分……保内如有孝子顺孙、义夫节妇，事迹显著，即仰具申，当依条旌赏。其不率教者，亦仰申举，依法究治。"教育民众行孝是榜文的重要内容。朱熹还在榜文中批判社会上不守孝道、不尊法律的行为。他在《晓谕兄弟争财产事》中批判了父母健在但"别籍异财"的现象。他说，《礼经》中有对为人子女不蓄私财的记载，法律条文中也禁止这一行为。父母在上，为人子女的身体尚且不能为自己所专有，哪敢私蓄财货、擅居田园？这是天性人心自然的道理，是先王制定的礼仪、后王制定的法规，只能顺从而不能违背。当他听说建昌县刘琉兄弟、都昌县陈由仁兄弟不奉养父母、擅自瓜分家产时，一方面勒令他们同居共财、奉养父母，另一方面在县城张榜帖文，以儆效尤。

二、王阳明：孝是良知的发用流行

王阳明是中国历史上极为罕见地成就了"立功""立德""立言"三不朽的伟大人物。在这三不朽中，最为闪耀的当属"立言"。王阳明是中国历史上屈指可数的几位思想家之一，他是心学的集大成者，是明末学术思潮的主流——阳明学的创始人，他的"良知"学说和"知行合一"学说对后世产生了深远的影响。阳明学还对海外，尤其是日本产生了重要的影响，一些日本学者吸收了王阳明的思想，并且结合当时的社会背景，形成了日本的阳明学。日本阳明学者极具革新意识，成为倒幕派的中坚，推动了日本明治维新。王阳明也是在学术界除了孔子之外最受欢迎的中国思想家，海内外学者对其思想的研究成果可谓汗牛充栋。他的心学博大精深，"良知""致良知""知行合一"是他最受瞩目的思想，虽然几百年过去了，这些思想对于今天人们的生活和学习仍然有重要的指导意义。2012年以来，习近平总书记在重要讲话中十多次提到王阳明，说王阳明思想是中华民族优秀传统文化的代表。因此，重新解读和学习王阳明思想，有助于中华民族传统文化的回归和复兴。

孝在王阳明的人生和学术中具有重要的意义。在他重要的人生选择中，孝发挥了关键性的作用。他以孝亲经验为基石，构建和不断完善其心学体系；孝是他攻击佛道的武器，也是他传播思想的常用工具。"良知"是王阳明心学的核心概念，是万物的本体。孝是"事亲"之理,是良知在"事亲"一事的发用,且是良知的先发。孝也是成就德性的基础。王阳明是心学的集大成者,王阳明的孝论也打上了心学的烙印。心学是中国哲学的重要组成部分,王阳明孝论也是传统孝论的重要组成部分。对王阳明孝论的研究有助于拓展和深化对传统孝论的研究。且王阳明孝论中含有现代性因素,对其进行充分挖掘,可为现代社会孝道建设提供借鉴。

(一)孝与王阳明的成圣之路

王阳明在明朝成化八年(1742)出生于浙江绍兴府余姚县(现宁波余姚)。王家是书香门第,世代为官,王阳明的祖父王伦是当地有名望的大儒,父亲王华则是成化十七年(1481)的状元。关于王阳明的出生还有一个神秘的传说。在他出生的当晚,祖母梦见仙子驾着一片祥云降于王家楼前,送来一个婴儿。祖母在梦中惊醒,就听到婴儿的啼哭声,因此祖父王伦给他取名王云,并将他降生的楼改名为瑞云楼。谁知这位仙子驾瑞云送来的孩子到了五岁还不能开口说话,家人急得团团转。一位修为高深、洞破天机的僧人见到王阳明,慨叹道:"好个孩儿,可惜道破!"王伦于是醒悟,将王云改为王守仁,王阳明便能开口说话了。

王阳明生活在父慈子孝的家庭环境中,备受亲人的关爱,所以他对亲人的感情格外深厚。王阳明自幼失去母亲,在祖母膝下长大,祖母给予他无限慈爱。祖父王伦颇有名士风范,淡泊名利,旷达洒脱，常鼓瑟吟诗于清风朗月之下。还有一年就要进私塾学习了，但王阳明性格豪迈不羁，父亲非常忧虑，只有祖父最懂得他的性格。祖父的理解为他提供了宽松的成长环境，他狂者的胸襟得以保存下来。父亲王华曾高中状元，讲学谨守圣门，为人醇厚，侍奉母亲极其孝顺，对王阳明不可能不产生潜移默化的影响。父亲虽然因为王阳明狂放的性格而担忧，却很欣赏他成圣的志向，当听到十二岁的王阳明说出读书学圣贤为第一等事之时，他笑着说："你要做圣贤吗？"仅此一笑，慈父的形象鲜明地呈现了出来。在这样的家庭氛围熏陶之下，王阳明难免对于亲人存有深厚的感情。

王阳明在十二岁那一年开始思索关于人生终极意义的问题，他问塾师："什么是第一等事？"塾师回答："惟有读书登第。"王阳明对此不以为然，说："恐怕读书登第并非第一等事，读书学圣贤才是。"理想明确之后，王阳明就对成圣之路展开了多向度的探索。明永乐年间，朱熹理学被定为官学，朱熹的代表作《四书章句集注》被定为科举考试的教材。明代学者纷纷推崇朱子学，以之为终身事业。受时代风气的影响，王阳明首先选择朱子学作为成圣的途径，于是有了亭前格竹的故事。故事发生在他十七岁那年，他与钱姓友人立志成圣贤，欲格尽天下之物。他们决定首先从亭前竹子格起，友人在先，王阳明紧随其后。友人从早到晚坐在亭中，望着亭前生意盎然的翠竹，冥思苦想竹子的道理，竭尽心力，三日过后，非但没有格出什么道理，反倒是劳思成疾。王阳明认为这是精力不足的缘故，决定自己去试试。与友人相同，他从早到晚思考竹子的道理，决心很大，坚持了七天，仍然没有格出什么道理，最终也病倒了。于是两个人相互感叹，圣贤是难以做到的，格尽天下之物需要巨大的精力，区区亭前之竹就将他们累倒了，哪能格尽天下之物？于是王阳明暂时放弃了通过学习朱子学成圣的方法，把目光转向佛教和道教。

早在明孝宗弘治元年（1488），年仅十七岁的王阳明已经表现出对道教的浓厚兴趣。那一年王阳明在南昌结婚，就在举行婚礼的当天，他信步走入一个名为铁柱观的道观，见一位道士静坐在榻上，便请教道士有关养生的问题。据冯梦龙撰写的《王阳明先生出身靖乱录》中记载，道士对王阳明说："养生之说，无过一静。老子清净，庄子逍遥，惟清净而后能逍遥也。"道士还教给王阳明导引术，他恍然有悟。十年之后，王阳明已经修正了格竹之时对于朱学的理解，并且按照朱子的格物之法循序渐进、苦读深思，虽然在知识上有所长进，但仍没有找到知识积累与修身养性之间的联系，他感觉到探索物理和修身养性完全是两件事。理想难以实现，王阳明心情十分苦闷，导致沉郁成疾。所以他比较关注养生问题，喜欢与道士谈养生之术，一度产生了"遗世入山"的想法。又三年后，王阳明奉命到江北审查案件，其中相当一部分时间在道观和寺院中度过。他前去九华山观景览胜，听说山中住着一位叫蔡蓬头的道士，善谈仙道，于是慕名拜访。尽管王阳明礼节周备，道士却不愿与其深谈。在他的一再恳求之下，道士才说:"汝后堂后亭礼虽隆,终不忘官相。"[1]他认为王阳明虽然礼节周备,表现得诚意十足,但终不忘圣贤理想。两人相视一笑,就此道别。九华山是道教圣地,地藏洞还住着一位道教异人,据说坐卧在松树上,以松果为食,王阳明慕名拜访,两人谈到何为学问上承,异人说:"周濂溪、程明道是儒家两个好秀才!"异人虽属道家,却不受门户的局限,赞赏儒门学者,王阳明视其为知音,后来曾第二次上山拜访异人,可惜异人已经远徙它处,王阳明不免有"会心人远之叹"。

王阳明一直倾心于道家养生术,对其有较深的研究。他因病告假,住在阳明洞中,静坐并运行导引术。他自号阳明子,学者们都称他为"阳明先生",这就是他又叫王阳明的原因。

修行时间长了,他竟然可以未卜先知。《王阳明年谱》中记载了他一个未卜先知的例子。一日他坐在洞中,友人王思舆等四人前来拜访,他们才出五云门,王阳明就命仆人前去迎接,且一一说出他们的来路。仆人在路上遇到了他们,与他们交流之后发现王阳明所预测的全部是正确的。众人非常惊讶,认为王阳明已经得道成仙。在洞中修行时间长了之后,王阳明再度萌发了离尘出世的念头,但因为对祖母和父亲的不舍和牵挂,王阳明心中犹豫不决。疑虑久久存在心中,他忽然顿悟:"此念生于孩提。此念可去,是断灭种性矣。"[2]此时的王阳明与道家已经有了较深的渊源,几次萌发出世

1 / 吴光,钱明,董平,姚延福编校:《王阳明全集》,浙江古籍出版社2010年版,第1230页。

2 /《王阳明全集》,第1231页

的念头不可谓不强烈，但爱亲之心最终战胜了出世之念。"种性"是佛教用语，是在第八识中原初存在的向善的秉性。第八识是最深的心识，也叫"种子识"。"第八识"属于佛教中唯识学的用语，种性也属于唯识学，他将种性与其爱亲之心沟通，足见对于唯识宗的熟稔。王阳明认为人的爱亲之心萌发于孩提时期，是天赋予人的本性，是人之为人的根本。人若舍弃了爱亲之心，等于丧失了人性，丧失了人之为人的根本。在王阳明看来，道家所谓得道成仙的高妙境界缺乏人性论的根基，绝非他所追求的圣人境界。此时的他未必对圣人境界有清晰的认识，但起码他知道圣人是不应舍弃人性的，应该以人性为根基。正是基于这样的认识，王阳明从此与佛道分道扬镳，之后也展开了对佛道的批判。

《王阳明年谱》中记载了王阳明以孝说服一位坐关三年的和尚回家的故事。王阳明遇见一个坐关三年、不视不语的禅僧，他非但没有欣赏这个和尚，反倒大喝一声："这和尚终日口巴巴说甚么！终日眼睁睁看甚么！"和尚大惊，开口与王阳明对话。王阳明问他："家中可有亲人在？"和尚答："还有母亲在。"王阳明又问："可牵挂母亲？"和尚答："不能不牵挂。"然后王阳明告诉和尚爱亲是人无法割舍、无法泯灭的本性，人也不应该去舍弃本性。和尚听了之后，悔恨不已，哭着感谢王阳明。第二天他打探那位和尚的消息，得知和尚已经回家与母亲团聚。

后王阳明因为上书弹劾宦官刘瑾下狱，他先是被杖打四十大板，后被贬为贵州龙场驿驿丞。在上任途中，王阳明遭到刘瑾派人追杀,他用计诈死才脱险。本打算就此隐遁,结果偶遇二十年前在铁柱宫相识的异人。异人听说了王阳明的遭遇,说:"你有亲人健在,万一刘瑾逮捕了你的父亲,诬告他投奔异国,你该怎么应对呢?"异人提醒王阳明,虽然他可以远遁,但是他的亲人有可能会因此受到牵连。接着他给王阳明卜了一卦,卜得明夷卦,卦象为下离上坤,卦辞的大意是光明隐入地中,象征光明的陨伤。譬如内含文明美德、外呈柔顺情态,以此蒙受巨大的患难,周文王就是用这种方法渡过危难。"明夷"所描述的情景与王阳明的处境非常吻合,王阳明当时正蒙受巨大的灾难,生命受到威胁,卦辞中提出的渡过困境的方法是内涵文明美德,外呈柔顺情态,周文王通过这样的方式渡过难关。这为身处困境中的王阳明指明了道路,他最终决定放弃隐遁的想法,前往贵州龙场赴任,于是才有了后来意义非凡的重大转折——龙场悟道。

到底是孝心还是卜卦改变了王阳明的选择,让他放弃了隐遁而选择去在当时来说属于"蛮夷之地"的贵州龙场赴任呢?文献中只记载了王阳明在听了道士的劝说之后决定放弃隐遁,至于王阳明在道士提醒他的远遁会给亲人招来祸患后的心理变化,文献中并未记载。对于这个问题,我们无法得出十分确定的答案,只能依靠推测。这位道家异人以孝来劝说王阳明放弃远遁,是十分耐人寻味的事情。原因可能是他在交谈中对王阳明有所了解,知道王阳明对亲人的感情极为深厚,所以他才从孝这个角度提点王阳明。从《年谱》中记载的其他事迹中可以看出,王阳明是个爱亲人胜过爱自己的人。

在上任途中，望着贵州崎岖的山路，王阳明触景生情，赋《七盘诗》。末尾写道："投簪实有居夷志，垂白难承菽水欢。"意即他虽如孔子般有居夷之志，但顾念年迈的父亲无法承受贫寒的生活，所以无法实现。在龙场，王阳明时时挂念亲人。据《皇明大儒王阳明出身靖乱录》中记载，他曾收到过家书，心中涌起思乡之情，也为不能在父亲膝下侍奉而备感内疚，写下了《采蕨》一诗："采蕨西山下，扳援陟崔嵬。游子望乡国，泪下心如摧。浮云塞长空，颓阳不可回。南归断舟楫，北望多风埃。已矣供子职，勿更贻亲哀！"

正德十五年（1520），明廷命王阳明平定"宁藩之乱"。在征途中，他收到了祖母去世和父亲重病的消息。于是，他四请回乡归葬。明廷许诺，等到"贼平之日"，他就可以回家省亲。后来又收到父亲病危的消息，他不顾王命欲"弃职逃归"，身边无一人赞成，直到收到父亲转危为安的消息才放弃这个念头。得知亲人病重，王阳明心中只有一念孝亲，将"王命"、社稷和个人安危抛诸脑后。由此可见，他对亲人的爱超越一切。

门人评价王阳明欲"弃职逃归"的想法为"著相"。"著相"是佛教术语，"相"指事物在人心中形成的意识或者概念，包括声、色、欲相。佛教持"万法皆空"的本体观，认为世间诸相皆为虚妄，世俗之人却执着于虚妄之"相"，所以有"著相"之病。只有破执、扫相，才能见得如来。

王阳明认为"著相"是执着于私欲而违背天理。他批评佛教逃避人伦是"著相",肯定儒家重视人伦是遵循天理。"佛氏不著相,其实著了相。吾儒著相,其实不著相。"[1]另一方面,情作为理的发用有其中和之处,过与不及均是从于私欲而违背天理,王阳明如是教育弟子。正德九年(1514),弟子陆澄接到家信,言儿病危,遂忧闷不堪。王阳明认为此时正是学问"用功"之时。父子之爱虽是人间至情,但也有中和之处。儒家追求哀而不伤,"哀毁至死""一向忧苦"便是过于中和,违背天理。因此,王阳明在父亲病危时欲"弃职逃归"的想法过于中和、违背天理。

　　经过门人的提醒,王阳明意识到"弃职逃归"的想法属于自己先前所定义的"著相"。对于这个问题,他思忖良久,说:"此相安能不著?"在当时的情况下,他无法不产生"弃职而归"的想法。父子之情是最深厚的感情、超越一切。所以,王阳明"弃职逃归"的想法看似"著相",实则不"著相",是"生生不容己"的天理。在孝亲经验中,王阳明对爱亲之情有了更为深刻的认识,也因此更新了对于哲学问题的看法,完善其心学体系。王阳明已经将孝亲提升到了至高的位置,可以说是人伦之首。所以当道士提醒他选择远遁可能会给父亲招来杀身之祸之时,他远遁的想法已经动摇,只是后来的卜卦更加坚定了他的想法,他决心置生死于度外,前往贵州龙场。

　　十七岁时亭前格竹的故事说明王阳明彼时对朱子的格物思想有误解,他以为格竹是静坐在亭中,

[1]《王阳明全集》,第108页。

望着竹子沉思，以为如此便可以思考出竹子的道理出来。后来他修正了对朱子格物致知的认识，并且按照朱子的格物之法循序渐进，苦读深思，虽然在知识上有所长进，但仍没有解决成圣问题。王阳明认为圣人是道德完满的人，与才能没有什么关系。他将圣人比作精金，将圣人的才能比作精金的分量，精金的分量不同，圣人的才能不同，尧、舜犹如万镒精金[1]，文王、孔子犹如九千镒精金，禹、汤、武王犹如七八千镒精金，伯夷、伊尹犹四五千镒精金。精金之所以为精金不在于分量而在于成色，圣人之所以为圣人不在于才能，而在于心中全是天理而没有人欲。尧、舜、文王、孔子、禹、汤、武王虽然才能有别，但他们都是圣人，因为他们的心中只有天理，没有私欲。所以成为圣人就是成为一个心中只有天理、没有私欲的人。普通人心中都有私欲，要想成为圣人就要除去私欲，就要修身养性。王阳明通过朱子的格物致知的方法增加了知识，但没有实现除掉私欲的目的，没有找到知识积累与修身养性之间的直接关联，反而发现与外物接触可能会滋生人欲。他又一次放弃了朱子的学说，与上次不同，这次他已经认识到通过朱子的格物致知思想无法实现他的成圣目标的根本原因。问题明确之后，他不再沿袭他人的思路，而是独立解决问题，开始探索出一条属于自己的成圣之路，最终于龙场悟道。《王阳明年谱》中描述了龙场悟道的情形，夜半时分，他忽然领悟了格物致知的宗旨，半睡半醒中好像听到有人在说话，不自觉欢呼雀跃，随从都被惊醒了。

---

[1] 古代重量单位，合二十两。

他开始领悟到人性中本来就有圣人之道，而且是圆满具足的，之前到外面去寻找圣人之道的方法是错误的。圣人之道在心中，求道要到心中去求。龙场悟道是王阳明成圣之路的重大转折，此后他开始沿着悟道思想建构和完善心学体系。王阳明在龙场提出自己的"良知"思想，又发明了"知行合一"学说，后将两者结合起来构建了良知与致良知的理论体系。晚年，王阳明对圣人境界有了新的认识，认为圣人是万物一体之人。在圣人眼中，天下之人没有内外远近，凡是有血有肉的人都是他的兄弟孩子，他都想帮助他们安全地生活，他都想帮助他们，教育他们，来实现自己的万物一体之心。

　　龙场悟道之后，王阳明有了一种传道的责任感，他在当地创办了龙冈书院。这是王阳明所建的第一所书院，规模虽然不大，却聚集了许多门生，产生了不小的影响。王阳明讲学的主要内容是他的"良知"和"知行合一"思想，这些新思想一开始受到学者们的质疑，他们认为王阳明的思想太过标新立异，且有向佛道靠拢的倾向，在对其学说深入了解之后，这些质疑的声音渐渐消失了。离开贵州之后，王阳明先后在多地为官，也继续讲学，门生弟子渐渐增加，他们常常在秀峰清泉中讨论"第一等事"，有时数百人在月夜环龙潭而坐，歌声震山谷，场面蔚为壮观。王艮是泰州学派的创始人，是王阳明最青睐的弟子之一，他的入门经历颇具传奇色彩。当王阳明在南昌之时，王艮身穿古服，头戴古帽，手执木简，以两首诗为礼物，求见王阳明。王阳明有些惊讶，问他:"你戴的是什么帽子?"王艮回答:"有虞氏的帽子。"又问:"你穿的是什么衣服?"王艮回答:"老莱子的衣服。"接下来两人辩论了很久,王艮叹服,拜王阳明为老师。回家之后,王艮又发现王阳明的学说有与心不相符合的地方,于是第二天又来与王阳明辩论,终于心悦诚服。王阳明也很高兴,对门人说:"自从擒拿朱宸濠之后,我的心一无所动,今天却为这个人动了。"王艮一直追随王阳明左右,后来在王阳明思想的基础上,提出了"百姓日用即道"的新命题,开创了泰州学派,成为王门后学最重要的一支。

海宁人董萝石,年纪已经六十八岁,传说他擅长作诗。他在游览会稽山之时,偶然听到王阳明讲学,非常喜欢,于是带着他的诗文拜访王阳明。王阳明见他举止不俗,与他交谈了很长时间。董萝石对王阳明深深拜服,年逾古稀却执意拜王阳明为师,与王阳明悠游于山水之间,每天都有新的见解,乐不思蜀。他家乡的人纷纷劝他回家:"你年龄这么大了,何苦要这么折腾自己?"董回答说:"我才脱离苦海,怜悯你们自找苦吃,你们反倒以我为苦。"他自号"从吾道人",继续追随王阳明。王阳明还有个弟子叫黄梦星,家住在距离浙江几千里的潮州,每年有几个月向王阳明学习,然后回家探望父亲,一两个月后再回来学习。王阳明劝他:"你已经了解了我的学说,在家侍奉亲人就可以了,不必在浙江和潮州之间来回奔走。"黄说:"这是父亲的心愿。父亲非常喜爱您的学说,最大的心愿就是希望儿子跟您学习。弟子每次回家,想要留下奉养父亲三个月,父亲不允许,两个月也不允许。到家还不到十天,父亲已经将归程的钱和粮食准备好,催弟子上路。父亲说,只要弟子能跟着先生学习,他每天吃粥饮水,死后葬身沟壑,也没有不满足的地方。"由这三个小故事可以看出王阳明学说的感染力。

王阳明的一生并非在宁静的书斋中度过的,而是身处险恶的仕途。他的政治经历既催化、检验、完善了他的思想,也为他提供了宣传思想的舞台。在他任职庐陵知县期间,当地流行病疫,百姓害怕传染,甚至骨肉之间都不会相互照料,很多患病的人不是病死而是饿死。面对这种情况,王阳明深感痛心,写告示劝谕全县父老重视孝道,顾念骨肉亲情,言辞恳切,让人不能不为之所动。王阳明还特别重视儿童教育,主张以孝悌忠信、礼义廉耻等伦理道德引导儿童,但要考虑到儿童的心性特点和接受能力,以引导为主,循循善诱,不能强制灌输。正德末年,王阳明平定了宁藩之乱,解决了朝廷的心腹大患,这是他事功生涯的巅峰。在王阳明生命的最后一年,他还被明廷派遣去平定广西的叛乱,他根据少数民族的特点,制定了以安抚为主的策略,顺利平定了叛乱。当时有人称赞他的功绩堪比舜。舜是完美人格的象征,将王阳明与舜并提,可以看成他成圣的一个隐喻。

(二)良知见父知孝

"良知"一词不是王阳明的独创,它首先由孟子提出。孟子说:"人之所不学而能者,其良能也。所不虑而知者,其良知也。

孩提之童，无不知爱其亲者；及其长也，无不知敬其兄也。亲亲，仁也。敬长，义也。无他，达之天下也。"(《孟子·尽心上》)孟子认为，良知不通过学习和思考就可以获得，是人天生就有的，遇到事情就会自然发出来。小孩子没有不知道爱自己的父母的，等到长大了没有不知道尊敬哥哥的，都是因为心中有良知存在。爱父母就是仁，尊敬兄长就是义，仅仁和义就可以通达天下。王阳明吸取了孟子的"良知"思想，并赋予了"良知"更为深刻、丰富的内涵。任何一个伟大的思想家，都有自己的核心概念，良知就是王阳明思想的核心概念。王阳明以"良知"概念为核心，构建并完善了他的心学体系，成为心学的集大成者。

良知是人的善心。人见了父母知道孝顺，见了长辈知道有礼貌，见了老师知道尊敬，与同学相处知道友爱，与朋友相处知道守信，见到乞丐心生怜悯，见到流浪猫流浪狗就会充满爱心……这些都是善，都是良知自然发出来的，没有外力的推动，是人的本能，是人区别于动物的根本属性。人人都具备完满的良知，古人和今人的良知没有区别，圣人和凡人的良知也没有区别。那么圣人和普通人的区别在哪里呢？在于圣人的良知没有被私欲所遮蔽，而普通人的心中多多少少有私欲存在，遮蔽了良知。良知就好比太阳，私欲就好比乌云，乌云可以遮挡太阳，但是不能够改变太阳。同理，私欲可以遮蔽良知，却不能改变良知。圣人的良知和平常人的良知是一样的。良知是人的至善本心，当我们在大街上看到一位老人跌倒了，心中就会怜悯老人，就会有去扶起老人的冲动。之所以会有这样的反应，就是因为有良知存在。再如，突然看到一个孩子将要掉到井里，我们就会感到惊恐，会去怜悯这个孩子，不自觉地想要冲过去救这个孩子。我们之所以这样做，不是因为我们和孩子的父母认识，也不是为了获得邻里的赞美，更不是厌恶孩子的哭声，原因在于人有良知存在，这些都是良知在这个场景中的自然反应。无论是圣人还是普通人，第一反应都是去救孩子，都是去扶起跌倒的老人。圣人遇到此情此景，一定会遵从良知的指引，扶起老人；而普通人难免有私心杂念。尤其是现在，常常有新闻报道被扶老人和家属讹诈扶起老人的人，大家难免有所顾虑，担心被讹诈，为了避免麻烦，很多人最终选择不去扶老人，这就是私欲对良知的遮蔽。圣人无论什么时候都按照良知所知去做，不让私欲蒙蔽良知；而普通人的良知常常受到私欲的遮蔽，这就是圣人和普通人的区别。

　　圣人是指道德完满的人。因为人人心中都有完满的良知，良知是成圣的种子，所以人人都具备成圣的可能性，都是潜在的圣人。有一天，弟子王艮出游回来，王阳明问他都见到了什么，王艮回答："我看到满街都是圣人。"王阳明说："你看到满街都是圣人，满街人看你也是圣人。"又有一次，弟子董萝石出游归来，看到王阳明说："今天看到一件奇怪的事。"王阳明问："哪里奇怪？"董回答："我看到满街人都是圣人。"王阳明说："这就是常事，没有什么好奇怪的。""满街都是圣人"并非说满街都是现实中的圣人，而是满街人都有良知，是潜在的圣人。"满街人"与真正的圣人之间还是有很大差距的,真正的圣人心中全是天理,"满街人"常常有私欲出现。要想成为真正的圣人,要时时反省自身,曾子说:"吾日三省吾身。"反省到自己有做得不对的地方要及时改正,只要坚持不懈地努力,心中的私欲会愈来愈少,最终达到全是天理而没有私欲的境界,那就是圣人境界。

良知存在于每个人身上,对于一个人来说,从生到死,良知都没有离开过。人有时有恶念存在,不是良知消失了,只是被私欲遮蔽了。良知好比太阳,私欲好比乌云,乌云有时会遮蔽太阳,但是我们知道太阳仍旧在那里,没有消失。等到乌云散了,太阳就会重新出现在我们的视野中。只要人一觉悟到良知,私欲就会立马消失。王阳明曾经举过一个例子,他说良知好比主人翁,私欲好比豪奴悍婢,主人翁生病在床,奴婢就敢作威作福,家中就不会太平。主人翁渐渐痊愈,开始管理奴婢,他们就会有所收敛。等到主人翁身体恢复健康,着力管理家中事务,奴婢自然会听从指挥。主人翁和奴婢的力量是此消彼长的关系,良知与私欲也是如此。良知被遮蔽,则私欲横行;良知一出现,私欲便消散。无论是白天还是夜晚,良知都存在,只是白天良知比较活跃,晚上比较收敛,良知与天地万物的作息是一致的。人在睡觉的时候良知只是收敛了,并没有消失,只要受到刺激就会立马苏醒。

良知具有判断是非善恶的能力,当心中一个念头发出来,良知立马能够分出这个念头是善还是恶。这是一种绝对的能力,人的一切想法都逃不过良知的"法眼",都要经过良知的审判。良知就好像一面镜子，一切事物在镜子面前都会显现出本来面目。良知辨别善恶依靠的是直觉，不需要思考和学习，而且当下就能够判断。在这一点上，约翰·洛克持相似意见，他说："良心只不过是我们自己对于自己行为的正当或邪恶的意见或判断。"[1]

良知是意义世界的构建者。王阳明常说良知是造化的精灵，可以生天生地、成鬼成帝。

这句话若从字面意思把握，有些让人摸不着头脑。良知是人的精神，人的精神不可能直接生出物质，而且先有人才有人的精神，在人出现以前，天地万物早就已经存在了。王阳明的弟子也有这样的困惑："天地鬼神万物，一直都在那里，为什么没有我的良知，一切就都没有了呢？"王阳明回答："你看那些死去的人，他们的良知游散了，他们的天地万物在哪里呢？"问的人说，不管有没有良知，天地万物都在那里。答的人说，如果一个人没有了良知，他的天地万物在哪里呢？问答双方显然谈论的不是一个天地万物，或者说他们不是在一个视域中谈论天地万物。问者指的是本然世界中的天地万物，答者指的是意义世界中的天地万物，这两个视域中的天地万物是不同的。本然世界中的天地万物是自在的，独立的，不依赖于他者而存在；意义世界中的天地万物则依赖于良知而存在，而且每个人的天地万物都依赖自身的良知而存在，都是不同的。良知是如何构建意义世界的呢？王阳明认为良知是时时感通的，良知与物感通，使得两者融为一体，物

[1] 洛克：《人类理解论》，关文运译，商务印书馆2012年版，第33页。

的意义就通过良知显现出来,物就处于意义世界中了。王阳明和友人在南镇游览,友人指着岩中花树问王阳明:"您说天下没有心外之物,你看那岩中花树在深山中自开自落,和我的心有什么关系呢?"王阳明说:"你未看此花之时,此花与你同归于寂。你来看此花的时候,此花的颜色一下子明白起来,由此可知此花不在你的心外。"[1]在没有看花之时,人和花处于互不影响的状态,也就是王阳明所说的"寂",人来看花的时候,花的颜色通过人的良知显现出来,花就存在于意义世界中了,花的颜色就是花对于人存在的意义。王阳明还说:"我的灵明,便是天地鬼神的主宰。天没有我的灵明,谁去仰他高?地没有我的灵明,谁去俯他深?鬼神没有我的灵明,谁去辩他的吉凶灾祥?天地鬼神万物离却了我的灵明,便没有天地鬼神万物了。"他说的"灵明"就是良知,自在的天地无所谓高和深,高和深是天地对于人的意义。通过良知,天、地对于人的意义才显现出来。对于人而言,天地代表着高和深的意义而存在。

王阳明的学问被称为心学,心学也属于宋明理学的范围。王阳明认为事物都有一个当然的道理,就像父母对子女要慈爱,臣子要忠于君主,学生要尊敬老师,朋友之间要守信。子女对父母也有一个当然的道理,那就是孝。孝是关爱和尊敬父母的意思。

那么孝从何处来呢?王阳明认为孝不在父母身上,而在人的心中。人心中的孝从哪里来呢?王阳明认为是天赋予人的。天理在人的心中为良知,良知见

---

[1]《王阳明全集》,第136页。

到亲人就生出孝心。当然这个"见"字指的并不仅仅是见到父母真人，还包括想到父母，人在想到父母的时候也会产生孝心。人按照孝心实落去做，没有丝毫不尽心之处，就是格物。通过格物，良知被推到事物上，事物获得了它的道理，侍奉亲人这件事获得了它的道理。再举一个具体的例子，我们看到妈妈忙碌的身影，就会想着去帮助妈妈分担家务，于是我们去做家务。等到家务做完了，与妈妈相处这件事情获得了它的道理——孝。

王阳明吸取了周易中"生生"的思想，赋予良知"生生"的品格。良知不是静止的，而是生生不息的，所以王阳明的良知能够生天生地生鬼神，生出万事万物的道理，甚至生出了一个意义的世界。但是良知的"生生"是有条件的，它以心物的感通为前提。《周易》中的"生生"也是以感通为前提，泰卦的卦象是天在下，地在上，天气有上升的趋势，地气有下降的趋势，天地相交，相感而通，所以万物生生不息，所以泰卦象征着大吉大利。而否卦则相反，否卦中的卦象是天在上位，地在下位，天地在它们本来的位置上，天气不会下沉，地气不会上升，天地之气不会相遇，更不会感通，没有感通则万物不生，所以否卦象征着不顺利。心与天相感通生出了天对于人的意义，那就是高；良知与地相感通生出了地对于人的意义，那就是深；良知与岩中花树相感通生出了岩中花树对人的意义，那就是美丽的颜色；良知与父母亲相感通就生出了父母亲对人的意义，也就是侍奉父母亲的道理，那就是孝。有时候我们见到父母、想到父母并没有生出孝心,也有很多人会怨恨父母,甚至会辱骂、殴打父母,是因为私欲阻碍了良知与亲人的感通,不能感通就不能生出孝。

(三) 知行合一才是真孝

"知行合一"是王阳明思想体系中的一个重要命题。王阳明于龙场悟道后一年提出了"知行合一"的思想,将其与良知结合起来,构建了"致良知"的心学体系。"知行合一"的"知"指的是良知,"行"指的是对良知的践履。在王阳明看来,只有良知才是"真知行"。王阳明"知行合一"的思想具有较为丰富的内涵。

首先,知与行是互相依存、不可分割的关系。真知必然会去行,不行就不是真知。知了才能去行,不知就去行只是冥行。所以,知与行是相互依存的关系,没有知就没有行,没有行也没有知。王阳明的弟子徐爱对知行合一的思想比较疑惑,他向王阳明发问:"我看到身边很多人明明知道父母应该孝顺,兄长应该尊敬,却没有去做孝顺父母、尊敬兄长的事情,知和行明明是两件事。"王阳明回答:"如果一个人知道去孝敬父母,但是没有那样去做,只是嘴上说说,我们能说这个人真的知道孝敬父母吗?可见不去行孝,就不能叫知孝。"王阳明认为只有良知是真知,在书本上学习的孝的礼节并不是真知,依据这些礼节按部就班地去做,没有孝心参与其中,就好像舞台上扮演孝子,是在演戏,也就是王阳明所说的"冥行"。王阳明并非否定礼节规范的存在意义,他只是反对在没有孝心参与的情况下对礼节的实践。所以我们去孝敬父母必须带着一颗真诚的孝心，没有孝心的孝行不是真的孝行。所以孝是知行合一的。

王阳明认为知和行的本来面目就是合一的，并不是他为了标新立异随意杜撰出来的。当时的学者将知行分成两件事，造成了严重的弊病。为了补偏救弊，他才提出"知行合一"的思想。朱熹提出了"知先行后"的知行观，他说论先后，知在先，行在后；论轻重，知为轻，行为重。在明代，朱熹思想具有权威地位，学者们纷纷以朱熹的知行观作为指导思想。他们先通过学、问、思、辨的方式获取知识，然后在知识的指导下去行动。而王阳明认为通过学、问、思、辨获取的知识并不是真知，获取真知必须依靠行，不行没法获取真知。如果等到获取了真知再去行，那就会造成终身不行的问题，终身不行也就等于终身不知。王阳明看到了当时的学者忽视行、割裂知行之间必然的联系造成的严重弊端，所以才提出知行合一，他将知行合一比喻为治病的良药，希望能够拯救时弊。

王阳明认为知行并非只在逻辑上是合一的，在致良知的功夫过程中也是合一的。王阳明的知与行是动态发展的过程，均贯穿于致良知的过程的始终。王阳明在龙场悟道后一年提出"知行合一"思想，这一思想与其格物致知的思想是融为一体的。良知是知，格物是在良知的指引下实落去做，就是行，致良知的过程就是知行合一的过程。首先，知是行之始，行是知之成。王阳明的知主要指良知，良知实际上是动力之知，蕴含着走向行的趋势，可以被称为动机，王阳明将动机视为行动的开始。人有一念孝亲发出，不仅仅是知，还是行的开始。所以在致良知过程的开端，知行是合一共在的。格物是致知的途径，通过格物，事物获得了他们的理，良知得以扩充，致良知完成，所以说行是知之成。在致良知这个过程的结尾，知与行仍然是合一并在的。其次，知是行的主意，行是知的功夫。良知指导着格物，格物在良知的指导下实落去行。格物是致知功夫，致知是格物的目的，通过格物，良知得以推扩。在致良知的过程中，知行是合一并进的。所以，无论在致良知开头、结尾还是过程中，知行都是合一的。在逻辑上来讲，知行是互相依存的整体；在时间上来讲，在致良知的任何一个时间节点上，知与行都是共在的关系。需要注意的是，知与行是合一的关系，而不是同一的关系。虽然知与行合成一个整体，但是两者还有各自的特质。知是这个整体中"明觉精察"的一个侧面，行是这个整体中"真切笃实"的侧面。从王阳明的知行观中可以看出，他倾向于从联系的角度来看待知行关系，实际上知行之间必然存在一个时间差，我们必须先知道要孝敬父母，然后才能去做孝敬父母的事情，但是王阳明从联系的角度将知视为行的开始，纳入行的范畴中，弥合了这个时间差。王阳明不仅从联系的角度看待知行关系，也从联系的角度看待一切，他将身、心、意、知、物看成一个有机整体，所以学者方东美将王阳明的哲学概括为"机体主义哲学"。

王阳明明确指出"知行合一"的立言宗旨。他说，现在学者做学问，因为将知和行看成两件事，心中有不善的念头发出来，以为还没有去行，就不去理会。他提出知行合一就是为了告诉大家，心中有一个念头发出来，就已经是行了。如果这个念头是不善的，就要赶紧把这个念头彻底去除，不能让一丝不善的念头在心中留存。王阳明的这番话引起了很多学者的质疑，他们认为王阳明有模糊知行界限的嫌疑，并且由此引发其他的问题：把不善的念头视为不善的行为，将其彻底去除，有助于避免不善的动机转化为不善的行为，这是王阳明将知看作行的积极意义。但是从善的方面来讲，如果将善的念头看成善行，善的念头发出就已经是行善了，那就取消了去做善事的必要性。这样善只停留在观念层次，显然是不够的，善念必须转化为善行才是道德教化的目的所在。因此，他们认为王阳明将知视为行的观点是不恰当的。细究王阳明的思想，我们发现他将知视为行的观点是恰当的，并没有模糊知与行的界限。上文已经提到，王阳明从联系的角度将知视为行之始，所以说心中有恶念发出就已经是行之始了，属于行的范围，应该将其彻底根除。因为恶念是动机，具有走向恶行的冲动。若不将恶念根除，就有恶行发生的隐患，产生坏的影响。同样，心中有善念发出，已经是行之始了，但是行是一个动态发展的过程，有行之始就有行之成，善念虽然是行之始，但还不是行之成，做了善事之后，才是行之成。所以，王阳明的知行合一思想并没有模糊知与行的界限，也没有导致善停留在观念层面。

他对知行的界定既是清晰的,也是圆融的。王阳明知行合一思想启示我们,当心中有不孝的念头存在的时候,不要以为只是一个念头,没有真正去做不孝的事情,就不去制止。不孝的念头不会自动消失,不处理的话还会时不时出现,现在不做不孝的事,不保证将来不会做。不彻底根除不孝的念头,隐患就会一直存在。相反,我们心中孝的念头发出,就一定要去做孝敬父母的事情,不能使孝的念头仅停留在观念层面。

天赋予人的不仅是理,还有气。人获得理形成了人性,获得气质作为形体。人性是相同的,气质却因人而异。根据气质,王阳明将人分为圣人、贤人和学者。圣人禀受的气比较清,气清的人私欲少。圣人生来就知道要去孝敬父母,且没有私欲的阻碍,知道孝敬父母就去孝敬父母,这就是生知安行。贤人禀受的气比圣人浊一点,但是私欲也不多。心中一有私欲出现,贤人能够马上察觉到,并立即将其除掉,知孝最终也会去行孝。圣人和贤人都是很少的,绝大多数人都属于学者。学者禀受的气质比较浑浊,私欲也最多,虽然知道要去孝敬父母,但是又被私欲所阻挡,不能去孝敬父母。学者需要克去私欲,而且需要"人一几百,人十几千"的力气去克除私欲。所以尽孝并非一蹴而就,需要付出巨大的努力。

(四)学孝之要:孝心为本,孝礼为末

王阳明认为良知是孝的来源,孝是良知的表现,尽孝只需要在心上保存天理，克去人欲就可以了。他的弟子徐爱就此发问："听到先生这么说，我已经觉得有所醒悟了，但是尚且没有脱离旧说的束缚。就比如侍奉父亲这件事，中间有许多'温凊定省'之类的仪节，难道不需要追求吗？"徐爱早年受朱熹学说的影响，后来才拜王阳明为师，学习心学。"温凊定省"出自《礼记·曲礼》："凡为人子之礼，冬温而夏凊，昏定而朝省。"意思是冬天要设法为父母保暖，夏天要设法让父母清爽，晚上要服侍父母就寝，早上要省视问安，代指为人子女要遵守的日常礼节。在徐爱固有的观点中，学孝需要学习这些礼节，学习这些礼节的方法是学、问、思、辨，而并非单纯在心上下功夫，所以他才发此疑问。王阳明回答："怎么会不讲求呢？只是有个头脑，只是通过在心上存天理、去人欲的方式讲求。就如同讲求冬温，也只是要尽此心之孝，不能有丝毫人欲掺杂其中；讲求夏凊，也只要尽此心之孝，不能有丝毫人欲掺杂其中。都是在心上讲求。"王阳明认为学孝需要追求孝礼，只是他不同意朱学追求孝礼的方法，他认为追求孝礼最主要的方法是从心上"存天理、灭人欲"。他提出如此别具一格的工夫论，正是基于他对于孝心与孝礼关系的重新阐述。

在王阳明的思想中，孝心与孝礼是本与末、源和流的关系，孝心为本、源，孝礼为末、流。王阳明认为，子女有一个真诚孝顺的心，冬天自然会考虑父母是不是寒冷，就会想办法让父母觉得温暖；夏天自然会考虑父母是不是觉得热，就会去想办法让父母凉爽。王阳明将孝心比作树的根部，将孝礼比作枝叶。树的根会慢慢发干，自然长成枝叶，要想使得枝叶茂盛，在枝叶上下功夫是没有用处的，而应该去滋养树的根本。追求孝礼和追求枝叶茂盛是一样的，与其专门在孝礼上下功夫，不如去培养孝心。

为什么孝心可以生出礼呢？一方面，先人制定礼的目的是为了表达孝。孝和礼是在中国伦理史上较早出现的两个德目，而且他们是在祭祀活动中相伴而生的。孝的原始含义不是孝顺父母，而是追念先祖。追念先祖要通过祭祀活动来实现，祭祀活动实际上是对祭礼的执行。也就是说，孝是通过祭礼来表达的，祭礼制定的目的就是为了追念祖先，表达对祖先的孝。

另一方面，丧礼、祭礼等孝道礼仪是从人的孝亲情感中产生的。《礼记》中说丧礼不从天降，不从地出，而是从人的孝亲之情产生的。孝本之于天性，萌发于人心，礼是指导人行孝的具体实践原则和规范，是孝的具体外化，在历史发展中形成了固定的条文，成为人们必须遵循的权威。圣人依照人对亲人的爱制定了礼，人对亲人的爱就是真诚的孝心。换句话说，圣人依照孝心制定了礼。

王阳明认为当时通用的孝的礼节是沿用的古礼，古礼是圣人制定的，圣人在制定礼节的时候依据的是人情。这个人情不是哪个人的感情，而是人们共同的感情。人情是普遍的，天下所有的人情都是一致的，古人的人情和今人的人情也没有什么区别。我们都喜欢善良的人，讨厌凶恶的人，亲人去世会悲伤，被别人嘲笑会恼怒。这个人情指的是良知，良知是人的本心，通过情感表现出来。上文已经提到良知具有普遍性，不管圣人还是普通人，良知都是相同的，古人的良知和今人的良知也没有差别，作为良知表现的感情自然也是相同的。感情不是来源于私欲就是来源于良知，人的私欲是千差万别的，由私欲引发的感情也是千差万别的。因此，普遍的人情是良知发出的感情，是良知的表现，也可以称为良知。圣人依据良知制定古礼，良知是古礼的依据，古礼是良知的表现，可以将良知与古礼的关系归纳为本与末的关系，良知为本，古礼为末。儒家的学问是立本的学问，重视栽培根本，根本稳固了枝叶自然会长出来，自然会开花结果。假如不培植根本，只从枝叶上下功夫，很可能收效甚微。所以王阳明认为不应该采用学、问、思、辨的方式去学习孝礼，这样就是舍本逐末。而且按照学、问、思、辨的方式所获的孝礼去一板一眼地做，就好像舞台上扮演孝子一样，是虚假而无意义的。子女按照这样的方式去行孝，父母也会感觉得到，也不会真正高兴。所以王阳明认为正确的做法是致良知，按照良知去做，言行举止都是良知的表现，自然都是合乎礼节的。良知是一颗真诚的孝心，有孝心在，冬天会想到父母冷，自然会设法为父母保暖，夏天自然会想到父母会热，就会去设法为父母降温。有孝心在，子女自然关心父母，早上到父母跟前问安，晚上服侍父母就寝。"二十四孝"中黄香的故事就说明了这个道理，黄香年纪小，未必知道侍奉父母的日常礼节，他只是按照自己的内心去做，就成就了一段佳话。冬天晚上，黄香刻苦读书，感到特别冷，捧着书卷的手越来越凉。这时他突然想起了父亲,父亲一定也会觉得冷。一想到父亲白天劳动一整天,晚上还因为太冷睡不好觉,黄香就坐不住了,赶紧跑到父亲的床上用身体给父亲暖被窝,等父亲睡觉的时候,被窝总是暖暖的。对于父亲来说,比被窝更温暖的是内心,父亲便安心地睡了。夏天黄香家的房子低矮闷热,蚊虫也多。当大家在院子里乘凉的时候,黄香拿着扇子一下一下给父亲扇凉席子,扇走蚊帐里的蚊虫,那么父亲夏天也能天天睡好觉了。黄香是江夏人(今湖北武汉),也就是现在的湖北武汉,但是他的名声已经传到了京师,号称"天下无双,江夏黄香"。黄香的事迹证明了王阳明的观点,人只要按照孝心去做,不受私欲的干扰,言行举止自然是符合孝礼的。

王阳明虽然说古人的良知与今人的良知一致,那么古礼也适用于今日,但是他也指出今天我们在按照一些古礼去做的时候,心里会有不安。心安是一种心理状态,人只有在按照良知实落去做的时候才会心安,按照私欲去行动,人心肯定是不安的。按照古礼去做的时候心里不安,则说明古礼已经不符合今人的良知。王阳明认为这不是因为今人与古人的良知不同,而是风俗产生了变化,或者说是古礼在流传的过程中出现了错误、残缺的现象。今天我们处在现代社会中,与传统社会相比,风俗已经发生了巨大的改变,绝大多数的古礼已经不适用于现代社会。对此问题,王阳明的处理方式秉持了他的一贯立场:不能泥古而违背良知,应遵循良知的指引,对礼节进行修改。王阳明注重权变,认为前人制定礼的目的就是为了表达孝心，人们在遵行某些古礼的时候心有不安说明了这些礼节已经丧失了表达孝心的目的。他认为应该对礼节加以适当修改，使礼节既符合时代的风俗，又能够表达孝心。当礼节已经不适用于当今社会时，如果还在墨守成规，就成了为礼节而礼节，失去了礼节存在的意义。而且夏商周三代的礼节都是不断变化的，《论语》中记载孔子说：商朝继承了夏朝的礼仪制度，增加和减少的内容是可以知道的；周朝继承了商朝的礼仪制度，增加和减少也是可以知道的；将来有继承周朝礼仪制度的，哪怕是一百年之后的事情，也是可以知道的。由此可知，三代既沿袭了前代的制度，也有所增加和减少。

周武王不葬而兴师，舜不告而娶，皆是违背古礼的行为，但是他们却被后世奉为"大孝子"，原因在于在他们当时身处的境遇中，礼节与良知是脱节的，选择遵循礼节则会违背孝心。他们最终选择了遵从孝心，虽未遵循礼节的规定，却遵守了孝的本质，如此才真正懂得遵循礼的意义何在，他们才是真孝子。所以身处现代社会的我们，不必去遵守那些过时的礼节，重要的是有一颗孝敬父母的诚心，去做关心和尊敬父母的事情。没必要早起问安，晚上铺床，但是要做到多问候父母，多关心陪伴父母。见到父母也没必要像过去那样行礼作揖，而尊敬父母的姿态却不能少。

（五）孝是仁的萌芽

在王阳明的思想中，仁、义、礼、智是天赋予人的人性，是人区别于动物的根本属性，人生来就有。早在战国时期，孟子就已经提出人生来就有恻隐之心、羞恶之心、辞让之心和是非之心，这些都是仁、义、礼、智的萌芽。所以，每个人生来都具有仁的品质。

仁是人性，是看不见摸不着的，用一个比较专业的词汇来说，仁是形而上的。仁表现为爱，对天地万物普遍的爱。我们对亲人的爱是显而易见的，不用多说。不仅仅是亲人，我们对陌生人也是爱的，只是这个爱平时没有表现出来，但是当他们处于危险或者困难的情况下，我们就会情不自禁地想要帮助他们。《孟子》中记载的孺子入井的故事就是典型的例子，我们看到老人跌倒了就有上前扶起他们的冲动。2016年9月，叙利亚发生了一件让世界人们无比难过的事情。叙利亚3岁男孩艾兰及其家人为了躲避战乱，想要偷渡到西欧国家，却不幸发生了沉船事件，一家四口只有父亲活了下来，艾兰的尸体被冲到了土耳其的海滩上。幼小的艾兰穿着红色上衣，黑色短裤，蜷缩着躺在沙滩上，平静得好像睡着了一样。记者拍到了这一幕，把照片发到了网上，全世界都感到了震惊和心痛。照片在网络上迅速传播，被称为难民危机爆发以来"最揪心的画面"。看到艾兰的照片，人们的心情是一致的，都痛心不已，原因在于人性中有仁存在。

人对天地万物都是爱的，这是仁的普遍性原则。除了普遍性的特点之外，仁还有与之兼容的差等性特点存在。仁的差等性特点首先表现为仁在生发上有先后的区别，仁先发出孝，然后是仁民,最后是爱物。人在很小的时候就已经知道爱父母,等到长大之后知道爱兄弟姐妹,然后知道爱亲戚朋友,再然后知道爱陌生人,最后是山川草木。王阳明认为仁的生发是一个渐渐的过程,渐渐的过程必然有个萌芽的地方,有个萌芽的地方才能够生生不息,孝就是仁萌芽的地方。王阳明擅长使用譬喻的表达方法来说明问题,他用草木的生发是个渐渐的过程来说明仁的生发也是一个渐渐的过程。因为仁对我们而言是看不见摸不着的,仁的生发对我们来说也是抽象晦涩的,直接讲述仁的生发不容易使人理解。草木的生发对人们来说是最熟悉不过的事情,我们每天都会看到草木,都能感受到它们的生长和衰败。草木的生发是个渐渐的过程,仁的生发也是如此,两者在渐进性这一点上是共通的,所以可以使用譬喻的方法。

　　草木要先抽芽,然后才能长出树干,生出树干才能够生枝生叶,然后才能开花结果,如此生生不息、循环不止。这个顺序是不可能颠倒的,不可能先开花后发芽。仁的生发与草木的生发是一致的,有先有后,而且先后次序不能颠倒。不爱父母爱别人,不敬兄长敬别人,是不合理的。芽是树木生意发端的地方,如果没有抽芽,树木就无法生出树干、长出枝叶。孝就是树芽,是仁的生意发端的地方。仁先生发为孝,然后依次是仁民、爱物。墨子主张爱无差等,主张对天下人的爱都是和对父母的爱是一样的,王阳明认为这样的爱没有发端的地方,就不会生生不息,所以墨子的学说完全是不现实的,没有活力的。

孝不仅仅是仁的萌芽，而且禀受的仁爱最为丰厚，换句话说，人对父母的爱最为真诚深厚。仁的差等性除了表现为仁有先发和后发的区别，还表现为仁的不同生发禀受的仁爱有厚薄的差异，按照仁生发的先后顺序，所禀受的仁爱逐渐变薄，爱的情感强度逐渐降低。人对自己至亲的感情最为深厚，然后依次为路人、禽兽、草木、瓦石……仁人将天地万物看成自己身体的一部分，把天下人都看作自己的兄弟姐妹，仁人想保护天下人就像保护自己的兄弟姐妹一样，想教化天下人就像教化自己的子女一样。万物一体是王阳明所追求的圣人境界。

人虽然对天地万物都是爱的，但是爱有差等。在某些条件受限的情况下，仁的普遍性无法实现，亲亲、仁民、爱物存在冲突而无法兼顾。王阳明提出"优先原则"，即禀受仁爱较厚的优先于较薄的，或者说先发优先于后发。孝被置于最为优先的位置，亲亲优先于仁民，仁民优先于爱物。王阳明同样也从自然现象中寻找依据。比如头部受到攻击之时，人就会用手臂护住头部，不是因为不爱手臂，人的本能就是这样。

再比如，对于禽兽和草木，人都是爱的，却忍心伤害草木去喂养禽兽；人也是爱禽兽的，却忍心宰杀禽兽来孝养父母、供应祭祀、宴请宾客；人对至亲和路人都是爱的，可是当只有一碗饭、一盅汤的时候，谁得到这些就会生存下来，没得到这些就会饿死，人都会选择救至亲而不是路人。这些都不是因为人类残忍，而是自然的道理、天地的化育本来就是这样。仁发用流行的先后次序，爱的情感强弱次序以及"优先原则",都是仁自身的条理,是天理所规定的客观秩序,不为人的私意所改变。墨子"兼爱"的学说是将路人和亲人一样爱,违背了天理的规定,是不现实的。同样,不爱自己的亲人反而去爱路人也违背了仁发用的次序,被王阳明认为违背了道德和礼义。

(六) 尽孝方法——立志与格物

虽然人禀赋了完满的良知,良知见到亲人就知道要孝顺,但是很多时候我们知道孝顺父母,却没有去做,知道尊敬父母,却常常对父母发脾气。小时候我们都知道要去爱父母,很多人长大后这份心意却消失了。我们身边不孝敬父母的例子比比皆是,甚至打骂父母的新闻也层出不穷。所以孝敬父母是一件需要学习的事情,那么如何去学习孝敬父母呢?王阳明已经给了我们答案。

首先要立志做一个孝顺父母的人。王阳明非常重视立志,他认为立志是做学问的头脑。他说,人不立志,天下就没有可成之事,学成百工技艺,无不本于立志。今天的学者荒废学业、懒惰懈怠,一无所成,就是因为没有立志的缘故。立志成为一个圣人,就能够成为一个圣人;立志成为一个贤人,就能够成为一个贤人,不立志就好像是无舵之舟,没有方向地漂泊在海上,就好像是无衔之马,没有方向地狂奔,能有什么成就可言?

立志一定要真诚,不能自欺欺人,一旦立志就要想着一定去实现。立志孝敬父母,就要尽心尽力去孝敬父母,一定不去做不孝敬父母的事情。立志贵专一，不能三心二意，不能今天立一个志向，明天再立一个志向，这样的话人的时间和精力就会被分割。虽然忙忙碌碌，但是人的时间和精力都是有限的，被分割到越多的事情上，每件事情被分配的时间就越少，所以立志越多，越可能一事无成。人要专心致志、集中精力，心不能被周围发生的事情牵着走。王阳明举了《孟子》中记载的弈秋的例子来说明专心致志的重要性。弈秋是全国最擅长下棋的人，他同时教两位学生下棋。一位学生专心致志，一心一意只听老师的讲授。另一位同学虽然也在听课，但却想着天鹅要飞来，准备拿着弓箭去射下来。两人虽然一起学习，结果却完全不同，想着去射天鹅的那个学生远不如专心致志的那个学生学得好。是智力不如那个学生吗？显然不是，是因为不专心的缘故。

　　一旦立志，心心念念的是如何去实现志向，就要去努力下功夫，不要总盯着结果看，比关注结果更重要的是关注方法正不正确，下的功夫够不够多。因为只要按照正确的方法足够努力去做，实现理想是自然而然的事情。王阳明举了种树的例子来说明这个问题。他说，立志用功好像种树，当树有根芽的时候，还没有树干；等到有树干的时候，还没有树枝；等到有树枝的时候，还没有树叶；有树枝之后才会有树叶，有树叶之后才会开花结果。刚开始种树的时候，只要想着好好去栽培它，去灌溉它，不要想着什么时候长枝长叶，什么时候开花结果。想也没有用处，只要努力栽培灌溉，还怕不能开花结果吗？立志成为一个孝敬父母的人，就要一心去做孝敬父母的事情，多关心、陪伴、体谅父母，处理好自己的事情，不让父母担心等等，每天只要想着去尽孝，将心中孝敬父母的想法完全化为现实。每天都去反省哪些事情做得不够好，哪些事情还没有做，连曾子这样流芳百世的大孝子每天都要反省自身，我们更要如此。不要过分关注暂时的结果，不要被困难所阻碍，不要为父母的误解所打击，只要坚持不懈地去行孝，自然能够达到尽孝的境界。

王阳明认为，在尽孝的过程中，还要时时责志。责志的意思是反省自己立志是不是足够真诚。心中有私欲萌发，就要拷问自己立志是不是足够真切，之后志向就会更加真切，私欲会自动消失；心中有客气萌发，只需要责志，客气也会自动消失。王阳明所说的客气不是今天所认为的礼貌的意思，而是侵入人体内的外邪。一有懈怠的心思，只要去责志，就不懈怠了；不认真的心思出现之后，只要责志，就会认真对待事情；一发现自己有想要朝父母发脾气的暴躁之心，也要去拷问孝敬父母的志向是不是真切，那么暴躁心态自然会消失；当不好好学习、不努力工作、不注意身体健康的时候，都要去反省孝敬父母的志向是不是够真诚，因为父母希望我们好好学习、努力工作、身体健康，经过责志，那些与不孝敬父母相关的想法都会消失。

其次，格物致知。上文已经谈过，人要立志尽孝，王阳明非常重视立志，认为立志是学问的头脑。但是仅立志还不够完善，还要知道实现志向的途径。王阳明认为尽孝的途径是格物致知。

虽然王阳明和朱熹都讲格物致知，但是两者有很大的区别。王阳明批评朱熹的格物思想，他认为朱熹的学说就是去事物上寻求固定的道理，理不在心中，而是来源于事物；孝不在心中，而是在父母身上，求孝要去父母身上求。王阳明认为这样与事实不符，如果孝来源于父母的话，父母不在了，是不是孝就不存在了呢？王阳明将"格物"的"格"解释为"正"，将"物"解释为"事"，格物就是将不正确的事情改为正确的事情。私欲所指引的事情是不正确的事情，人按照天理去做的事情是正确的事情。格物实际上是祛除私欲，扩充天理。致知与格物实际上是一件事情，只是从不同角度的命名。王阳明主张"心即理"，事物的理不在事物上，而在人的心中。理在心中为良知，通过格物，事物获得他们的道理，从良知的角度讲，这就是良知的扩充，就是致知。

王阳明认为，人要时时反省自身是不是真的做到了尽孝。乡人中有一对父子吵架，请王阳明裁决孰是孰非。王阳明并没有判断是非，而是给他们讲了一个故事。王阳明说，舜是天下最有名的孝子，瞽叟是天下最有名的不慈爱的父亲。原因在于瞽叟自认慈父，不去反思自己的所作所为，所以不能够察觉自己的慈爱之心已被后妻所改变。父亲不爱舜，舜并没有埋怨父亲，而是选择反思自身做得不够的地方，更加孝敬父亲，所以成为天下闻名的孝子。父子俩听完这个故事，抱头痛哭。王阳明用舜和瞽叟的故事感化了他们。

父母慈爱，子女自然要孝敬他们。但世界上并非所有的父母都是慈爱的父母，舜的父亲瞽叟甚至联合舜的弟弟要杀了舜。也并非所有的父母都懂得以正确的方式来表达对子女的爱，有些父母明明很爱孩子，却用错了方式，导致了亲子之间的情感隔阂。观察一下周围的情况就知道，更普遍的是后一种情况。在父母不爱我们或者与父母关系不融洽的情况下，我们还应该孝敬父母吗？王阳明认为孝是人的天性，是人之所以为人的依据，不依附于任何条件而存在，不因任何情况而改变，不管父母爱不爱子女，不管父母是不是以正确的方式表达爱，子女都应该孝敬父母。父母慈爱子女，子女孝敬父母，这是理所当然的事情。父母不爱子女，子女却孝敬父母，更能凸显子女孝心的可贵。在与父母关系隔阂的情况下，子女不应介怀，应与父母多沟通，慢慢调整双方的心态和行为，也要多包容父母。孝对于子女来说是不容推卸的义务和责任。

第五章
宋明时代的孝文化

一、以孝治国——宋统治者的重孝表现

汉代统治者在历史上首次提出"以孝治天下"的治国方针，倡导"以孝为本"，使原本属于宗法伦理的孝道走进了国家政治、社会和文化生活的方方面面，成为一种泛道德观念的社会伦理和政治伦理，进而形成了颇具特色的汉代孝治文化，影响中国社会长达两千多年。为了维护社会稳定、巩固赵氏王朝，宋代统治者继承了汉代"孝治天下"的政策。宋人王栐在其著作《燕翼诒谋录》中指出："皇朝以孝治天下，笃信人伦。"《宋史·孝义传》中也有"冠冕百行莫大于孝"的记载。宋人对于"孝治天下"有清晰的认识，北宋文学家、史学家欧阳修指明王朝孝道教化的目的在于"求忠"，他在《新唐书·孝友传》中的赞语为："圣人治天下有道，只是孝悌而已。孝顺父亲、慈爱孩子、尊敬兄长、友爱弟弟，且将这些伦理推至国家，再从国家推至天下，建立一种善行使各种品行随之兴起，人有过失就用法律处罚他，所以说'孝是

天下的根本，法还在其次'。至于普通百姓，行孝有方，可以使盗贼不敢侵犯，天子喟叹而加以旌表，孝道教化的目的就是要求世人向朝廷尽忠。"宋朝的"以孝治国"思想具体落实于教化政策、选官政策、旌表政策和养老政策等方面。

(一) 统治者对孝道的重视

1. 确立德主刑辅的治国策略

在宋代的诏敕、奏议和文书告谕中有大量君臣论孝讲孝的言论记载，如《续资治通鉴长编》记载，咸平五年（1002）宋真宗对大臣说："听说先王的训诫是重德教而轻刑罚，所以王道才能大盛。如今法令之文为世人所推崇，自中及外，因触犯了刑法而入狱的人很多，循良之吏已经改节专务刑名[1]。然而刑法是治国之具，但治国仅依靠刑法是不够的，必须以德教相参，才算是善治。德教最重要的是以孝悌教化民众。若舍弃了孝悌而去追求民众的教化，就好像舍弃了舟楫却幻想在无疆无涯的水中获得帮助一样。为了使民风淳厚，应该旌表劝诫孝悌。"

当时的社会风气推崇刑法，但宋真宗意识到仅靠刑法治国是不够的，还必须以德治国，德刑相参。重德教轻刑罚，王道才能大盛。宋真宗认为以德治国最重要的是旌表劝诫孝悌，如此才能使民风淳朴。

2. 对《孝经》的重视

《孝经》作为孝文化的集成之作，全面系统地阐

[1] 奉公守法的官吏处理政务的方式出现了改变，开始专门用"刑名术"治理国家，指法家对政治的影响加深。

释了关于孝的具体道德规范，是儒家论孝道的经典。宋代统治者将《孝经》奉为治国的必备经典。他们充分认识到了《孝经》的社会教化功用，高度重视《孝经》。明代朱鸿在《孝经考》中对这一情况有具体的描述："宋太宗有御书的《孝经》，仁宗用篆体和隶书亲笔抄写，高宗用真书和草书刊刻，又下诏请邢昺、杜镐注解《孝经》经义，使得《孝经》流播宇内，如日中天。《孝经》实在是六经之总会，百王之衡鉴。"

第一，宋代帝王亲笔抄写《孝经》，并下诏刊刻。

《宋会要辑稿》中记载宋太宗用草书亲笔书写了一卷《孝经》，刻在秘阁的石碑上。此外，宋太宗还于淳化三年（992）将亲笔写的《孝经》赐予秘书监李至。本来李至请求太宗撰写的是《千文》，但是太宗认为《千文》在道理上没有可取之处，《孝经》才是百行之本，所以，他亲自书写了《孝经》，命令李至将其刻在碑阴。宋真宗还于大中祥符八年（1015）亲撰《孝经诗》，令群臣写赋应和。在《宋朝事实类苑》中记载，真宗听政之暇，只喜欢看书，每看完一书，就写一篇诗歌来唱赞，并且让近臣写诗附和，所以才有了御笔《看孝经》三章。可见宋真宗对《孝经》的重视。南宋高宗同样重视《孝经》。绍兴二年（1132），高宗拿出亲笔所写《孝经》《诗》《书》篇章，宣示宰执；绍兴十四年（1144），左宣教郎、守殿中侍御史汪勃请求高宗刊刻亲笔抄写的《孝经》，发散到各家各户。高宗采纳了他的意见，紧接着诏令各州刊刻，赐给见任官和在学的秀才。

第二，诏令学者注解《孝经》，发明经义。

宋真宗于咸平二年（999），开始设置翰林侍讲学士，诏令邢昺撰《孝经义疏》，又于咸平三年（1000）命邢昺等修纂《孝经正义》。邢昺一年之后编纂完成献给真宗，真宗在国子监设宴席，并晋升了邢昺的官职，也提高了他的俸禄，之后诏令杭州刻板印刷。邢昺还曾在东宫及内廷给皇帝讲解《孝经》，他旁征博引、隐喻时事，时常受到皇帝的嘉奖。

第三，奖励宣讲和研习《孝经》有成就的学者。

咸平三年（1000）四月，直昭文馆勾中正将"石本大小篆、八分三体书"的《孝经》上呈真宗。真宗召他进便殿，问他担任直昭文馆几年了。勾中正回答："太平兴国二年（977）的时候在滁州录事的位置上被召入。"真宗又问他抄写《孝经》花了多长时间，他答："大概十年。"于是真宗赐给他金印紫绶，将他的书藏在秘阁，又进了三本分别送给三个馆。宋仁宗于天圣二年（1024）下诏请辅臣在崇政殿西庑观讲《孝经》，并且于六月己未赐给马宗元三品服，因为他讲《孝经》讲得透彻。嘉祐四年（1059）八月，在殿中丞上退休的龙昌期，将他所注《周易》《论语》《孝经》《道德经》《阴符经》上呈宋仁宗，宋仁宗下诏赐给他五品服，百匹绢。绍兴七年（1137），翰林学士朱震奉诏审阅布衣王悱的《孝经解义》，认为这本书推广孝悌，其中有可以采纳的地方，朝廷赐王悱三十匹绢。绍兴十年（1140），进士程全一上呈《孝经解》，对经义的阐明有可圈可点之处，宋高宗下诏赐予他太学职事的职位。

绍兴十一年（1141），高宗认为布衣林独秀所呈《孝经指解》解释经义虽然不是很透彻，但稍通义理，诏令户部赐予他十匹丝绸。崔遵度，字坚白，本江陵人，在寿春王府讲授《孝经》，宋仁宗写诗赐给他。

3. 统治者践行孝道

无论是天子，还是平民百姓，都是父母的孩子，都有履行孝道的责任。天子应该如何行孝呢？《孝经》作者认为，天子能够爱自己的父母，就不会憎恶他人的父母，能够尊敬自己的父母，就不会怠慢他人的父母。天子要以爱敬之心尽力侍奉父母，以道德教化人民，成为天下人效法的典范，这就是天子之孝。自古以来，许多皇帝的孝行为世人所称道。汉高祖刘邦尊父亲为"太上皇"，为了使父亲适应宫里的生活，在宫里建起了集市；汉文帝刘恒亲自照料生病的母亲，亲尝汤药后再端给母亲，三年如一日；北魏孝文帝拓跋宏在四岁时便为父吸脓，五岁时父亲传位给他，他不仅不高兴，反而哭泣不止。父亲问他原因，他说："因为要代替父亲做皇帝，所以心里忍不住悲戚。"父亲感叹道："我儿真是孝子，一定能治理好国家！"

宋代帝王中有许多孝子，北宋和南宋的首位皇帝宋太祖和宋高宗是孝子的典范。杜太后是宋太祖赵匡胤的生母，她在儿子登基后第二年就病了，一直卧病在床，太祖侍奉她喝汤药，一直陪伴在她身边。为了给母亲祈福，宋太祖下令大赦天下。杜太后临终前对太祖说："你和光义都是我生的，你以后应该传位给弟弟，能把位子传给年长的君主,是社稷之福。"宋太祖一边磕头,一边哭着说:"一定听从太后的教诲!"然后,他对宰相赵普说:"你也要记住我的话,不可以违背。"赵普当即在榻前写下誓书,并在纸尾署上"臣普记"三个字。太祖将誓书放入金匮,命令信任的宦官藏起来。赵匡胤不愧为孝子,果然将皇位传给弟弟赵光义,即宋太宗。

宋高宗赵构因与金人订立屈辱的合约而饱受后人诟病,但他却是一位著名的孝子。在"靖康之难"中,赵构的生母韦贤妃同徽、钦二帝被金军强虏至金国。绍兴七年(1137),宋徽宗及郑太后驾崩的消息传来后,宋高宗极其哀痛,对大臣们说:"宣和皇后年事已高,朕一想到这个心里就很不安宁,屈己讲和为的就是这件事。"之后,他对来宋谈判的金国使臣说:"朕有天下,而不能够供养母亲,都赶不上徽宗!今天朕立下誓约,假如明确表示归还太后,朕不以求和为耻,不然朕就要用兵了。"在宋高宗答应金人苛刻条件的情况下,金人也答应归还他的生母。在母亲还没有归宋之时,高宗已经在慈宁殿册封母亲为皇太后。每当母亲生辰、至日和朔日,他都遥行贺礼。

绍兴十二年(1142)四月,太后归来。渡过淮河之后,高宗命太后的弟弟安乐郡王韦渊、秦鲁国大长公主、吴国长公主在路上迎接太后。高宗则亲自来到临平奉迎,普安郡王、宰执、两省、三衙管军跟从。高宗见到韦太后,喜极而泣。韦太后回来后,高宗在生活上无微不至地照料她,生怕有不周到的地方,太后哪顿饭吃得少了一点，高宗就非常担忧。为了使母亲颐养天年，高宗经常告诫随侍官人："太后年已六十，只要过得舒适自在，就会长寿安康。有什么不好的事情，就不要让太后知道了，来禀报朕就可以了。"绍兴二十九年（1159）九月，韦太后生病了，高宗没有临朝听政，敕令辅臣祈祷天地、宗庙、社稷，大赦天下，减免租税。宋代帝王如此孝顺，为世人起到了良好的示范作用，有助于孝道教化在民间的推行。

（二）选官政策

汉代统治者首开以孝选官的先河，汉武帝推行"举孝廉"的政策，成为"孝治天下"这一治国方略在官员选拔层面的具体落实。宋代在继承隋唐科举取士的基础上，也将孝道作为选拔官员的标准。

1. 科举取士中的重孝表现

嘉祐二年（1057），宋仁宗下诏科举中增设明经、试法两科，将《孝经》作为考试的重要内容。宋代科举制中还存在一种为儿童应试设置的科目，一般称之为童子科或童子举，只要是十五岁以下的，能背诵一经或者两经的儿童都可以参加。南宋淳熙八年（1181），孝宗制定了具体的考试内容，分为三个等级：凡是全部可以背诵"六经"、《孝经》《论语》《孟子》，并且能够作文的童子为上等，文章例如三道六经义、一道论语义、一道孟子义或者一道赋、一首诗，给予推恩的奖励；在背书之外能够通一经的童子为中等,给予两次免文解的奖励;只能背诵六经、《论语》《孟子》的童子为下等,给予一次免文解的奖励;复试不合格的童子,赐予衣帛。《孝经》也是童子科的必考内容,政府对于孩童孝教育的重视由此可见。

2. 设立以"孝悌"为名称的选拔科目

宋代设立了冠以"孝悌"为名称的选拔科目,具体分为"孝悌廉让"和"孝悌力田"两种情况。在"孝悌廉让"方面,宋太祖在开宝三年(970)正月颁布诏令,在五千户中选取一位孝悌彰闻、德行纯茂者,奇才异行的人不受此条限制。在"孝悌力田"方面,宋太祖在开宝八年(975)诏令各州有孝顺父母、尊敬兄长、努力务农的人,或者有奇才异行、文武才干,且年纪在二十至五十之间,又可以受命办事的人,全部送到宫廷中来。

与汉唐两代不同,宋代统治者更重视通过孝悌被选拔者的才干。汉唐两代被察举、荐举、征辟的人一般不再参加考试,直接由政府任命、宣布他们的官职。宋朝对孝悌人才实行非常严格的考察,只有考试合格之后才能入选受职。开宝九年(976),七百四十位被诸道举荐的孝悌力田和有才武者均没有通过考试,一个都没有被录用,而濮州三百七十位被孝悌荐名者也没有达到皇帝的要求。虽然政府组织的考试很严格,但仍有一些被察举为"孝悌"的人通过考试,最终被授予官职。如吉水人徐志道,侍奉母亲极其孝顺,闻名乡里,被察举为孝廉,任楚州团练使;嘉兴人项象,宋宁宗时被察举为孝廉,任翰林学士;余济,生性极为孝顺，被举为孝廉，任江阴令。

宋朝还实行"以行取士"的政策。"以行取士"指的是以"孝、悌、睦、姻、任、恤、忠、和"八行选取士人。例如温州永嘉人仰忻，年纪五十岁，在举办母亲的丧礼时，礼节十分完备。他亲自背土为母亲筑坟，居住在母亲坟墓旁边守护母亲，有"慈乌白竹"的祥瑞出现。郡守杨潘旌表仰忻的家为"孝廉坊"。在"以行取仕"之时，郡里举荐了仰忻。但遗憾的是仰忻不久去世了，朝廷便赠他"将仕郎"的称号。

宋代也有一些直接授予孝子官职的情况。如《宋史·孝义传》中记载的益州成都人罗居通，在母亲去世后庐墓三年，有"甘露降坟树、芝草生其旁"的祥瑞出现。长吏听说之后，请诏将罗居通封为延长主簿。再如《古今图书集成》中记载，孙宝著因为侍奉母亲非常孝顺而闻名，行部使者听说之后，赐予他"进士第"的称号，并任用为杭、衢二州教授；龚明之的孝行和节操闻名乡里，被旌表，参知政事钱良臣听闻后，授予他宣教郎的官职；郭义重，兴化军人，以孝闻名，朝廷旌表其闾，后将其姓名上奏补录官职；范仕衡，丰州人，生性非常孝顺，他的名字被上奏，后被授予钦州推官摄贰守的职位，因为廉洁能干闻名，他的孝行也被载于《宋史·孝义传》。

3. 已经在职的官员，因孝道得以提拔

孝是考核在职官员的重要标准，有的官员因为孝行卓著而被提拔，也有的官员因为不行孝而被降级甚至罢黜职位。

比如朝廷为了表彰申积中的孝行，不仅给他升职，还给予他的儿子做官的机会。成都人申积中尚在襁褓之时被父亲送给杨绘，长大之后知道自己不是杨家亲生的孩子，但绝口不提。十九岁中了进士，终身孝养父母，在操办完两弟一妹的婚娶之后，他才回归本家，改姓申，蜀人都称赞他孝顺。政和六年（1116），他以奉议郎的身份在德顺军做通判。翰林学士许光凝将申积中的事迹上奏朝廷，申积中被提拔为永兴军学事。不幸的是，他在赴任的途中去世了。许光凝又和宣和殿学士薛嗣昌、中书舍人宇文黄中上奏旌表他的操行，皇帝还下诏给予他一个儿子官职。

又如大安军人张伯威，他是绍熙元年的武举进士，被任命为神泉尉，但祖母已经九十八岁了，张伯威不忍心离开祖母去上任。祖母得了血痢疾濒临死亡，伯威便剔下自己左胳膊的肉给祖母吃，后祖母病愈。继母因为婆婆生病受到惊吓，也病倒了，伯威又剔下右胳膊上的肉做成粥给继母喝，继母的病也痊愈了。大安军知军罗植听说张伯威的事迹之后，大受感动，在伯威的住处立纯孝坊，来表彰他的孝行。皇帝听闻伯威的事迹之后，下诏提拔他。

再如唐代赵国公李峘的后人李谘，新喻人，父亲文捷休了他的母亲，年幼的李谘日夜号哭，不吃饭也不喝水，父亲可怜他，就让他的母亲回了家。从此，李谘孝顺的名声远扬。宋真宗听闻李谘的事迹，对身边的人说："这个人能够使父母亲心安。"李谘因为孝行卓著，得到了真宗的赏识，不断被提拔，历任大理评事、通判舒州、太子中允、历三司、开封府判官、淮南转运使、尚书礼部员外郎等官职。

4. 对于不孝的在职官员，给予降职或罢免的处分

官员"不孝"主要表现在隐匿家人的丧事。宋朝实行丁忧制度。丁忧又称丁艰，是古代遭受父母之丧的通称。早在周朝，子女为父母守丧三年的习俗已经出现。孔子说三年之丧，是天下通行的丧礼。《礼记》中解释了圣人制定三年之丧的原因："始死，三日不怠，三月不解，期悲哀，三年忧，恩之杀也。圣人因杀以制节，此丧之所以三年，贤者不得过，不肖者不得不及。此丧之中庸也，王者之所常行也。"亲人刚去世，子女三天哭不绝声，三个月不解衣带，过了一年还很悲哀，三年只剩下忧思，随着时间的逝去，悲哀之情逐渐减少。圣人据此制定丧礼，这就是三年之丧的缘故，贤者服丧不得超过三年，不肖者服丧不得少于三年，这就是服丧的中庸之道，是王者长久推行的制度。春秋战国时期，儒家重孝道，尤其重视丧礼这一环节，认为在父母生前奉养他们还不能算作大事，只有送终才足以算作大事。在丁忧期间，孝子不得婚娶、不得宴饮、不得作乐、不得生子、不得外游。从唐律开始，官员们丁忧解官被明确写进法律条文，凡是违反丁忧制度的各种行为，都会被冠以不孝罪名而处以严厉的刑律惩罚。宋代也实行丁忧制度，凡遭遇父母去世的仕宦官员，都要解官回家丁忧"三年"，实际上是二十七个月。"三年"之后，仕宦环境可能已经大变，"三年"期间也可能会错过很多机遇。所以，一些贪恋

权力之人就会铤而走险，隐匿父母的丧事。针对这种情况，宋政府一般实行的不是法律制裁，而是行政处罚。

例如，宋真宗咸平六年（1003），贵州通判、太常博士王佑之遭到弹劾，原因是王在丁母忧刚过一个月的时间，连上五道奏折：《请除广南西路商税分配河北补填》《没纳私下罗锦》《权罢上贡金银》《述荆南课额逋亏》《言陕西递铺请受》。弹劾者攻击他已经忘记了母亲去世的哀伤，怀有蠢蠢欲动的心思。皇帝下诏削去王佑之三任官职，并且发配到郴州做隶。又如，庆历六年（1046），太常博士茹孝标隐匿母亲的丧事，被谏官余靖以"不孝"罪弹劾，朝廷罢免了他的职位。再如，绍兴元年（1131），监察御史娄演亮陈述宗社大计，得罪了秦桧。秦桧指使言官弹劾他在父亲去世之后隐匿丧事，将娄送进大理寺审查治罪，虽然什么都没有查出来，但还是被免官。由此可见，"不孝"也会成为政敌之间相互攻击的软肋。

还有少数官员因为没有好好供养父母，甚至因为母亲和兄长去世一年才知道等原因而被降级或者罢免。例如，端拱年间，定州人王荣，官拜侍卫马军都虞候、峰州监察使等，不将年迈的母亲接到身边好好照顾，而且供应的物质微薄。太宗知道之后很愤怒，说："忠臣出于孝子之门，像王荣如此对待亲人，流放之后也没有改变恶行，把这样的人放在身边，是效法晋帝养成张彦泽吗？"遂下诏督查责罚，降其职为右骁卫大将军。又如熙宁二年（1069），内殿崇班郑从易的母亲和兄长均在岭外去世了，一年多他才知道消息,于是请旨服丧。神宗说:"父母在远方生活,应当时刻挂念他们。如果过一段时间就问问他们是否安好,能至于过了一年都不知道是死是活吗?"于是给予郑从易"特除名"的处分,勒令他停职。

5. 政府提供政策支持,方便官员行孝

宋代统治者为了整顿吏治、巩固皇权,制定了严密的回避制度。需要回避的情况有亲属回避、地区回避、特殊官吏回避、任职时间回避等。宋政府在严格执行回避政策的同时,也特别迁就一些家中父母无人照顾的官员,允许他们就近做官。

宋多位皇帝发布诏令为官员行孝提供方便。如宋仁宗于天圣九年(1031)下诏给吏部:"选人父母年八十以上者,权注近官。"(《宋史·仁宗本记》)在宋政府的特别关照下,一些官员得以更好地照顾父母。比如太宗淳化四年(993)的尚书左丞相张齐贤将要出任定州知州,他向皇帝陈情:"母亲孙氏今年八十五,身体有疾病,臣不能不陪在他身边。"皇帝准许了他的请求。在齐贤担任宰相之时,他的母亲到宫中拜见皇帝,皇帝感叹她的长寿且有做宰相的儿子,并且多次赐予手诏询问她的情况。

此外,宋皇帝还准许京官将父母妻儿接到京城,方便照顾。当时光禄丞何亮的家乡在果州,秘书丞陈靖的家乡在泉州,两人均未将父母接来京城,于是太宗下诏:"凡是父母在剑南、峡路、漳泉、福建、岭南的文武官员,都必须把父母接到身边奉养,敢有违者,御史台纠举以闻。"

(三) 旌表政策

在中国传统社会中，旌表是国家垄断的一种荣誉性权力符号，是统治者进行道德教化的一种方式。旌表程序是首先由地方申报朝廷，获准后赐以匾额，或由官府建造牌坊，彰显其名声气节。政府旌表的主要对象是节妇、孝子、义门、隐逸。宋政府实行旌表制度，通过对孝子孝行的旌表，对全社会进行孝道教化。

受到宋政府旌表的孝子数量较多，旌表的内容和方式主要分为以下几种情况：

1. 表其门闾

旌表对象主要是累世同居的宗族。这些宗族往往十分重视孝道，因为孝道是维持累世同居的纽带。累世同居是中国传统社会的一种家族聚居模式，其基本特点是三代以上同居、共财、合爨，在当时又被称为"义门"。累世同居有助于社会稳定，得到了宋代帝王的支持和倡导。例如，金乡县民李光袭一家十世同居，宋太宗在太平兴国三年（978）旌表了其门闾；温州永嘉县民陈侃五世同居，为乡里所称道，宋太宗于至道二年（996）旌表其门闾，并赐给陈母粮食和布料。在统治者的肯定和引导之下，宋代出现了崇尚和效法累世同居的浓厚风尚，许多大家族被载入史册。

根据《宋史·孝义传》的记载，只宋一朝被旌表的累世同居大家族就有五十多家。如冀州人李罕澄家七世同居，汉乾祐三年（950）被旌表，太平兴国六年（981），长吏奉上先前所赐的诏书,皇帝重新旌表了李家门闾。又如会稽人裘承询,家住云门山前,十九世同居。子孙练习弦歌和诵读,乡里称道他们家风敦厚和睦。朝廷知道之后,旌表了其门闾。

2. 赐予头衔或官职

朝廷对旌表对象拜官赐爵,在历朝已屡见不鲜。《唐六典》中记载,因为孝义被旌表门闾的人,朝廷最低授予九品官职。高宗时有个叫元让的人,二十岁中了明经,因为母亲生病,他没有去做官,在家侍奉母亲,亲自为母亲做饭、熬药,几十年没有离开乡里。永淳元年(682),巡察使将元让的孝行上奏皇上,皇上赐予元让"太子右内率府长史"的官职。宋政府沿袭前代的政策,也会对被旌表的孝子赐予官爵,只是这种官爵多是虚衔,没有实际职权。例如,罗居通,益州成都人,母亲去世,守墓三年,出现"甘露降坟树,芝草生其旁"的祥瑞。开宝四年(971),太祖下诏赐予居通"延长主簿"的官职。再如襄州张巨源、江陵褚彦逢五世同居,太宗下诏旌表其门闾。巨源通晓法律,在太平兴国五年(980)被朝廷赐予明法及第。彦逢兄弟五人都已年过七十,至道元年(995),转运使上表他的孝行,太宗赐予彦逢"教练使"的官职。再如《续资治通鉴长编》记载:太宗年间,建昌县民洪文抚六世义居,室无异爨,且创办书院。太宗派遣内侍裴愈赍携带御书赐予洪家。文抚派弟文举前往朝堂,上贡土物作为答谢,太宗又草篆一幅字"义居人"赐给他,并且授予文举"江州助教"的职位。

3. 实物奖赏、蠲免徭税

宋政府旌表民众的孝行采用最多的方式，就是物质奖励和蠲免徭税。例如，台州黄岩人郭琮，幼年丧父，侍奉母亲极其孝顺，凡是母亲想要的，必定亲手奉给母亲。为了祈求母亲长寿，禁绝饮酒吃荤三十年，母亲百岁那年仍旧耳聪目明、饮食不减，乡里都很惊讶。至道三年（997），乡老陈赞率领四十人将郭琮的事迹上报给转运使，于是朝廷旌表了郭琮门闾，并蠲免其徭役。

再比如吉州吉水人毛洵，生性极为孝顺，本来是个地方官，后因为照顾父亲的身体而辞官。在父母生病的时候，他总是自己先尝过汤药和膳食之后，才端给父亲，经常三个月不进自己的寝室。在父母去世之后，他亲自背土建造坟墓，手上生了厚厚的老茧，脸被晒得黢黑，亲友都不认识了。他在父母坟墓旁边住了二十一个月，日夜哭泣。学生向他请教经义，他还没有说话就痛哭流涕，没多久就去世了，朝廷赐给他家丝绸五十匹，米五十斛。

4. 赐匾额、树碑立传、牌坊建祠

赐匾额、树碑立传、牌坊建祠，也是宋政府常用的旌表孝行的方式。宋政府希图通过这些可视的方式宣扬被旌表人及事迹，达到移风易俗的效果。对于被旌表人来说，这是一种至高无上的荣誉。

赐匾额。匾额是指悬挂在建筑物上或者室内的有字的牌匾。匾额产生之初的用意在于辨别善恶，表彰善者，斥责恶者，树立美好的风俗。用赐匾额来彰显某人某事，是传统社会显示统治者

恩宠的一种形式。宋统治者也采用赐匾额的方式来表彰孝道。如江西德安陈氏，从唐末到北宋，累世同居达两百多年，北宋仁宗嘉祐八年（1063）令其分家时，已十三世同居，人口达3700人。宋真宗赐陈氏"萃居三千口人间第一，合灶四百年天下无双"的匾额。

树碑立传，指将某人的生平事迹刻在石碑上或写进传记。历代统治者常用这种方式来表彰孝行，宋代统治者也不例外。据《宋史·孝义传》记载，河中永乐人姚栖云受到了朝廷刻石表彰。唐朝贞元时期，朝廷调兵保卫边疆，栖云的父亲对哥哥说："兄长还没有子嗣，就不要去了。幸好我有子嗣，就让我代替兄长前去吧。"后栖云的父亲战死沙场，那时栖云才三岁。母亲后来改嫁了，栖云是被伯母抚养长大的。长大之后，栖云把伯母当作亲生母亲来侍奉。伯母去世后，栖云将她安葬，又将父亲的魂魄招来安葬。父亲死于边疆，栖云感到非常悲痛，于是住在坟墓旁边，悲哀和思慕之情一辈子都没有减少。县令苏辙用自己的俸禄买了地，刻石碑表彰姚栖云。河中尹浑瑊上表了他的事迹，皇帝下诏旌表其门，并以"孝悌"命名其家，以"结义"命名其社，以"敬爱"命名其里。

牌坊建祠。牌坊是中华特色建筑，是传统社会为宣扬礼教、标榜功德所立的建筑，是美好德行和丰功伟绩的象征。祠堂是为纪念德性或功绩突出的人物而建立的房屋，相当于纪念堂。牌坊和祠堂也是宋朝旌表孝道的重要方式。江陵人庞天佑，是个教书先生。父亲生病了,天佑割下大腿肉给他吃。父亲疾病痊愈之后,又失明了,他号哭着向天祈求,并且一直舐父亲的眼睛。父亲在八十多岁的时候去世了,天佑亲自背土封坟,住在坟墓旁边,昼夜哭泣。知府陈尧咨亲自前往祭奠,并且将他的事迹上报皇帝,皇帝下诏表彰其门闾。天佑家境困难,没有存粮,居住在陋巷中,陈尧咨将他家迁到富人居住的地方,并且建造了牌坊,表彰他的孝心。

(四) 尊老政策

　　孝的金文字形上面是个"老"字,下面是"子"字,有"子承老"的意思。《说文解字》对孝的小篆字形进行解释:"孝,善事父母者。从老省,从子,子承老也。"更为准确地说,孝的对象是年老的父母。孟子曰:"老吾老以及人之老,幼吾幼以及人之幼。"仅是敬爱自己的父母是不够的,还要敬爱别人的父母。所以,敬爱老人是孝道的重要表现,朝廷推行关爱老人的政策是重视孝道的表现。中国自古以来就有尊重老人的传统,《礼记》中记载:"六十者坐,五十者立侍,以听政役,所以明尊长也,六十者三豆,七十者四豆,八十者五豆,九十者六豆,所以明养老也。"孔子非常尊敬老人,《论语》中记载他在行完乡射饮酒礼之后,要等老年人都出去了,自己才出去。孟子认为天下普遍受到尊重的有三者:爵位、年龄和道德。中国历朝历代也十分重视尊重老人,统治者积极推行尊老政策,鼓励人们去尊老,为老人提供特殊的待遇,以图在社会上形成尊老风尚。宋朝以孝

治国,将尊老定为国策,颁布了许多尊老爱老的政策,具体表现为以下几个方面:

1. 赐官晋爵

赐官晋爵是国家对高龄老人授予官衔和爵位封号以显示其政治荣誉和社会地位的一种手段,也是尊老国策在国家政治生活中的首要表现。宋代史书对此多有记载。

例如,《宋史》记载,太宗于端拱元年(988)春正月对年七十岁以上的老人赐爵一级,闰五月赐予诸州老人"公士"的爵位。《续资治通鉴长编》卷二十九记载,宋太宗又于当年五月赐予诸道129位老人"公士"的爵位。秦汉以后不再赐予百姓爵位,宋太宗恢复了这一政策。宋真宗大中祥符三年(1010)二月发布诏令,年纪在九十岁以上的百姓,授予摄官并且终其一生都赐予粮食和丝绸,八十岁以上的老人赐予爵位一级。

南宋淳熙年间三次发布赐予太学生父母、祖父母封号的诏令。淳熙二年(1175)十二月,太上皇庆寿时发布诏令:绍兴三十二年以前补中国子生,可让礼部保明以闻,给予宣教郎的职位。内舍生、上舍生父母年纪在七十岁以上的,外舍生父母年纪在八十岁以上的,一并给予初品官的官职,妇人给予封号。已经有官职的,给予父亲提高一个官阶的奖励,给予母亲凤冠霞帔。淳熙十年(1183)十二月,太上皇后庆寿时也发布诏令,太学内舍生、上舍生、外舍生的父母、祖父母年纪在八十岁以上的,外舍生的父母、祖父母年纪在八十岁以上的,一并给予初品官的官职,妇人给予封号。已经有官职的,父亲和祖父提高一个官阶,母亲、祖母给予凤冠霞帔。淳熙十三年(1186)的庆寿也发出同样的诏令。

宋统治者赐予高龄老人的爵位大多是"士"和"公士",授予的官职则为"初品官""授摄官"等没有具体职务的官名,不是实授。虽然如此,这也表明朝廷对于老人的重视。对于老人来说,这是一种荣誉和精神奖励。

2. 实物赏赐

宋建国之初,经常给予高龄老人粮食、衣料等物质赏赐,后成为一种惯例,为后来的皇帝继承。

宋太宗多次颁布赏赐高龄老人粮食和绢帛的诏令。淳熙元年(984)十二月,赐予京城及周边地区高龄老人丝绸。端拱元年(988)夏四月,赐予京城老人丝绸。纯化三年(992)三月,太宗亲临金明池观看水戏,赐予京城观看水戏的老年人白金器皿。淳化四年(993)二月,赐予京城老人丝绸,给一位一百岁的老人加赐了涂金带。那一天,天气十分寒冷,宋太宗派遣中使赐予孤老和贫穷人一千钱和米炭。

宋真宗效仿太宗,多次给予老人物质赏赐。咸平二年(999)十一月,赐予京城老人精美的丝绸服装。十二月,赐予澶州老人锦袍、茶叶和丝绸。天熙元年(1017)六月,赐予八十岁以上的老人茶叶和丝绸,免除赋税和劳役。宋仁宗于天圣元年(1023)三月,下诏免除西京城内八十岁以上老人的赋役,赐给每位老人一斤茶叶,三匹丝绸。

宋统治者赐予高龄老人的物质奖励主要是粮食、丝绸、茶叶等生活必需品,在有些情况下还免除老人的赋役。虽然赏赐有限,不能解决根本问题,但也反映了朝廷对于民生的关注。

二、传统孝观念对《大明律》的影响

在中国的法制史上,《大明律》是最完善的且影响最为深远的法律。《大明律》以中国另一部完善的法律——《唐律》为蓝本,明朝初年开始制定。《大明律》从草创至定稿历时三十多年,共计三十卷四百六十条,对笞、杖、徒、流、死(绞、斩)五刑刑罚体系进行了详细、明确的规定,内容涵盖了政治、经济、军事、文化思想、社会生活等各个方面。《大明律》是明朝的根本大法,对巩固明王朝的统治起到了重要的作用。《大明律》无论在立法精神上,抑或在体式内容、量刑轻重上,都受到了儒家孝文化的浸润。孝不仅是自我约束的伦理道德,也是具有强制力的国家法律。

中国法律以"不孝"入罪,比较早的确切记载见于《尚书·康诰》:"王曰:封原恶大憝,矧惟不孝不友,子弗祗服厥父事,大伤厥考心。"将"原恶大憝"(罪恶)与"不孝不友"对举,可见不孝已是罪名之一。《周礼·地官上》:"以乡八刑纠万民,一曰不孝之刑。"不孝者是刑罚惩治的对象。《孝经》将孝的准则推广到社会政治领域,作为治理社会的根本原则,故而将不孝上升为最严重的犯罪。《孝经·五刑章》:"五刑之属三千,而罪莫大于不孝。"不孝罪被列为"五刑"之首。就秦汉时期的有关案例来看,不孝系指长辈生前不能善待祖父母、父母,有殴打、杀害、谩骂、诽谤、告发、不听教令、不赡养、生病不能侍奉、父母在别籍异财等行为;在长辈去世后隐匿消息、不服丧、守丧期间嫁娶、生子、释服从吉、作乐、杂戏、参与主婚、参加宴席、听音乐等行为。

(一)"十恶"中的不孝之罪

"十恶"是对危及封建皇权和封建国家的十项重罪的总称。《大明律》中"十恶"指的是谋反、谋大逆、谋叛、恶逆、不道、大不敬、不孝、不睦、不义。无论是刑名,抑或是内容,《大明律》的"十恶"都继承自《唐律》,甚至排列顺序也与《唐律》一致,只是在细节上有所调整。"十恶"中与孝相关的有"恶逆"和"不孝"两条。恶逆是指殴打、谋杀祖父母、父母,夫之祖父母、父母,杀伯叔父母、姑、兄、姊、外祖父母及夫者。此条法律是对长辈生命权的法律保障。"不孝"的内涵较为丰富,主要含摄以下几个方面:

1. 子孙不得控告祖父母、父母及夫之祖父母、父母,违者为不孝

孔子认为,在父母的错误出现端倪时,子女应该及时劝谏,假如父母不听从建议,子女就应该顺从父母,不应该去控告他们。针对父与子特殊的社会关系,无论是受法家思想影响的秦代,还

是受儒家思想影响的汉代,都从伦理的角度立法。何谓"家罪"?《睡虎地竹简》说:"家罪者,杀伤人及奴妾,父死而告之,勿治。"意思是家罪即父杀伤了奴婢,在父死后才有人控告,不予处理。秦律为了保证家长的绝对权威,在"家罪"的诉讼中剥夺了子女的自诉权。而张家山汉简《二年律令》是西汉早期的法律文献,其中《告律》中明确规定"子告父母,妇告威公,奴婢告主,主父母妻子,勿听而弃告者市。"若子告父母,法律部门不仅不听,还会将告者弃市。《疏议》中规定:"诸告祖父母、父母者,绞。"《唐律》还规定状告夫之祖父母要徒二年。《大明律》则规定子孙状告父母、祖父母,妻、妾状告夫之祖父母、父母,杖一百,徒三年。若是诬告,处以绞刑。相比《唐律》,《大明律》对于状告祖父母、父母的处罚减轻了,对状告夫之祖父母、父母的处罚稍微加重了一些,由徒二年改为徒三年、杖一百。

2.子孙不得谩骂、诅咒祖父母、父母及夫之祖父母、父母,违者为不孝

孔子认为,孝亲不仅要赡养亲人,更重要的是尊敬亲人,不然和动物没有区别,谩骂、诅咒长辈,自然违反孝德。睡虎地秦墓竹简《法律答问》中记载:"殴大父母,黥为城旦舂。今殴高大父母,可论?比大父母。"在秦律中,殴打"大父母""高大父母"会被处以墨刑。西汉初年的法律也十分注重孝道,对殴打、谩骂、诅咒父母、祖父母、夫之祖父母者处以死刑。张家山汉简《二年律令·贼律》中规定:"子牧杀父母、殴詈泰父母、父母、叚(假)

大母、主母、后母,及父母告子不孝,皆弃市。""妇贼伤、殴詈夫之泰父母、父母、主母、后母,皆弃市。"《唐律》中规定对谩骂祖父母、父母者处以绞刑。妻妾谩骂丈夫的祖父母、父母者,徒三年。须姑舅告发,才能坐实。《大明律》规定"凡骂祖父母、父母,及妻妾骂夫之祖父母、父母者,并绞。须亲告乃坐。"与《唐律》一致,骂父母、祖父母者处以绞刑。但是《大明律》中规定对骂夫之祖父母、父母者处以绞刑,《唐律》中对此类案件的处罚是徒三年。可见《大明律》加重了对女性不孝的处罚。

3. 祖父母、父母在,别籍异财

祖父母、父母健在,子孙无权分居,也无权占有和支配家庭财产,违者即不孝。夏商西周三代,家庭成员之间的财产关系如何,有无相关法规,因考古资料的匮乏,很难深入研究。有的学者通过墓地、甲骨卜辞、钟鼎铭文等推测,夏商周三代盛行家长支配下的大家族同居共财。吕思勉先生的概述尤为精当:"合族而居之制,必盛于天造草莽之时。"春秋战国是我国历史上社会剧烈大转型时期,由于技术进步与商品经济较快发展带来的冲击,使得同居大家庭趋于解体。秦国为了统一天下,促进耕战,任用商鞅变法,颁布法令禁止同居共财,等到秦朝统一中国,此法令推至全国。汉承秦制,仍然实行强制析户的政策。但随着儒家思想的影响深入,东晋南北朝的国家开始立有"别籍异财"之禁,至唐修《疏议》,禁止别居异财的法令渐趋完备,《大明律》沿袭了唐律,禁止别籍异财。从强制析户到严禁别居异财,反映的是立法理念从法家思想到儒家思想的转变,学界称之为法律儒家化。事实上,《大明律》中禁止别居异财的律条,都能在儒家经典中找到根源。《仪礼》和《礼记》是儒家经典,其中有许多关于同居共财的规定。《礼记·坊记》中记载:"父母在,不敢有其身,不敢私其财,示民有上下也。"父母健在之时,不敢把身体看作是自己的,不敢把财产看作是个人私有的,以向人们表示有上下之别。《礼记·内则》亦有类似记载:"子妇无私货,无私蓄,无私器,不敢私假,不敢私与。"儿子儿媳没有私财,没有个人积蓄,没有属于个人的东西,不敢私下把东西借给人,也不敢私下把东西送人。郑玄注:"家事统一于尊者。"

这些律法的核心,就是维护家长的家庭支配权,保障家长的财产权。子孙在祖父母、父母面前处于服从的地位,没有财产权。当然国家立法首先有自己的经济考虑,比如赋役征发,有关养老和救济的社会保障措施也是应有之义。

4. 若奉养有阙

养亲是孝道最基本的要求。孔子说:"今之孝者,是谓能养。至于犬马,皆能有养。不敬,何以别乎?"(《论语·为政》)《礼记·祭义》载曾子语:"孝有三:大孝尊亲,其次弗辱,其下能养。"孟子也认为不孝有五,四肢懒惰、不赡养父母就是第一种不孝。《二年律令》中记载,不孝者应该被弃市。有人问:"在父亲活着的时候,三天不供养他食物,应该如何定罪?"廷尉答:"应该被弃市。"百姓不供养父母,会被法律判为死刑。《唐律》中规定,子孙奉养祖父母、父母有缺者，徒二年，须祖父母、父母告才能坐实。《大明律》规定子孙对祖父母、父母奉养有缺者，杖一百，须祖父母、父母控告才能坐实。与《唐律》相比，《大明律》降低了对奉养有缺的子孙的处罚。

5."居父母丧，身自嫁娶，若作乐，释服从吉"

在父母丧期的二十七个月中，子女不得自己做主嫁娶，不得作乐，不得脱掉丧服，穿上吉服。丧葬期间守礼是儒家孝传统之一，孔子认为孝不仅是在父母生前以礼侍奉父母，在父母去世之后也要以礼办理丧事和祭祀他们。西汉已经制定了专门的法律篇目《葬律》，《葬律》对于违反丧葬礼俗的行为处罚极重。汉代法律禁止在居丧期间嫁娶和作乐，据《汉书·元后传》记载，汉成帝病逝未葬，其子刘根置酒歌舞，其兄之子刘况娶妻，均被处以重罚，刘根被撵回封地，刘况被贬为庶人。到了唐代，对丧葬违礼的行为处罚更为严重。《大明律》完全承袭了《唐律》，只是在细节上有一些调整。例如，居父母丧之时，子女自己做主嫁娶，《唐律》中规定的处罚是徒三年，妾减三等，都要离婚。《大明律》规定的处罚是杖一百，妾减二等。在居父母丧期间，释服从吉和作乐者，《唐律》的处罚是徒三年，《大明律》的处罚是杖八十。《大明律》将《唐律》的徒刑改为杖刑，刑罚减轻。

6."闻祖父母、父母丧，匿不举哀"

《周礼·大宗伯》云："以丧礼哀死亡。"人们用丧礼来哀悼亡者。在儒家思想中，隐匿父母的丧事是大不孝的行为。孟子也认为"养生者不足以当大事,惟送死可以当大事",相比养生来说,办理丧事是更为重要的事情。西汉初期,隐匿父母的丧事还没有被列入律令中。《二年律令》中记载,有人问廷尉:"父亲去世之后三天,儿子不祭祀,应该如何定罪?"廷尉答:"不当论。"到了西汉后期,"匿不举哀"已经受到严厉的惩罚。《后汉书·宦者传》中记载,甄邵在母亲亡故时获得升迁为郡守的机会,他为了顺利升迁而没有立即发丧,等接受了委任后才发丧。此事被李燮抓住把柄,上奏朝廷,甄邵因而被禁锢终身。《唐律》的制定使得系统且完整的守丧制度得以确立,其《职制律》中记载:"诸闻父母若夫之丧,匿不举哀者,流二千里。"父母去世后,匿不发丧者,流放二千里。闻丧之后不立即举丧,被揭发之后再举丧的,与隐匿父母丧事受同等处罚。明代对"匿不发丧"的处罚较前代大为减轻,《大明律》规定"闻祖父母、父母丧,匿不举哀"的处罚是杖六十,徒一年。《问刑条例》是明代中后期最重要的刑事单行法,最初颁布于弘治十三年(1500),形成了"例以辅律"的立法制度,对《大明律》的过时条款予以修正。对于"匿不举哀"一条,《条例》中规定的处罚是发配到长城之外。而且《条例》中还规定了"举哀"的期限,按照至原籍的距离,每千里限期五十天,超过期限不举哀才会受到惩处。

7. "诈称祖父母、父母死"[1]

无丧诈称有丧,是为谋取利益而挑战孝道的机会主义行为。明朝实行丁忧制度,守制官员自闻丧

---

1 / 怀效峰点校:《大明律》,法律出版社1999年版,第2页。

之日起，有二十七个月的丧假。有些官员为了规避差遣，打起了诈丧的主意。正统十四年（1449）"土木之变"，英宗被俘，景帝执政，西北边疆局势严峻，朝廷多事，内外官员畏避差遣，以丁忧或者生病为借口不出仕，还有的罢退官员利用丁忧重返仕途。丁忧离任，服阕后随缺补任，这是丁忧官的一大权利。有些被罢退官吏，本不可再复职做官，为了重返仕途，他们便诈称自己是丁忧服阕，赴京除补。如，成化六年（1470）十二月，山西汾西县被罢退知县陈英诈称丁忧，起复到部，企图蒙混过关。丁忧制度是为了倡导孝道而制定的，而诈丧者利用丁忧制度实现其功利目的，是一种极其不孝的行为，也是历代法律打击的对象。《唐律》对"诈称祖父母、父母死"的处罚是"徒三年"，而《大明律》规定的处罚是"杖一百"。

（二）容隐制度

亲属容隐制度，主张对违法犯罪的亲属依法可豁免告发、作证的义务，在一定程度上还可行使保护的权利。容隐制度从汉代开始就是法律坚持的原则，特别是唐律之后历代法律有详细明文规定的法律条文，是中华法系的传统，深受儒家孝道的浸润。

《大明律·名例律》中有"亲属相为容隐"条文，具体规定："凡同居，若大功以上亲，及外祖父母、外孙、妻之父母、女婿、若孙之妇、夫之兄弟及兄弟妻，有罪相为容隐；奴婢、雇工人为家长隐者，皆勿论。若漏泄其事，及通报消息，致令罪人隐匿逃避者，亦不坐。其小功以下相容隐，及漏泄其事者，减凡人三等，无服之亲减一等。若犯谋判以上者，不用此律。"《大明律》在这一法律条文的制定上以《唐律》为蓝本。《唐律》规定：凡是同居的大功以上亲属及外祖父母、外孙，若孙之妇、夫之兄弟及兄弟妻，有罪相为隐。在"疏"中对这一法律条文进行了详细的解释。通过比较可知，《大明律》要比唐律的容隐范围扩大了，唐律规定容隐的对象，是大功以上亲及外祖父母、外孙，若孙之妇、夫之兄弟及兄弟妻，《大明律》在此范围上加了妻之父母、女婿。

亲属容隐制度是法律儒家化的结果。

叶公告诉孔子："我那里有个坦白直率的人，他父亲偷了羊，他便告发。"孔子说："我们那里坦白直率的人和你们不同：父亲为儿子隐瞒，儿子为父亲隐瞒，坦白和直率就在这里面。"从法治角度而言，父亲偷了羊，儿子去告发父亲才是遵守法律的行为。从父子关系来说，父为子隐、子为父隐才是尊重父子感情的行为。偷羊是违背法律的行为，理应被法律制裁。父子之爱是人之天性，子爱父亲，自然不会希望父亲受到法律处罚，即使在父亲犯错的的情况下。父亲也是如此。所以孔子所说的"直"是父子之爱的"直"，叶公所说的"直"是对法律的尊重。当两种"直"冲突之时，孔子认为父子之爱凌驾于法律之上，更为重要。若儿子告发父亲，必然会伤害父子之情。在孔子看来法律要顺乎人之性情。

孟子继承了孔子的观点。桃应说："舜当天子，皋陶为法官，瞽瞍杀人，该如何处置？"孟子说："把他抓起来。"桃应说："那么舜不去阻止吗?"孟子说:"舜怎么能去阻止呢?皋陶根据法律规则处理,他有权这么做。"桃应说:"那么舜应该怎么办呢?"孟子说:"舜把抛弃天下看成抛弃破鞋一样,因此他会偷偷地背着父亲逃走,在海边住下来。终身快乐,以至于忘记天下。"根据皋陶的刑律,擅自杀人叫作"贼",按照法律应该被处死。舜既是治理国家、统治天下的天子,也是杀人犯瞽叟之子。在瞽叟被逮捕的情况下,孟子认为舜会救出瞽叟,逃到海边,抛弃天下。舜是孟子最为推崇的人物,是孟子理想人格的化身,舜的选择亦是孟子的观点。与孔子一样,孟子在法律与人情之间选择了人情,尊重人的天性,倡导容隐制度。

汉宣帝时,首次颁布"亲亲德相首匿"之法令:"自今子首匿父母,妻匿夫,孙匿大父母,皆勿坐。其父母匿子,夫匿妻,大父母匿孙,罪殊死,皆上请廷尉以闻。"这条诏令正式较为全面地开创了中国法律中亲属容隐传统。此后,容隐制度基本确立,但是有时候也有弃置不用责父子相互证罪的行径和法令。直到唐代这一制度才算是彻底确立。《大明律》沿袭了《唐律》的规定,为父母容隐,不仅是子女的权利,亦是子女必须履行的法律义务。

(三)婚姻法的重孝表现

《大明律》中有关婚姻的律令也表现出对孝道的重视。上文已经提到,在父母丧期内,子女不得擅自婚嫁。除此之外,《大明律》中婚律对孝道的重视还表现在以下几个方面:

1. 在祖父母、父母犯死刑被囚禁期间，子孙不得嫁娶，奉祖父母、父母命除外

《唐律疏议》卷十三《户婚律》"父母被囚禁嫁娶"条规定："诸祖父母、父母被囚禁而嫁娶者，死罪，徒一年半；流罪，减一等；徒罪，杖一百"。即在禁止违时嫁娶中还规定了父祖被囚禁时，儿女亦不得嫁娶，若违反，即受处罚。因死罪囚禁的，儿女嫁娶要"徒一年半"；犯流罪囚禁的，儿女嫁娶要"徒一年"；犯徒罪囚禁的，儿女嫁娶要"杖一百"。相对于《唐律》，《大明律》对于在祖父母、父母囚禁期间子孙嫁娶的处罚减轻了。《唐律》中在祖父母、父母因触犯了死刑、流刑和徒刑被囚禁时，子孙嫁娶都会受到处罚。而《大明律》中只有祖父母、父母犯了死刑被囚禁时，子孙嫁娶才会受到处罚。《唐律》中对祖父母、父母因死刑被囚禁，子孙擅自嫁娶的处罚是"徒一年半"，而《大明律》对于同等情况的处罚是"杖八十"，甚至比《唐律》中对祖父母、父母犯徒罪被囚禁期间，子孙擅自嫁娶所受的处罚还要轻。正如《唐律疏议》："祖父母、父母既被囚禁，固身囹圄，子孙嫁娶，名教不容。"这是儒家孝道影响法律的重要表现。祖父母、父母被囚禁，子孙应该休戚与共，不应该抛下他们独自喜庆。除非被囚禁的祖父母、父母同意，子孙在他们囚禁期间嫁娶才不会受到法律的制裁，这也体现了卑幼的从属地位。即使可以嫁娶，也不可以举办宴会。因祖父母、父母身陷囹圄，嫁娶的喜庆也是有节制的，否则与情理相悖。

2. 尊长具有主婚权

若"卑幼"(子、孙、弟、侄等)在外做官或者做买卖,祖父母、父母等尊长为其定婚。若已经成婚,保留婚姻;若未成婚,遵从尊长的决定。这也是传统孝道对法律产生的重要影响。《诗经·齐风·南山》中说:"艺麻如之何?衡从其亩。取妻如之何?必告父母。……析薪如之何?匪斧不克。取妻如之何?匪媒不得。"农家怎样种好麻?纵横耕耘有方法。要娶妻怎么办?必定先要禀父母。……要劈柴火怎么办?没有斧子劈不好。要娶妻怎么办?没有媒人办不到。"告父母"不仅是告知父母的意思,而且是说在父母同意的情况下才能嫁娶。所以,早在春秋时期,嫁娶必须要获得父母的批准,也要通过媒人来实现。孟子说:"不待父母之命,媒妁之言,钻穴隙相窥,逾墙相从,则父母国人皆贱之。"(《孟子·滕文公下》)孟子认为子女没有婚姻自主权,子女婚姻必须由父母决定。自主婚姻的子女,将会受到父母和国人的唾弃。社会和家庭组成了一个强大的舆论评价之网,形成了一股具有无比威慑力的伦理道德力量。在唐代之前,父母之命、媒妁之言,只是受到儒家思想浸润的社会习俗,还不是具有强制力的国家法律条文,违反这一社会习俗可能会受到舆论的唾弃和家法的处置,不会受到法律的制裁。从《唐律》开始,父母对子女婚姻的主导权已经不是社会习俗,而成为国家指定的、由国家强制力推行的律令,违背这一律令将会受到法律的制裁。在婚姻法方面,《大明律》承袭了《唐律》重孝的倾向,保证父母对于子女婚姻的决定权。这是法律对于长辈权力的保护。

3. 出妻制度

《大明律》中规定:"凡妻无应出及义绝之状,而出之者,杖八十;虽犯七出有三不去,而出之者,减二等。追还完聚。"明代离婚制度仍旧坚持"七出三不去"原则。"七出三不去"的提法最早见于《大戴礼记·本命》所言:"妇有七去:不顺父母去,无子去,淫去,妒去,有恶疾去,多言去,盗窃去。""妇有三不去:有所取无所归,不去;与更三年丧,不去;前贫贱后富贵,不去。""七出三不去"作为礼仪规范,也被载于《孔子家语》《春秋公羊传》等文献中。在唐代,"七出三不去"被正式列入法律条文中,得到了法律上的确认和规范。《疏议》在继承前人的"七出三不去"的基础上,也进行了内容上和顺序上的调整。根据《唐律疏议·户婚》的记载,"七出"的表述为:一无子,二淫泆,三不事舅姑,四口舌,五盗窃,六妒忌,七恶疾。"三不去"的表述为:"一,经持舅姑之丧;二,娶时贱后贵;三,有所受无所归。"在《大戴礼记》中,"与更三年丧"处于"三不出"的第二位,《唐律》将其提至第一位,表现出对于孝道的重视。且《唐律》将《大戴礼记》中的"不顺父母"改为"不事姑舅"。"父母"和"姑舅"均是指公婆,而《唐律》将"顺"改为"事"则更为合理。孝是善事父母,不是事事顺亲。《大明律》中"七出三不去"制度的内容与唐律一致。"七出"赋予男子休妻的权利,"三不去"则是对权利的限制。"七出"中有两条与孝道相关:一无子,三不事舅姑。

"三不去"中第一条就是"经持舅姑之丧,不去"。足见,妻子是否遵守孝道是男子休妻与否的最大标准。

(四)存留养亲

存留养亲是一项刑罚执行制度,这项制度制定的目的是为了解决死刑、流刑和徒刑犯人家中老人无人奉养的问题。若他们的祖父母、父母年老,家中又没有成年子孙照顾,犯人就可以有条件地暂时不执行原判刑罚。法律允许他们先奉养父母、祖父母,等到父母、祖父母终老之后再执行或者改判。《大明律·名例律·犯罪存留养亲》规定:"凡是不属于'常赦不原'的死罪犯人,而且他们的祖父母、父母年老生病无人照顾,家中又没有成年男子,有关部门审查清楚之后,将所犯罪名和应该侍奉父母的缘由上呈皇帝,由皇帝裁决。如果属于'常赦不原'的徒刑、流刑犯人,祖父母、父母年老病重,没有人照料他们,杖打一百下,余罪法律允许犯人用金钱、物品或者劳役来抵罪,存留养亲。"明律《纂注》补充说:"只要不是'常赦不原'的徒罪犯人和流罪犯人,全部用杖刑赎罪,存留养亲。"

留养亲人的制度最早在法律上确立下来,是在北魏时期。《魏书·刑罚志》中记载:"如果死罪犯人的祖父母、父母年在七十以上,又没有成人子孙照料身体,还没有期亲可以依傍,有关部门将具体情况上报皇帝,由皇帝裁决。被判处流刑的犯人必须在被鞭打之后,才能留下来侍奉亲人,等到亲人善终之后,仍旧要执行流刑，按规定不能够赦免他们。"在北魏，留养亲人要具备以下几个条件：死刑和流刑犯人；父母、祖父母年纪在七十以上且无成年子孙照料、无期亲可以依傍；死刑犯人必须得到皇帝的准许，流刑犯人必须遭到鞭打，且在祖父母、父母善终以后执行原判刑罚。唐代思想开放，富有开拓精神，在法律方面也有承前启后之功。唐代法律上承北魏的存留养亲制度，又在此基础上加以发展和完善。《唐律·名例》规定："不是'十恶'的死罪犯人，而祖父母、父母年老或者身患重病需要照顾，家中又没有期亲和成年子孙，可以上奏皇帝请求批准留养亲人。若是流罪犯人，暂且不执行原判刑罚来侍奉亲人，按照规定不赦免他们，按照旧例征收赋税。如果家中增加了成年男丁，或者亲人善终，就要执行流刑。"《唐律》中对于死刑犯人存留养亲的要求和北魏有两点不同，第一点是唐律规定犯人必须不能犯"十恶"罪，第二点是将北魏律法中祖父母、父母七十岁的年龄限制改为年老病重。对于流罪犯人存留养亲的规定也有不同，《唐律》中没有提及是否给存留养亲的流罪犯人额外的惩罚，比如鞭打他们，但是要求他们按照旧例缴纳赋税，而且家中增加了成年男丁之后，就要结束存留养亲，开始接受刑罚。

《大明律》将产生于北魏时期的留养制度正式定名为"存留养亲"。明代的存留养亲和唐代相比又发生了新的变化，适用范围由死刑和流刑犯人增加到了徒刑犯人，而且只有"非常赦不原"才符合留养的条件。"常赦不原"是指情节十分严重，一般不在赦免范围内的犯罪。明律中"常赦不原"的覆盖范围十分广泛,几乎涵盖了所有刑法规定的重罪,括"十恶"、"杀人"、"盗系官财物"、"强盗"、"窃盗"、放火、"发塚"、"受枉法不枉法赃"(官吏虽然贪污但是并没有歪曲或破坏法律)、"诈伪"、"犯奸"、"略人略卖(掠夺人口、贩卖人口)、"和诱人口"(被拐卖的人情愿或者被哄骗不得已而委屈顺从)、"若奸党"(成为奸党成员)、"及谗言左使杀人"(进谗言、雇人杀人)、"故出入人罪"(量刑不当,故意增减刑罚)。明律对于存留养亲还有很大的不同,在于符合条件的流刑和徒刑犯人在杖打一百之后,余刑也可以通过杖刑来赎罪,不再执行原判。由于明代律法对存留养亲的限制过于严格,符合条件的犯人很少,结果是存留养亲这一刑罚的执行制度基本上搁置不用。只有在朝廷遇到加徽号等喜庆的事,为了广施恩泽于百姓,才通过诏令的形式命官府推行这一政策,可见平时很少,或者说基本不推行存留养亲制度。可以说,明朝是存留养亲制度的受限阶段。

清初,律法中"犯罪存留养亲"和"常赦所不原"两条照抄《大明律》,一字都没有改动,也较少执行。到了康熙时期,清朝逐渐放宽了对存留养亲的限制,使得这一制度得以前所未有地推行。清末刑法重修,存留养亲一条的存废是争议的焦点。改革派认为应该废除存留养亲制度,因为修改刑法的目的是为了收回领事裁判权,所以修改的标准就是与世界各国接轨,世界各国都没有存留养亲制度,中国也应该废除。保守派则认为这一制度有关礼教伦常,礼教是中国的特色,有关伦理纲常的条文应通通予以保留。修律大臣沈家本采取折中立场,新刑法中不列存留养亲条文,但在附则中补充,在中国人之间实行。但新刑法只通过总则部分,附则还没有议定,清王朝就垮台了,存留养亲的存废问题也就不了了之。

《大明律》对"不孝罪"的严厉处罚,是明王朝"孝治天下"的重要举措。孝道的推行不只是依靠舆论监督和道德修养,多了国家强制力的保障,《大明律》对于明代孝道的推行具有重要的意义。

第六章
传统孝观念对宋元明清民众的影响

一、家喻户晓的《二十四孝》

"二十四孝"指的是二十四个孝子故事。这二十四个孝子故事被写在书上、画在画纸上、刻在墙壁上,甚至刻在坟墓之中。自明清以来,"二十四孝"基本上无人不知,无人不晓,承担着对大众进行孝教育的责任,也在塑造着国民的品格。鲁迅曾经在《朝花夕拾·二十四孝图》中感慨:"那里面的故事,似乎是谁都知道的,便是不识字的人,例如阿长,也只要一看图画便能够滔滔地讲出这一段的事迹。"随着西方文化的传入和反封建思潮的兴起,"二十四孝"被作为封建糟粕而遭到猛烈地攻击。新中国成立之后,马克思主义是其指导思想,作为"封建宗法理论"的孝更无立足之地。近年来,人们开始重新反思孝道的价值,认识到孝不仅仅是封建社会的产物,而且是超越任何社会形态的人伦规范,是人性的自然流露。故"二十四孝"又重新出现在大众的视野中。

(一)"二十四孝"的形成

学术界倾向于认为,明清以来通行本的"二十四孝"的蓝本形成于元代,由诗人郭居敬编纂而成。在元代之前,孝子故事已经在民间广为流传,《孝子传》《太平御览》《法苑殊林》《搜神记》《太平广记》等书籍记录了大量的孝子故事。元代尤溪人郭居敬是一位孝子,《续文献通考·节义·孝子》中记载了郭居敬的事迹:"郭居敬,尤溪人。生性极为孝顺,侍奉亲人十分尊敬恭顺,得到了亲人的喜爱。他整理了虞舜以下二十四人的孝行故事,命名为'二十四孝诗',来教诲儿童。"郭居敬收录了帝舜"孝感动天"、汉文帝"亲尝汤药"、王裒"闻雷泣墓"、丁兰"刻木事亲"、郯子"鹿乳奉母"、江革"行佣供亲"、仲由"为亲负米"、董永"卖身葬父"、王祥"卧冰求鲤"、朱寿昌"弃官寻母"、虞黔娄"尝粪心忧"、黄香"扇枕温衾"、姜诗"涌泉跃鲤"、曾参"啮指心痛"、闵子骞"单衣顺母"、郭巨"为母埋儿"、杨香"扼虎救父"、陆绩"怀桔遗亲"、唐夫人"乳姑不怠"、孟宗"哭竹生笋"、黄庭坚"涤亲溺器"、老莱子"戏彩娱亲"、蔡顺"拾葚供亲"这二十四个故事,并且附上脍炙人口的诗歌,编成了《全相二十四孝诗选》,作为儿童的启蒙读物。

郭居敬选择的故事涵盖面非常广。从孝子身份来看,上至帝王显贵(帝舜、汉文帝),下至贫民寒士(大部分人都是百姓),有文人贤者(黄庭坚),也有渔樵山农(郭巨),无不囊括在

"二十四孝"之中；既有老年人（老莱子），又有儿童（黄香）；既有郭巨埋儿这样的极端事例，又有日常生活中的小事，比如黄庭坚涤亲溺器；绝大多数都是男性（22个），也有两位女性。由此可见郭居敬挑选这二十四个故事的标准。一方面，他选择了一些较为典型的，在民间广为流传的人物和故事，比如董永"卖身葬父"、蔡顺"拾葚供亲"、江革"行佣供亲"、黄香"扇枕温衾"等，都是汉代有名的孝子故事，早已被人们熟知。另一方面，郭居敬也在尽量选择覆盖面更广的故事，以求能够教育更多的人去行孝。

"二十四孝"故事定型之后，作为形象而生动的启蒙教材风行于世。明末又有人在原有"二十四孝"的基础上，增删编订成《二十四孝日记故事》。《二十四孝日记故事》所确定的的内容以及以四字句命名篇名的形式，为后来绝大多数的"二十四孝"刊本所继承，成了妇孺皆知的通行版本。明代二十四孝的故事主要是以文字为主，有的配有插图，清代则是图文并茂，以图为主，外加文字说明，使得二十四孝能够被更多的读者所接受，影响更大。

(二)"二十四孝"所展示的孝道内涵

"二十四孝"其实就是告诉民众孝是什么，孝应该怎么做。关于这些，"二十四孝"受到先秦儒家原始孝论的影响颇深。《孝经·纪孝行章》中一句话就可以较为完整地概括"二十四孝"中的内涵。"孝子之事亲也，居则致其敬，养则致其乐，病则致其忧，丧则致其哀，祭则致其严。"

1. 养亲

养亲是孝道的最基本的要求，也是父母对孩子尽孝最基本的期望。民间有"养儿防老"的说法，父母养育孩子的目的之一，就是希望孩子能够奉养自己，以求安度晚年。养亲是《孝经》中对"庶人之孝"的具体要求，"用天之道，分地之利，谨身节用以养父母，此庶人之孝也"。《孝经》对不同身份的人行孝提出了不同的要求。对于天子、诸侯、卿大夫、士来说，养亲是轻而易举之事，不足以体现对于父母的诚意，所以《孝经》对他们提出了更高的合乎其身份的要求。而对于平民百姓来说，奉养父母不是一件容易的事，有些人甚至格外艰难，能够做到终身奉养父母，已经是很好地践行了孝道。"二十四孝"中体现奉养父母的故事有六例，他们无一例外都是平民百姓，也只有平民百姓做到奉养父母才特别艰难，孝子们克服困难而展示出的孝心，才难能可贵、感天动地。其中有些是为了满足父母基本的生活需要，比如仲由"百里负米"和蔡顺"拾葚供亲"、江革"行佣供母"。

其一，仲由百里负米。

孔子的得意门生仲由家境贫苦，常常吃野菜充饥。他为了使双亲能够吃饱饭，行走一百多里把粮食背回家。亲人去世之后，仲由做了大官，到楚国游览之时，跟从的车子有一百多辆，积累的谷物有一万钟，他坐在厚厚的垫子上，望着饭桌上成排的食器叹气说："即使我想去吃野菜，为亲人背米，再也没有机会了！"孔子称赞他说："在父母生前，你已经尽力侍奉父母，去世后你仍在思念哪!"孔子一语道出了仲由的孝道精神:生前竭力侍奉父母,死后仍常常思念他们。

其二,蔡顺拾葚供亲。

蔡顺,汉代汝南人,年少时失去父亲,侍奉母亲极其孝顺。在王莽统治时期,恰好遭遇饥荒,蔡顺只好去拾桑葚充饥。他把拾到的桑葚用不同的篮子装着,赤眉军见了之后感到好奇,问他原因。他说:"黑色的是成熟的,要给母亲吃。红色的还不够熟,留给自己吃。"赤眉军怜悯他的孝心,赐给他二斗米、一头牛。蔡顺不仅通过拾椹供养母亲,而且还把好的留给母亲吃,把坏的留给自己,这种区别对待表达的就是对母亲的关爱!

其三,江革行佣供亲。

江革是东汉时齐国临淄人,少年丧父,侍奉母亲极为孝顺。战乱中,江革背着母亲逃难,有好几次遇到盗贼,盗贼想要杀死他,他哭着对盗贼说:"我的母亲年纪大了,没有人照顾她。"盗贼见他孝顺,不忍心杀他。后来他迁居江苏下邳(江苏省睢宁县古邳镇),做雇工供养母亲。他对自己极其节俭,甚至打赤脚,但是对母亲却非常大方,母亲有需要一定满足。后来他被推举为孝廉和贤良方正,担任五官中郎将。

其四,郭巨为母埋儿。

郭巨,晋代隆虑(今河南林州)人,另说河内温县(今河南焦作市)人,原本家道殷实。父亲死后,他把家产分作两份,给了两个弟弟。他独自承担了奉养母亲的责任,对母亲极为孝顺。

后来郭巨家道中落,妻子为他生了一个儿子,郭巨担心养这个儿子会影响到对母亲的供养,于是和妻子商议埋掉儿子。他说:"儿子可以再有,母亲死了却不能复活,不如埋掉儿子,节省些粮食供养母亲。"于是他们在庭院中挖了一个坑,地下二尺处忽然出现一坛黄金,上面写着:"天赐郭巨,官不得取,民不得夺。"虽然郭巨奉养母亲的孝心可嘉,但是为此埋儿,实在是太残忍的事情。

2. 悦亲

悦亲是让父母快乐的意思,是孝道的重要内涵。孔子认为侍奉亲人应该做到"养则致其乐",奉养父母就要使他们感到快乐。孟子说:"悦亲有道,反身不诚,不悦于亲也。"(《孟子·离娄上》)侍奉父母需要做到悦亲,悦亲要有道,反躬自问,如果不诚心诚意,父母也不会感到快乐。《礼记·内则》记载:"曾子曰:'孝子之养老也,乐其心,不违其志,乐其耳目,安其寝处,以其饮食忠养之,孝子之身终。"曾子认为,赡养老人要使他们心中感到快乐,不违背他们的意愿,以老人爱吃的食物赡养他们,孝子终身如此。"二十四孝"中展现孝子悦亲的故事有涌泉跃鲤、怀桔遗亲和彩衣娱亲三个。

其一,涌泉跃鲤。

姜诗,东汉四川广汉人,娶了庞氏为妻,夫妻俩非常孝顺。母亲爱喝长江水,庞氏常常到离家六七里路的长江取水;母亲爱吃鱼,夫妻俩常做给她吃;母亲嫌一个人吃太无趣,他们就请来邻居老婆婆一起吃。有一次因为风大,庞氏取水晚归,姜诗怀疑她怠慢母亲,将她逐出家门。庞氏于是寄居在邻居家中,昼夜纺纱织布,将积蓄托邻居送给婆婆。婆婆知道了旁氏被逐之事,令姜诗将其请回。庞氏回家后不久,院中忽然喷涌出泉水,味道与长江水相同,每天跃出两条鲤鱼。从此,庞氏不必每天去江边提水、打鱼了。

这则故事赞美的主要是姜诗的妻子庞氏,婆婆爱喝长江水,爱吃鲤鱼,庞氏就每日不辞辛苦地去提水、打鱼,顺应婆婆的心意,满足婆婆的需求,让婆婆高兴。即使被丈夫驱逐,她仍然想着孝敬婆婆。她的孝心感动了上天,也感动了世人。

其二,怀桔遗亲。

陆绩,三国时期吴国吴县华亭人(今上海松江)。六岁之时,陆绩随父亲陆康到九江拜见袁术。袁术拿出橘子招待他,他往怀里藏了两个橘子。临走前,橘子落在了地上。袁术嘲笑他:"陆郎来我家做客,走的时候还要怀藏主人家的橘子吗?"陆绩回答:"母亲喜欢吃橘子,我拿回去给她尝尝。"袁术见他小小年纪就知道孝顺母亲,十分惊奇。陆绩成年后,博学多识,通晓天文、历算,曾作《浑天图》,注《易经》,撰写《太玄经注》。

陆绩六岁就知道带母亲爱吃的橘子给母亲,让母亲高兴,虽然未经主人同意拿别人家的橘子是不对的,但是他的孝心值得传颂。

其三,彩衣娱亲。

老莱子,春秋时期楚国人。老莱子到了七十岁,父母还健在。他非常孝顺,担心父母因为他头上有白发而感伤,常常穿着色彩斑斓的衣服端水送饭，走路时也装作小孩跳舞的样子，引得父母发笑。有一次，他在进入大厅的时候失足跌倒。为了不让父母担忧，便躺在那里学婴儿啼哭。孔子说："父母老了之后，平时说话就不要提老字，因为这会伤到父母的心。像老莱子这样，算是没有失去孺子之心啊！"

老莱子为了使父母开心，七十岁仍然穿彩衣、扮演儿童，即使看起来很可笑，也让人肃然起敬。

3．"父母，唯其疾之忧"

《论语》中记载，孟武伯向孔子请教孝道，孔子说："父母，唯其疾之忧。"子女最担心的事情就是父母生病。父母进入老年，身体逐渐衰弱，疾病时有发生。要使父母度过幸福的晚年，固然在衣食方面要特别关照，使得父母消除疾病之苦也是孝子应努力之处。"二十四孝"中有关侍疾的故事有"亲尝汤药""尝粪心忧""鹿乳奉亲""卧冰求鲤""乳姑不怠"和"哭竹生笋"。

其一，亲尝汤药。

汉文帝刘恒是汉高祖的第四个儿子，薄太后是文帝的母亲。汉文帝的仁孝之名闻于天下，侍奉母亲从不懈怠。母亲卧病三年，他常常目不交睫、衣不解带。他亲自为母亲煎药，煎完了总是亲自尝一尝，看看药苦不苦、烫不烫，自己觉得可以了，才端给母亲喝。

《礼记》中说："亲有疾饮药，子先尝之。"假如亲人有疾病，需要服用汤药，子女应该先尝一尝汤药苦不苦、烫不烫，直到汤药合父母的口味之后,才端给父母。汉文帝贵为天子,也一丝不苟地履行人子的责任,为平民百姓树立了良好的榜样。

其二,尝粪心忧。

南齐有位叫庾黔娄的高士,被委任为孱陵县的县令。他赴任不到十天,忽然心惊肉跳、汗流浃背。他预感家中出事了,因为父亲年事已高,不知何时会有不测。于是他弃官回家,果然是父亲患病了。医生告诉黔娄:"若想知道病情是好转了还是加剧了,只要尝一尝病人的粪便就可以了。若粪便是苦的,则代表病情好转。"他品尝了父亲的粪便之后,发现是甜味的,于是忧心如焚、茶饭不思。他夜里跪拜北斗星,祈求代父亲去死。没过几天,父亲便去世了,他怀着悲痛之情安葬了父亲,并守丧三年。

孔子认为孝就是忧心父母的健康。在父母生病时,子女应表现出心中的担忧。庾黔娄预感家中有事发生后,立即辞官回家。为了知晓父亲的病情,他亲自尝粪。得知父亲病情加剧后,他忧心如焚、茶饭不思。他的行为完全符合儒家孝道的要求。虽然尝粪这一诊断手段从未被中国正统医学所认可,但是非医学文献中的确有记载,有可能受到某种民间观念的影响,《吴越春秋》中记载了勾践为吴王尝粪来判断病情的故事。

其三,鹿乳奉亲。

郯子,春秋鲁国人。父母年事已高,患有眼疾,需要喝鹿乳治疗,他便披上鹿皮钻进鹿群中,假扮成鹿来挤取鹿乳。有一次,他正在取鹿乳,看到猎人正要射杀他假扮的鹿。郯子急忙掀起鹿皮现身,将挤鹿乳治疗亲人疾病的事情告诉猎人。猎人被他的孝心感动,赠送他鹿乳,并且护送他出山。

其四,卧冰求鲤。

王祥,西晋琅琊(今山东临沂)人,生母在他很小的时候去世了,继母常在父亲面前说他的坏话,使他逐渐失去了父亲的喜爱。但他没有因此嫉恨父母,反而加倍孝顺他们。父母患病,他衣不解带地侍候。继母想吃活的鲤鱼,当时天寒地冻,他就解开衣服卧在冰上,冰忽然自行融化,两条鲤鱼从中跃出。继母吃了鲤鱼之后,病果然好了。

"二十四孝"中出现了两个继母,都是狠毒的角色。作为一个受虐者,王祥并没有愤恨和不满,而是采取了以德报怨的态度。当继母生病想吃鲤鱼之时,他去卧冰求鲤,最终治好继母的病。此故事说明孝并不以父母的慈爱为前提,而是子女对父母无条件的付出和牺牲。

其五,乳姑不怠。

崔山南,唐代博陵(今属河北)人。崔山南的曾祖母长孙夫人年事已高,牙齿脱落,无法进食。祖母唐夫人十分孝顺,每天用自己的乳汁喂养婆婆,长孙夫人不再吃其他食物,身体依然健康。长孙夫人在病重之时,将全家人召集起来,说:"我无以报答儿媳妇的恩情,但愿她的子孙媳妇也像她孝敬我一样孝敬她。"后来崔山南做了高官,果然十分孝顺唐夫人。

其六,哭竹生笋。

孟宗，三国时江夏（今湖北武汉一带）人，少年之时父亲已经去世，母亲年老病重，医生嘱咐他用鲜笋做汤给母亲喝，可以治疗母亲的疾病。时值严冬，孟宗无法找到鲜笋，跑到竹林里哭泣。过了一会儿，他忽然听到地裂声，只见地上长出许多嫩笋。孟宗大喜，赶忙采回去给母亲做了鲜笋汤，母亲喝了后果然病愈。

这一类故事往往采用的是同一种叙事模式：父母生病，需要当时无法获取或者难以获取的食物来治疗，孝子的孝心感动了上天或者他人，上天或者他人帮助孝子获取食物，父母吃了食物之后病愈。这种叙事模式可以展现孝子可贵的孝心，为了治疗父母的疾病，他们甘愿"上刀山、下火海"。而且，无论是天道还是人道都是"酬孝"的，他们都会被孝子孝心所感动，完成孝子心愿，结局往往是完满的，有助于鼓励人们去行孝。

4."葬之以礼，祭之以礼"

孔子认为，孝不仅是在父母生前以礼侍奉父母，在父母去世之后，也应该按照礼来安葬和祭祀他们。孟子甚至认为"养生"不足以当成大事，"送死"才是大事。送死不仅包括丧葬和祭祀，还有对亲人的追念。"二十四孝"中与"送死"相关的故事有"卖身葬父""闻雷泣墓""刻木事亲"。

其一，卖身葬父。

董永，相传为东汉时期千乘（今山东高青县北）人，少年丧母，其后父亲亡故，为了换取丧葬费用，董永卖身至富家为奴。有一天，董永在槐树下遇到一个女子，女子自言无家可归，于是两人结为夫妇。女子擅长织布，一个月时间就织成了三百匹锦缎，换了钱为董永赎身。他们又来到那颗槐树下，女子告诉董永她是天帝之女，奉命帮助董永还债，说完凌空而去。为了安葬父亲，董永卖身为奴，他的孝心及对丧葬礼仪的重视由此可见一斑，天帝为此感动，派仙女下凡助他赎身，谱写了一段美丽的故事，被后世传为佳话。

其二，闻雷泣墓。

王裒，魏晋时期营陵（今山东昌乐东南）人，博学多能。父亲王仪被司马昭杀害，他隐居起来以教书为主业，终生不面向西坐，表示永不为晋臣。母亲在世之时害怕雷声，去世之后被埋葬在山林之中。每当听到雷声，王裒就跑到母亲坟前，跪拜安慰母亲："裒儿在这里，母亲不要害怕。"他每当读到《蓼莪》篇，就泪流满面，因为思念父母的缘故。

其三，刻木事亲。

丁兰，相传为东汉河内（今河南黄河北）人，幼年父母双亡，他常常思念父母，于是用木头刻成双亲的雕像，凡事均与木像商议，每日三餐孝敬过双亲后自己才食用，出门必禀告，返家必面见，从不懈怠。他的妻子对木像不太恭敬，因为好奇竟然用针刺木像的手指，而木像的手指竟然流血了。丁兰回家见木像垂泪，问清楚原因后，将妻子休弃。丁兰真正做到了"事死如事生"！

5. 敬爱亲人

孔子认为，孝不仅要做到养亲，也要做到尊亲。《礼记·祭义》：

"养可能也,敬为难。敬可能也,安为难。"敬亲比养亲更难,也更宝贵。《大戴礼记·曾子大孝》记载说:"孝有三,大孝尊亲,其次不辱,其下能养。"曾子把孝亲分为三个层次,尊亲是孝最高层次上的要求,故称"大孝";不辱没亲人是孝道次一级的要求,实际上也是尊重亲人的基本要求;赡养父母则是孝道最起码的要求。关于"尊亲"的具体含义,曾子没有一个明确的说明,儒家始祖孔子对此也未论述。"二十四孝"中几位孝子的故事体现了对亲人的敬爱:即使父母几次想要杀害他,舜都没有记恨父亲;为了使父亲不被蚊子咬,八岁的吴猛让蚊子喝饱自己的血;黄香酷夏时为父亲扇凉枕席,寒冬时用身体为父亲温暖被褥;即使受到继母虐待,闵子骞仍然以德报怨;虽身居高位,黄庭坚每晚亲自为母亲清洗便桶。他们之中,有人贵为天子,也有人身居高位,还有人是普通百姓;有儿童,也有成年人,共通之处是对父母亲的敬爱。即使遭遇父亲杀害、继母虐待,仍然不改初心,永远将父母放在第一位,为了满足父母的需要,他们宁肯牺牲自己。"二十四孝"中体现敬亲内涵的故事有"孝感动天""恣蚊饱血""扇枕温衾""单衣顺母""涤亲溺器"。

其一,孝感动天。

舜,传说中的远古帝王之一。他的父亲是瞽叟,母亲早亡,继母和异母弟象对舜心怀嫉恨,联合瞽叟企图加害舜。他们让舜去修补谷仓,等到舜爬上仓顶,他们便抽去了梯子,还放火烧仓顶,舜手持斗笠飘然而下,毫发无损。他们又让舜掘井,等到舜下到井中，瞽叟与象就往井中填土，舜挖地道逃脱。舜没有怨恨他们，对父母仍然孝顺，对弟弟仍然友爱。舜的孝行感动了天帝。他在历山劳动的时候，大象替他耕地，鸟代他锄草。尧听说他非常孝顺，且具备处理政事的才干，于是把两个女儿娥皇和女英嫁给他，在经过多年考察之后，选定舜做他的继承人。舜成为天子之后，仍对父母非常恭敬，还赐给象封地。舜的伟大之处在于，无论父母如何虐待他，甚至多次置他于死地，他都没有心存怨恨。同样，无论他身份卑微还是贵为天子，对父母同样恭敬孝顺。

其二，恣蚊饱血。

吴猛，晋朝濮阳人，才八岁就已经懂得照顾父母。家中贫穷，连蚊帐都买不起，蚊子叮咬得父亲整夜不能安睡。每到夏夜，吴猛就赤身坐在父亲床前，任由蚊子叮咬，这样蚊子就不会去咬父亲了。吴猛小小年纪就已经知道心疼父亲，为了能让父亲睡好觉，甘愿遭受蚊虫叮咬，其孝心令人动容。

其三，扇枕温衾。

黄香，东汉江夏安陆（今湖北孝感）人，九岁时母亲去世了，她侍奉父亲极其孝顺。夏天她为父亲扇凉枕席，冬天她为父亲温暖被窝。黄香少年时代已经博通经典，文采飞扬，"天下无双，江夏黄童"的名号在京师广为流传。与吴猛一样，黄香小小年纪已知关爱父亲，亲身实践了冬温夏清的孝礼。她的所作所为简单朴实，每个人都可以做到，她的孝行和孝心值得大家学习。

其四，单衣顺母。

闵损,字子骞,春秋鲁国人,是孔门弟子,德行与颜渊并称。孔子曾赞扬他说:"孝哉,闵子骞!"他生母早死,父亲娶了后妻,之后生了两个儿子。继母经常虐待他,弟弟们穿的棉衣是棉花做的,他的"棉衣"却是芦花做的。一天,闵损为父亲牵车时因寒冷打战,导致绳子掉落地上,因此遭到父亲的斥责和鞭打。芦花随着打破的衣缝飞了出来,父亲才知道他受到虐待,决定休妻。谁知他跪着请求父亲:"留下母亲只是我一个人受冷,休了母亲三个孩子都要挨冻。"继母听说后,非常悔恨,从此待他与亲生儿子别无二致。这是一个以德报怨的故事,说明了孝具有感动人心的力量,孝子多会有好的结局。

其五,涤亲溺器。

黄庭坚,北宋分宁(今江西修水)人,是著名的诗人和书法家。他虽然身居高位,却没有一天忘记作为儿子的职责,侍奉母亲竭尽孝诚,每晚上亲自为母亲洗涤溺器(夜壶)。这虽是小事一桩,常年坚持却也不容易。黄庭坚的作为体现的是对母亲的关爱和尽孝的意识。

(三)"二十四孝"的特点

作为孝道传播的载体,"二十四孝"的特点主要表现在以下几个方面。

1. 在表现形式上,"二十四孝"图文并茂,文字中既有对故事的叙述,也有诗歌对孝子加以赞美,多种形式并存与表达形式较为单一的《孝经》《弟子规》以及正史中的《孝义传》《孝友传》等其他宣教孝道的作品比较，"二十四孝"特色明显，传播优势也很明显。"二十四孝"通过叙述性的文字清晰地交代了故事的梗概，又通过诗歌对故事加以强调且对孝子加以赞美，让读者加深印象的同时情感也得到升华，而图画则能够直观地呈现当时的场景，将读者带入那个场景之中。因此，"二十四孝"生动有趣，雅俗共赏，深受大众喜爱，传播力强，在孝道传播史上具有重要的意义。

2. 涉及孝感的故事比较多

孝感的故事在"二十四孝"中较为常见。第一种情况是孝感动了上天，天降祥瑞。例如，舜的孝心感动了上天，他在历山耕种的时候，大象替他耕地，鸟代他锄草；董永卖身葬父感动了上天，天女下凡织布帮助董永赎身；郭巨埋儿奉母，上天赐予他黄金一坛；姜诗的妻子竭力孝敬婆婆，感动上天，院中出现涌泉跃鲤；王祥卧冰求鲤，冰层突然自行融化，跃出鲤鱼；孟宗为治疗母亲疾病寻找鲜笋，严冬地上长出嫩笋。在古代人的观念中，上天是有意志的人格神，能够和凡人交通，可以被凡人的孝心感动，然后以降祥瑞的方式表示对孝子的肯定和嘉奖。"天人感应"在传世资料中最早可以追溯到《尚书·洪范》，"曰咎征：曰狂，恒雨若；曰僭，恒旸若；曰豫，恒燠若；曰急，恒寒若；曰蒙，恒风若。"上天可以感应君王的行为，并通过自然现象来表达其意志。君主行为恶劣狂妄，上天就下大雨；君王行为动辄有差错，经常干旱；君王办事拖拉迟缓，天气经常炎热；君王办事冒失孟浪，天气经常寒冷；君王处事昏暗不明，经常大风不止。董仲舒认为这是上天的谴告。上天具有意志，天人相副、天人相通，上天可以通过降祥瑞或降灾害来发出表彰或警告的信息。"天人感应"的思想在春秋战国时已经比较流行了，两汉发展到了顶峰时期。"二十四孝"中很多故事发生在两汉时期，后代天人感应的风气虽然没有两汉那么浓厚，但是在孝的故事中却常常出现，将孝上升为上天的意志，或者说孝道故事中需要天人感应来保障孝子结局的美满，强化孝道宣传的效果。第二种情况是孝感动了天子、盗贼、猎人等，他们帮助孝子实现心愿。例如，大舜的孝行感动了帝尧，尧把两个女儿嫁给他，并选他作为继承人；闵子骞的孝行感动了继母，继母悔改，从此把他当作亲生儿子；郯子的孝行感动了猎人，猎人赠他以鹿乳；蔡顺拾葚异器，感动了赤眉军，赤眉军赠他米和牛。孝可以感动天，亦可以感动人，说明孝既是天道，也是人道。

二、宋元明清大众孝观念——以正史《孝义传》《孝友传》为中心

儒家思想是中国传统社会的主流思想，对民众的思想产生了深远的影响。经过历代思想家与统治者的倡导，儒家孝观念已经深深地扎根于宋、元、明、清民众的思维中，指导着他们日常生活中的一举一动。在政府与民间的教化和倡导下，宋元明清民众

行孝风气浓厚，涌现出众多孝行卓著之人，受到朝廷的旌表，正史中的《孝义传》或《孝友传》均有记载。正史中记载的孝子孝行主要分为以下几种情况：

(一) 累世同居

累世同居是中国古代家庭的一种特殊形态。与普遍存在的小家庭相比，聚族而居的大家庭具有数量较少、人口众多、同居共财、结构复杂、宗法性强的特点。自汉代而起的"聚族而居，世代同堂"的习俗，魏晋南北朝时期开始得到政府的旌表，又被称为"义门"。累世同居至宋元明清时代仍然较为流行，并作为践行孝道的重要表现形式，受到政府的高度推崇。

在宋代由于统治阶级的大力提倡，聚族而居的大家族数量较多，达到了历史的顶点，仅《宋史·孝义传》记载的就有57家，为正史之冠。宋朝各地大小规模不等的聚族而居的大家庭很多，其中最大的当属江西德安陈氏家族，累世同居达两百多年，到仁宗嘉祐八年（1063）分家时，已经十三世，共三千七百余口人。洪州奉新人胡仲尧家也是典型的案例。胡家累世聚居达到几百口人，在华林山别墅建了学社，聚书万卷，还修建了宽大的房舍和粮仓，延请四方游学之士。雍熙二年（985），宋太宗下诏表彰胡家门闾。胡仲尧到官里谢恩，获得两百两白金器的赏赐。淳化中期，洪州境内遭遇旱灾，仲尧打开仓库赈济灾民，还出资建造了南津桥。太宗为了嘉奖他，赐予洪州助教的职位，还允许他每年用香稻和时令水果在内东门进贡。五年之后，他派遣弟弟仲容来祝贺寿宁节。太宗召见了仲容，授予他"试校书郎"的职位，还赏赐了袍笏犀带以及御书。这件事被传为美谈，大臣们纷纷作诗加以称赞。

元代的累世同居经历了一个前后发展演变的过程。由于连年的战乱和人口的大规模迁徙，累世同居经历了一次严重的外部冲击，而元朝初年的户籍政策实际上放任和鼓励了个体家庭的发展。直到南宋灭亡十多年后，随着国家统一局面的巩固和社会秩序渐趋稳定，元朝政府才开始提倡累世同居。至元三十年（1293），元政府颁布法令，规定对"五世同居安和者"进行旌表。元代累世同居的家庭虽然没有像宋代那样繁盛，但散落于全国各地的大家庭也不在少数。《元史·孝友传》中记载的受到政府旌表的大家庭有浦江郑氏、芜湖芮氏、延安张氏、峡州向氏、汴梁丁氏，此外还有休宁朱震雷、池州方时发等十七个大家族。

明清时期，累世同居大家族在元代基础上继续发展，最具代表性的当属浦江郑氏家族。郑氏家族位于浙江中部浦江县郑宅，被誉为"江南第一家"，自南宋建炎初年（1127）开始聚族同居，至朱明天顺三年（1459）郑氏宗祠遭遇火灾被焚毁，家族同居历史达三百三十余年，极盛之时聚居人口达三千多人。郑氏家族因累世同居，曾受到宋、元、明三朝的旌表，《宋史》《元史》《明史》三部正史的《孝义传》《孝友传》均记载郑氏族人事迹。如，七世祖郑绮被载入《宋史·孝义传》；六代传承至郑文嗣，被旌为义门,载入《元史·孝友传》。在文嗣的弟弟文融主理家政的时候,布使者余阙将郑家表为"东浙第一家";文融的嗣子郑钦刺血治疗生父的疾病;郑铉在父亲死后痛哭三日,须发全白,且在元军侵犯之时,以利害关系将元军引去,避免了战乱对当地的祸害;宋太祖问郑濂治家长久之道,郑濂回答:"严格遵守祖宗遗训,不听妇人之言。"太祖认为他说得很对,赐给他糕点。郑濂拜谢赏赐,将糕点带回家,分给家人吃。太祖闻讯赞叹他的行为,准备赐给郑濂官职,他以年老为由拒绝了。当时富裕家庭都因加罪以致破败,郑氏家族独得保全。中书省丞相胡惟庸犯罪被处死,有人揭发郑氏与胡惟庸勾结,官吏去逮捕郑家人,兄弟六人争着要去,结果郑濂的弟弟郑湜去了。当时郑濂在京城,对弟弟说:"我是最年长的,理应去认罪。"郑湜说:"长兄年纪大了,我自己前去辩白。"太祖召见他们说:"有这样的人,他们会跟别人谋反吗?"于是宽恕了他们。郑渶曾在元朝做官任浙江行省宣慰使,主持家政数年。建文帝表彰郑氏家族,郑渶朝见皇帝谢恩,建文帝亲手书写"孝义家"三个字赐给他。成化十年,官府上奏说郑永朝世代有义行,郑氏一门又被表彰为孝义之门。

郑氏家族中一人主持家政,家长即族长。在族长之外设有宗子,宗子由嫡长子担任,只管祭祖,是宗族的象征。除此之外,郑氏家族还设辅助人员,形成完整的组织结构。其中典事、监视、掌门户与家长一样由选举产生,负责最重要的工作,具有部分决策权。其他辅助人员由家长指派。郑氏有三千亩肥硕的田地,实施共财制度，财产平均分配，要求家众无私蓄，"一钱尺帛"都不能私有。家中产业文券都印有"义门公堂产业，子孙永守"字样。若子孙擅自买卖，将受到家法严厉地制裁。义门郑氏私塾族学也很著名。郑氏家族第五代祖郑德璋重视子弟培养，在离家大概一里路的东明山上创建了宗族学校——东明精舍。规定年满十六岁的郑氏子弟前往读书受教。至元中叶，郑德璋之子郑文融鉴于东明精舍狭小，招收的学生都是郑氏子弟，决定在原有的基础上加以扩展，使之成为初具规模的一所乡里小学。东明精舍的师资力量强，专门聘请了著名学者吴莱、柳贯、宋濂为讲师，闻名一时。至清乾隆年间，郑氏宗族学校重建，改名为东明书院。义门郑氏还有《郑氏规范》流传后世，是最为完备的义门类家族规范，对家族事务的方方面面都有具体的规定，是儒家思想改造社会的重要实践，对后世产生了深远影响，也使得义门郑氏成为中国传统文化讴歌的模范大家庭。

为什么累世同居会受到政府的旌表呢？首先，累世同居的家族往往尊老，尊老是孝道的重要表现。老人位于家族权力结构的最上层，最有权威和地位，这样，老人一般就会得到较好的照顾。其次，累世同居大家族较为重视孝教育，孝子辈出。累世同居大家族往往人口众多，孝成为大家族得以维系的重要纽带，因此，同居大家族较为重视孝教育。《郑氏家训》中记载，郑氏家族对郑氏子孙的孝教育已经形成了一套完备的制度。每逢初一、十五聚会时，朗诵道德歌诀、家规族训，未成年男女还要每天在"有序堂"朗诵男女训诫之词。耳濡目染之下,孝的种子已经根植于心中。郑氏子弟多为孝子,留下了许多可歌可泣的故事,《宋史》《元史》《明史》的《孝友传》或《孝义传》均有记载。其三,累世同居有利于家族稳定,进而有利于王朝统治。郑氏家族在繁盛之时,人口多达三千人,管理极为严格,实行严格的共财制度,不允许家族人员有私产,共同劳动,共同受教育,甚至共同吃饭。若违背家规,有严格的惩罚措施。上述措施,使得郑氏家族维持在有序稳定的状态,进而有利于明王朝的稳定。

(二) 舍身救亲

人最宝贵的是生命,每个人的生命都是父母赋予的,所以父母是子女最大的恩人。中国人自古以来富有报恩意识,很多孝子为了报答父母的恩情而牺牲了宝贵的生命。孝对他们而言是内在的心理需求,已经成为一种信仰。在古代社会中,很多人遭遇盗贼杀戮、猛兽袭击、获罪下狱,生命受到了威胁,子女在父母危难之时挺身而出,为了解救家人甘愿奉献宝贵的生命,堪称最伟大的孝道。在宋元明清正史的《孝义传》《孝友传》中,记载了许多舍身救亲的孝子事迹。舍身救亲往往发生在以下几种情境中:

当父母遭遇盗贼、倭寇等掳掠时,孝子愿意以自己的生命换取父母的生命。如信州铅山人申世宁,宋高宗绍兴六年(1136),潘达的部队进攻铅山,申世宁的父亲申愈已经七十岁了,还没来得及出门就遇上了盗贼。盗贼认为他身上藏有金子,想要杀他。

还不到二十岁的世宁立即伸出脖子，愿意代替父亲去死，盗贼被他的孝心所感动，最终没有杀害他们。再如元朝汀州赖禄孙。赖禄孙的母亲病倒了，正好碰上蔡五九作乱，他背着母亲和乡人们一起在南山躲避。盗贼到了，众人逃散，赖禄孙守着母亲不走。盗贼要杀他的母亲，禄孙用身体遮挡说："不要伤害我母亲，宁可杀了我。"母亲口渴，得不到水，禄孙就用唾液为她湿润嘴唇，盗贼看得惊讶，不忍加害，反而取水给他。赖禄孙替母而死的孝心感动了盗贼，盗贼最后放了他们。

水火中或者虎口救亲。例如，元代须城王闰的父亲夜里在室内点着长明灯，灯火蔓延到篱笆墙上，起了大火。王闰听到火声，慌忙起来扑救。火已经很大了，烟雾火焰遮蔽了父亲的寝室门户。王闰冲入火中，脱下衣服蒙住父亲，把他抱了出来。王闰的身体烧伤了，可是父亲没受一点伤，有一个女儿没能救出来，被烧死了。

又如明朝大同广昌人谢定住，他十二岁时，家中的牛走失，母亲怀抱了幼子追赶，定住跟在母亲身后，一只老虎跳出来咬他的母亲。定住奋力打虎，老虎逃走。他将弟弟抱起，搀扶着母亲向前走，虎又追来咬母亲的脖颈，定住再打虎，虎又逃走。刚走几步，虎又回来咬母亲的脚，定住再拿石头打虎，老虎这才舍弃他们跑掉，母子三人得以保全。永乐十二年，皇帝召见定住，对其进行嘉奖，赐予十石米、两百锭钞，在其家挂匾以示表彰。

再如，清代浙江钱塘人潘珺，父亲远游，家中遭遇火灾，母亲让他拿着箱子先走。他到门口往回看，没看见母亲，将箱子放在地上又进去了。逃出来的家人阻止他继续进入，但他一定要去救母亲，最后同母亲一起被烧死了。

替父亲承担法律责任。父亲触犯了国家法律，应该受到法律的制裁，有些孝子自愿替父亲顶罪受罚，甚至被执行死刑。

例如，宋深州陆泽人邢神留，父亲邢超欠了官租，里胥来催要，和邢超打了起来，邢超把里胥给打死了。十六岁的邢神留到官府里请求代父亲去死。州里将这件事情上报皇帝，皇帝下诏免去他的死刑，并赐给里胥家里一万钱作为买棺材的费用。

明代因替父受罚而被旌表的情况几乎全部发生于洪武年间。例如，明代江宁周琬，洪武年间，父亲任滁州知州，因罪被判处死刑。周琬那一年十六岁，进京请求代父受死。皇帝怀疑他是受人教唆，命令将他斩首，周琬面不改色。于是，皇帝免除其父死罪，代之以罢官和充军边塞。周琬请求道："充军和斩首同样是死，父亲死了，儿子活着有什么用，情愿以死代替父亲充军。"皇帝生气了，命令将他押赴刑场，周琬一副很开心的样子。皇帝明白了他的真心，赦免了他，亲自在屏风上写下"孝子周琬"四个字，不久授予他"兵科给事中"的职位。由此事可见，相对于法律而言，朱元璋认为孝心更加珍贵。当时也有对这种现象提出反对意见的官员，比如洪武十七年（1384）左都御史詹徽上奏说："太平府有平民打死了孕妇，按照法律应该被绞死，他的儿子请求代替他死。"太祖将奏章交给大理寺卿邹俊研究，邹俊认为：

"儿子代替父亲去死,这种心情固然可嘉,但死去的妇女关系到两条性命,冤仇如何伸雪?罪人犯了该死两次的条款,法律怎能宽免?与其留下犯罪的父亲,不如保全没有罪的儿子。"太祖下令按照邹俊的意见处理。

(三)为亲报仇

传统社会民间有复仇的风气,有些儒家文献对此持赞赏态度。《礼记》中记载,子夏请教孔子:"对待父母的仇人应该怎么样呢?"孔子说:"睡苦苫,枕盾牌,不做官,和他不共戴天。"儒家思想对于社会风俗产生了重要影响,两汉复仇之风非常浓厚。复仇为整个社会所嘉奖,不复仇反倒是一种耻辱,统治者也对复仇者从轻发落。如东汉章帝建初年间,某人因为父亲被侮辱而将侮辱者杀死,章帝免其死刑,从轻发落,此事成为后来办理复仇案件的比附案例。宋元明清时期,复仇之风虽然比两汉有所减弱,但为亲复仇仍然是孝道的重要表现,为社会所称颂。朝廷对于为亲复仇杀人的处置也跟汉章帝的做法是一致的,都考虑到了孝子的孝心,出于道德教化的目的,从轻处置,甚至免除杀人者的责任。

明代武义人王名世为父报仇的故事可谓可歌可泣。王名世的父亲王良与族侄王俊争夺房产,被王俊殴打致死。世名那年十七岁,恐怕父亲的遗体受到破坏,不忍心告官,便佯装同意王俊赔偿田地讲和,暗中将父亲的肖像挂在密室,把自己画成带刀侍卫的形象挂在一边,又买了一把刀,刻上复仇两个字,连母亲、妻子都不知道。等到儿子出生几个月之后,他对母亲和妻子说:"我已经有了后代,可以去死了。"一天,王俊在外面醉酒归来,名世举刀迎面砍过去,当时就把他杀死了,此时距离父亲去世已经六年了。他取出以前封存的钱投案请死,金华知县汪大受前来审判,对他说:"如果检查你父亲的遗体有伤痕,你就可以免死。"世名说:"我就是不忍心伤害父亲的遗体,才拖到今天。"同县人赶来为名世说话的人数以千计,知县便命人将王良的棺材抬来,准备开棺验尸,名世用头撞击石阶,最后绝食而死。朝廷在他家门挂匾表彰他的孝心。

再如,清直隶新城人任骑马,父亲在四月八日迎赛神的时候被仇人杀死,身上共有二十八个伤口。他七岁的时候从母亲那里知道了父亲的死状,悲愤不已,用指甲刺胸,发誓要为父亲报仇。仇人姓马,所以他改名为骑马。在任骑马十九岁的时候,也是四月八号迎赛神那天,他埋伏在路边等待仇人到来。等仇人来了,他先是谩骂仇人,然后左手脱下斗笠遮蔽仇人的眼睛,右手拿刀刺向仇人的胸,刺了二十八下才停止。随后任骑马去官府自首,官府从轻发落,后任骑马被曾国藩旌表为"孝义刚烈"。清政府对于为父报仇的态度多是如此,既追究其法律责任,又从轻发落,试图兼顾社会正义和孝道。

(四)万里寻亲

万里寻亲是清代孝道的重要体现。当至亲不在身边时,孝子心中充满了牵挂和担忧,必然希望与亲人团聚,好好照顾亲人。

如元代庐州庐江人羊仁。至元初年(1264),羊仁家遭到劫掠,父亲被杀,母亲和兄弟都逃散了。羊仁当时七岁,被卖给汴州李子安做家奴,辛勤劳作二十余年,子安怜悯他,放他为良民。羊仁查出了母亲和兄弟的下落,百般筹措,历时六年将他们赎了回来。大小二十余口又聚在一起成为良民,非常孝敬有爱,乡里都称赞他们,朝廷也表彰了他们。

清代很多父母不在身边的孝子义无反顾地踏上了寻亲之路,万里跋涉,历经千辛万苦,最终见到父母,将父母请回家悉心奉养,或者将父母的遗骸请回家归葬。《清史稿·孝义传》中记载了许多万里寻亲的孝子。例如,浙江会稽人赵万全。赵万全的父亲在小万全两岁的时候去北方游览就没回来,等到赵万全长大了,他问母亲:"父亲在哪里?"母亲告诉了他缘故。万全十九岁之时开始寻父。父亲开始客居京城,后来死在马邑。万全遍访江淮,来到京城,疑心父亲已死,见路上有遗骸,刺血验亲,结果不是父亲,就在路上号哭。他又从京师辗转至马邑,遇到了马邑人张文义。张文义曾经招万全的父亲为主书,在万全父亲死后为其安葬。张文义告诉了万全埋葬父亲的地方,万全哀哭良久,把父亲的尸骨裹起来背回家乡。清政府旌表了赵万全。

(五)善事父母

《孝经》中记载孔子说:"孝子之事亲也,居则致其敬,养则致其乐,病则致其忧,丧则致其哀,祭则致其严。"这句话是对善事父母最好的解释。父母赐予子女生命,尽心抚养子女长大,子女也应该竭力侍奉父母,做到善事父母。善事父母包括养亲、悦亲、敬亲、为父母治疗疾病,遵照礼仪举行丧礼和祭祀活动等。对每个子女而言,善事父母都是不难做到的,属于日常的孝行。

1. 养亲

从物质方面赡养双亲、照料双亲是孝道最低层面的要求。《论语·为政》中记载,子游向孔子请教孝道,孔子说:"现在所谓的孝,能够养活父母就行了。照这样说,连犬马也有人喂养着,不尊敬自己的父母,养活父母和养活犬马有什么区别呢?"在孔子思想中,养亲是孝道最基本的要求,敬亲是高层次的要求。《礼记·祭义》篇记载了曾子的看法:"孝道有三种情况,最高层次的孝是尊敬亲人,其次是不侮辱亲人,最低层次的孝是养活亲人。"

宋元明清的正史的《孝义传》《孝友传》中记载了许多孝子孝养亲人的事例。例如,宋代湖州武康人朱泰,家里贫穷,靠卖柴养活母亲,常常到几十里以外的地方换来美味奉养母亲。

元朝真定人张庆,听说寓居河南的伯父张泰很贫困,就将他接回来奉养,供给饭食丰足美好,胜过亲生儿子。清代也有许多孝子在养亲方面做得很好,例如江南吴氏四孝子。四孝子成家之后,商议轮流侍奉父母膳食,每一个月换一家。儿媳们认为这样做太疏于礼节,商量着改为每天换一家。这样还是觉得不够孝顺,最后决定每顿饭换一家,老大准备早餐,老二准备午餐,老三准备晚餐。还准备零钱给父亲,供他去集市上嬉戏、买果子分给孙儿。父亲喜欢赌博,四孝子先把钱给和父亲赌博的人,让他们表面上输钱给父亲,来使父亲高兴。四孝子几十年都这样做,父母都快百岁了,也不懈怠。

除了能够养活亲人之外,许多孝子还做到了悦亲,也就是孔子所说的"养则致其乐"。例如,宋朝杭州仁和县李琼,以卖丝织品为生,侍奉母亲十分孝顺,夜里起来看望母亲十多次。母亲喜欢吃应时新鲜的东西,李琼千方百计地寻求购买,得到以后必定付给十倍的报酬。做到悦亲的还有元朝永平庞遵,母亲患有水肿病,三年不能起床,忽然想吃鱼。庞遵到集市上没有买到,回家路上一直叹息,忽然有一条鲤鱼跃入他的船中,庞遵十分欣喜,回家后,他把鱼做成羹汤送上,母亲很高兴。

2. 侍疾

老年人因为身体机能逐渐下降,是最容易生病的群体之一。科学研究表明,现代六十岁以上的老人平均罹患一种慢性病,八十岁以上的老人基本会有两种疾病在身。虽然古代人的寿命没有现代那么长,但古今老人普遍遭受疾病困扰是毋庸置疑的。一旦父母生病,孝子不仅应该请医问药,悉心照料,还应该陪伴父母,抚慰父母饱受疾病折磨的精神。孟懿子问孔子孝道是什么,孔子说:"父母,只需要担忧他们的健康就够了。"《礼记·曲礼》中记载:"在父母生病的时候,做儿子的戴冠顾不上梳头,走路顾不上注意姿势,说话顾不上讲究辞藻,不弹奏琴瑟,吃肉少到不至于改变食物的滋味,饮酒少到不至改变脸上的颜色,笑不露出齿根,怒不至责骂人,父母的病好了,才恢复常态。"父母生病之时,孝子应该表现出忧愁之心。例如,宋代江阴人陈思道,在母亲生病的时候非常担忧,有好几个月都没有解下衣带休息,以致两眼生疮溃烂。

很多孝子为了治愈父母的疾病,甚至做出割大腿、刲肝、抉目、剖心、断指等伤害身体的行为。比如山丹州的宁猪狗母亲七十多岁,患疯病,吃药无效,猪狗割下自己大腿肉给她吃,后母亲痊愈。再如清汪灏,江南休宁人。父亲咳血,十六岁的汪灏割股和药给父亲吃,后父亲的疾病治愈了。数年后,父亲的脚得了病,汪灏的弟弟汪晨割股炼成末,敷在父亲的脚上,后父亲的脚痊愈了。又过了数年,父亲咳血复发,汪晨又割了自己的胳膊治好了父亲。又过了数年,父亲得了一场大病,汪灏又割臂,没有治好父亲。汪晨病了之后,弟弟汪日昂哭泣说:"我的哥哥割臂治疗父亲的疾病,难道我不能割臂治疗哥哥的疾病吗?"日昂的弟弟日昇也找了一把斧头断了指,调成药给汪晨喝,被有司旌表为"一门四孝友"。

在儒家思想中,子女的身体是父母赐予的,不伤害自己、保全身体就是对父母的孝顺。《礼记·祭义》中说:"父母完整地生下子女的身体,子女死后也完整地将身体归还父母,可以算孝顺了。"虽然割股的目的是治疗父母的疾病,但这种严重伤身的行为已经背离了原始儒家孝道思想。因为政府的旌表,割股疗亲之风在后世愈演愈烈。洪武年间,山东地方官报告说:"日照居民江伯儿,母亲患病,割自己的肉为其治疗,无效。于是他向泰山神祈祷说,如果母亲病愈,愿杀儿子为其祭祀。他母亲的病果然好了,他竟然将三岁的儿子杀死了。"太祖大怒道:"父子关系是最重要的。《周礼》规定长子死父亲要为他服丧三年。现在小百姓无知,破坏伦理道德,实在应该惩治。"于是他下令逮捕江伯儿,打了一百棍,发配海南充军。"后来太祖命令审议表彰条例,礼部官员上书:"子女侍奉父母亲长,平时要做到尊敬,供养要使其满意,有病则为之寻医求药祷告天神,这种迫切的心情,是子女应该有的。至于卧冰割股,古时没有发生过。倘若父母只有一个儿子,却因割肝而丧生,或因卧冰而死亡,使父母无所依靠,香火永远断绝,反而成为最大的不孝。这些都是因为一些愚昧之徒崇尚怪异,恐吓凡夫俗子,希图表彰,以此逃避徭役。割股不行,以至于割肝;割肝不行,以至于杀子。违反天道、伤害生命,没有比这更严重的了。从现在起父母有病治疗无效,不得已而卧冰割股,也听凭他们去做,但不在表彰范围之内。"诏书说:可行。雍正皇帝也不赞成旌表割股疗亲的孝子。他说:"父母爱子,无所不至,如果因为自己生病而使得孩子割肝刲股充当食物、和药汤,纵然其子无恙,父母没有不担忧的,况且因此而伤生,难道父母忍心听见这样吗?父母有疾病,孩子当然应该尽心竭力侍奉,如果至诚纯孝,必然能够感天动地,不必做这种惊世骇俗、违背日用伦常的行为。"

3. 善居丧

善居丧也是善事父母的重要方面。孔子认为孝就是在父母生前按照礼来侍奉他们，死后按照礼进行丧葬和祭祀活动。对于丧礼来说，比之于礼仪的周密，孔子更重视自然亲情的流露。《礼记》中记载了孔子关于丧葬和祭祀的想法，说："丧礼，与其悲哀不足礼节完备，不如礼节不足悲哀过度。祭礼，与其恭敬不足礼节完备，不如礼节不足恭敬有余。"

先秦思想家的孝论对后世产生了深远的影响，宋元明清孝子中多有父母死去哀毁过度的现象。例如，元镇江丹徒人孙瑾，在父亲去世之后过度哀痛，严冬光着脚走路，停放灵柩四年，睡觉不脱衣服，经常吃粥，诵读佛经。清浙江海盐人吴藩昌在居丧期间不吃任何食物，等到出殡之后，开始吃粥，不吃蔬菜水果，睡觉也不脱丧服，等到葬礼结束，吐血数升，过了周年祭，就死去了。《仪礼·丧服》篇记载，孝子居丧期间必须住在草棚里，睡在草堆上，头枕土块，不分昼夜地哭泣。每天只能喝稀饭，早上煮一把米，晚上煮一把米。吴藩昌因为亲人去世悲伤过度最终丧命，已经违背了礼。原始儒家皆反对这种极端的自虐风气。孔子说守丧期间身上长了脓疮就应该去洗澡，头顶长了疖子就应该洗头，身体虚弱就应该喝酒吃肉补养一下。不节制哀伤而使身体极度虚弱甚至丧失了性命，恰恰是使父亲绝后的不孝之举。无奈，清代孝文化在一定程度上与原始儒家产生了背离，走向了极端。

儒家是中国传统文化的主流思想，儒家孝道思想深深地影响了宋元明清朝代的大众孝道观念。宋元明清的统治者继承了汉朝以孝治国的方针,重视对民众的孝道教育,旌表孝行卓著之人,取得了显著效果。上至皇族,下到民间,推崇孝道的风气极为浓厚。由宋至清,正史中《孝义传》《孝友传》记载的孝子数量越来越多,民众的孝观念也逐渐与原始儒家的孝论发生背离,割股疗亲、父母去世哀毁而死等现象在正史中屡见不鲜,大众孝观念已经走向极端和僵化。

三、《弟子规》——传统社会的童蒙教育

《弟子规》原名叫《训蒙文》,是康熙年间陕西降州(今新绛县)人李毓秀所著。他根据《论语·学而篇》第六条"弟子入则孝,出则悌,谨而信,泛爱众,而亲仁,行有余力,则以学文",主要列举了为人子弟在家、外出、待人、接物、处事、求学时应有的礼仪规范。

鉴于《弟子规》能够教育子弟敦伦尽份、防邪存诚,有益于形成忠厚的家风和淳朴的民风,清政府高度重视《弟子规》,将其定为幼学必读教材,誉其为"开蒙养正最上乘"读物。《弟子规》的影响之大、读诵之广,仅次于《三字经》。

在中国传统社会中,孝是最重要、最基本的德性之一,被誉为众德之首、人伦之始、立身之本。古往今来的儒家皆倡导孝道,并且不断拓展和深化孝道的理论内涵。历代统治者"以孝治国",

采用行政、法律和教化等多种形式促使人们去行孝。孝道也是家庭教育和社会教化的重要内容。《孝经·开明宗义章》中讲道:"夫孝,德之本也,教之所由生也。"意思是,孝道是道德的根本,教化的开端,即对孩童的教育应该从孝教育开始。儒家思想对于孝道的重视以及对孝道内涵的阐释对《弟子规》产生了重要影响。《弟子规》中将孝放在首要位置,以通俗易懂、脍炙人口的三字诗的形式告诉孩童孝应该怎么做,收到了良好的教育效果。《弟子规》中所体现的孝思想表现在以下两个方面。

(一) 谏亲

《弟子规》中记载:"亲有过,谏使更。怡吾色,柔吾声。谏不入,悦复谏。号泣随,挞无怨。"父母亲有过,应该小心劝导使其改过向善。劝导时态度要诚恳、和颜悦色,声音必须柔和。如果父母不听劝导,要耐心等待,等到父母情绪好转的时候继续劝谏。如果父母仍然不接受,甚至生气,此时我们虽然难过得痛哭流涕,也要恳求父母改过,纵然遭到责打,也无怨无悔,以免父母陷入不义,一错再错。

"顺"经常与孝放在一起被人们谈起,顺亲是孝亲的重要内涵之一,由此引发一个问题:假如父母言行不当,顺亲也是符合孝道的吗?曾子曾经就此问题请教孔子:"顺从父亲的命令,可以叫孝吗?"孔子说:"这是什么话?这是什么话?从前天子的身边有直言相劝的诤臣七人,因此天子本人纵然不守王道,胡作非为,也不会失去天下。诸侯有直言相劝的诤臣五人,所以诸侯本身即使失去君道,也没有失去他的国家。大夫有直言相劝的诤臣三人,即使失去臣道,也不会失去他的乡邑。士有直言相劝的朋友,他一生就不会失去美名了。父亲有直言相劝的子女,就不会做出不义之事了。所以子女一定要劝谏父母不去做不义之事,臣子一定要劝谏君主不去做不义之事。当他们将要去做不义之事之时,一定要挺身而出,直言相劝。一味服从父亲的命令,怎么能算孝呢?"

孔子之前,伦理学意义上的孝的概念已经产生,但其内涵中没有"谏亲"的义项。孔子在对原来孝道进行改进的基础上,给孝注入了许多新的元素,其中最有价值的就是提出了谏亲思想。孔子认为,若父母言行不当,儿女就应该直言相劝,这样就可以避免父母遭受不仁不义的恶名。一味顺从父母,不是真正的孝道。曾子认同孔子的观点,并且将谏亲原则升华为"君子三乐"之一。曾子曾告诉子夏:"君子有三乐,钟磬琴瑟都不在其中。"子夏问:"请问有哪三乐?"曾子答:"有亲可畏,有君可事,有子可遗,是第一乐;有亲可谏,有君可去,有子可怒,是第二乐;有亲可喻,有友可助,是第三乐。"

与孔子、曾子的观点相反,孟子主张无条件顺亲,认为人生最高的价值不是贵为天子、富有天下,而是顺从父母,得到父母的心。弟子万章问孟子:"舜为什么对天哭泣?他在抱怨父母吗?"孟子回答:"尧让他的九个儿子两个女儿,带着百官、牛羊和粮食,到田野里去为舜做事。天下士人投奔舜的也很多,尧把天下让给了他。但舜因为父母不喜欢他,像穷苦的孩子找不到依靠。天下的士人都爱戴自己,这是许多人所追求的,对舜来说却不足以解忧;美丽的姑娘,谁都喜欢,尧将自己两个女儿嫁给舜,也不足以解舜之忧。财富,是人人想得到的,舜富有天下,却不足以解忧;尊贵,也是人人期盼的,舜贵为天子,仍不足以解忧。众人的爱戴、美丽的姑娘、财富、尊贵都不足以解忧,只有顺从父母、得到父母的喜爱,才可以解忧。"舜因为得不到父母的欢心而忧愁,天下人的爱戴、尊贵、财富、美丽的姑娘都不足以解开他的忧愁。父母的喜爱是他最渴望的,也是无法替代的。获得父母喜爱的方式是顺亲。舜是孟子理想人格的化身,他借着舜的故事表达了对孝道和顺亲的高度重视。孟子将顺亲提到了如此高度,显然已经背离了孔子和曾子的孝道思想。朱熹认为无条件地顺从父母,不问是非,这样也能够得到父母的喜爱,但这是低层次的孝。以道义为最高准则,当父母的言行不合于道义之时,应向他们劝谏,才是高层次的孝。朱熹的孝论与孟子不同,更加贴近孔曾。

在谏亲还是顺亲的问题上,《弟子规》继承了孔、曾、荀和朱熹等儒家的观点,主张若父母言行有过,就应当劝谏。那么应该如何劝谏呢?《弟子规》中认为劝谏父母应该注意方式和态度,要和颜悦色,声音轻柔,语调和缓,言辞委婉,就是孔子所说的"几谏"和曾子倡导的"微谏"。《论语》中记载,子夏向孔子请教孝道，孔子回答"色难"。按照东汉郑玄《说文解字》的解释，"色难"指和颜悦色很难。在孔子看来，侍奉父母始终要做到和颜悦色，劝谏时也是如此。孔子说："事父母几谏，见志不从，又敬不违，劳而不怨。""几谏"指的是微微的劝谏，劝谏时顾及父母的颜面，不能严词厉色。曾子提出"微谏不倦"，但并未对此进行具体解释，《礼记》则较为准确地诠释了"微谏不倦"的具体内涵："父母有过，下气怡色，柔声以谏。谏若不入，起敬起孝，说则复谏；不说，与其得罪于乡党州闾，宁孰谏。父母怒，不说而挞之流血，不敢疾怨，起敬起孝。"父母如果有过错，要气息低下而面带和悦的颜色，用柔和的声调进行劝谏。若父母听从儿女的劝谏，当然皆大欢喜。父母如果不听劝谏，儿女要更加恭敬、更加孝顺，等到父母心情好的时候再行劝谏；如果父母不高兴，与其让父母因过错得罪乡党邻里，宁可犯颜屡谏。父母发怒、不高兴，因而鞭打了儿女，以致流血，儿女也不应怨恨父母，要对父母更加恭敬、更加孝顺。

（二）以礼侍奉父母

《礼记》是十三经之一，由西汉戴圣编纂，是一部先秦至秦汉时期的礼学文献选编。《礼记》对孝礼进行了具体规定，通行于后世，对《弟子规》产生了重要影响。主要表现在以下几个方面：

第一，日常生活中的一举一动遵守孝礼的规定。首先，《弟子规》："冬则温，夏则凊，晨则省，昏则定。出必告，反必面，居有常，业无变。"冬天为亲暖被，夏天把床扇凉。早晨问候父母，黄昏要道晚安。外出必须相告，回家当面禀报。不随便更换居住的地方和职业。这些内容显然受到了《礼记》的影响。《礼记》："凡为人子之礼，冬温而夏清，昏定而晨省，在丑夷不争。"凡做儿子之礼，要使父母冬天感到温暖而夏天感到清凉，傍晚要为父母铺好枕席而早晨要向父母请安，在众同辈中不和人争斗。《礼记》："夫为人子者，出必告，反必面，所游必有常，所习必有业，恒言不称老。"做儿子的，出门必先禀告父母，回来也必须面告父母，出游的地方必须有常规，学习必须有正业，平常说话不说"老"字。其次，"父母呼，应勿缓。父母命，行勿懒。父母教，须敬听。父母责，须顺承。"对于父母的呼唤，应该立即答应；对于父母的命令，应该立即去做，不应该偷懒。对于父母的教诲，一定要恭敬地听着；对于父母的责备，一定要顺从承受。"事虽小，勿擅为，苟擅为，子道亏。物虽小，勿私藏，苟私藏，亲心伤。"虽然是小事情，也不要擅自行动，一旦擅自行动，则子道有亏。"亲所好，力为具；亲所恶，谨为去。身有伤，贻亲忧。德有伤，贻亲羞。亲爱我，孝何难？亲恶我，孝方贤。"父母亲所爱好的，努力为他们置办。父母亲所厌恶的，一定要小心避免。身体受到损伤，会让父母担忧。品德若有污点，连累父母蒙羞。父母爱我，孝顺他们有何难处？父母憎恶我，孝顺他们才显示出我的贤德。以上行为既是对孝礼的遵行，也是对父母的尊重。

第二，"亲有疾，药先尝。昼夜侍，不离床"（《弟子规》）。当父母亲生病时,应该按照孝礼照顾父母亲的身体。孟武伯问孝,孔子说:"父母,唯其疾之忧。"对父母,最担心的是他们生病。子女长大成人,父母逐渐年迈,身体越来越差,总免不了疾病的困扰。当父母生病之时,子女应该悉心照料父母,为父母请医煎药。为了避免父母喝太烫或者太苦的汤药,一定要亲自品尝。要昼夜陪伴在父母身边,不能轻易离开。《礼记》对此有具体的规定:"亲有疾饮药,子先尝之。医不三世,不服其药。"汉代以孝治理天下,汉文帝以身作则。元代诗人郭居敬在"二十四孝"中记载了汉文帝"亲尝汤药"的故事。汉文帝刘恒是刘邦的第四个儿子,是个著名的孝子,对父母非常孝顺,从来不敢怠慢。他的生母薄太后一病就是三年,卧床不起,文帝虽然贵为天子,但是亲自照料母亲的身体,日夜守护在母亲的床前。文帝每日为母亲煎药,煎好之后总要自己尝一尝,看看苦不苦、烫不烫,自己觉得可以了之后才端给母亲喝。文帝孝顺母亲的故事在朝野广为流传,有诗颂曰:"仁孝闻天下,巍巍冠百王。母后三载病,汤药必先尝。"汉文帝是天下孝子的榜样,他在母亲生病时的所作所为是天下子女行孝的范本。

第三,以礼安葬和祭祀父母。"丧三年,常悲咽。居处变,酒肉绝。丧尽礼,祭尽诚。事死者,如事生。"父母若不幸去世,当守三年之丧,常常伤心哭泣。改变居住的地方,不饮酒,不吃肉。竭尽诚意、按照礼仪举办丧礼和祭礼。侍奉死去的父母,如同他们生前一样。

《弟子规》的丧葬思想可以说完全继承自先秦儒家。首先，按照礼办理丧事和祭祀的思想，早在孔子那里已经出现。孟懿子向孔子请教孝道。孔子说："不要违背礼节。"不久，樊迟替孔子赶车子，孔子便告诉他说："孟孙向我请教孝道，我答复他说：'不要违背礼节。'"樊迟问："这是什么意思？"孔子道："父母活着，按照规定的礼节侍奉他们；父母死去，按照规定的礼节办理丧事和祭祀。"按照礼节办理丧事应该做到三年之丧。中国古代的丧服制度主要分为服制和丧期两个方面。所谓服制，是指服丧时所穿着的服饰的规格等级。所谓丧期，是指为死者服丧的期限。"三年之丧"是最长的丧期，也是服丧制度中最受重视的一种。子为父、臣为君、妻为夫要行"三年之丧"。"三年之丧"并非居丧三十六个月，而是二十七个月。孔子的弟子宰我曾经质疑"三年之丧"，他说："父母死了，守丧三年，时间实在太长了。君子三年不去学习礼仪，礼仪一定会废弃；三年不去演奏乐器，音乐一定会失传；陈谷已经吃完了，新谷已经登场。打火用的燧木又经过了一个轮回，一年也就可以了。"孔子说："父母去世还不到三年，你吃白米饭、穿花缎衣，安心吗？"宰我答："安心。"孔子便抢着道："你安心，就去这么做吧！君子在居丧期间，吃美味不觉得甘甜，听音乐不觉得快乐，住在家里也不觉得舒适，所以不会那样做。既然你觉得安心，那就那么做吧！"宰我出去之后，孔子说："宰我不是仁人君子！子女生下来，三年之后才能够完全脱离父母的怀抱。为父母守孝三年，天下人都是这样，宰我难道没有在父母的怀抱里得到三年的爱护吗?"

在居丧期间还应该遵循一些具体的礼节,比如常常流露出悲戚的神色,常常哽咽,变换居住的地方,不喝酒吃肉。这些礼节也不是《弟子规》作者的发明,古代丧礼中就有这些规定。古代丧礼在衣、食、住、行等方面有严格的要求,日常生活要一切从简从"陋",包括不与妻妾同房,不饮酒吃肉,不作乐,不参与吉席,不外出访友等。住是服丧期间的重要内容。"住"是古人居丧期间的一项重要内容。《礼记·间传》云:"父母之丧,居倚庐,寝苫枕块,不说绖带。"居父母之丧,孝子要住在倚庐里,寝卧在草苫上,拿土块当枕头,睡觉时也不脱首绖和腰绖。住在倚庐里,是为亲人在外面感到哀伤;卧在草苫上,枕在土块上,是为亲人在土中感到哀伤。《礼记》中还记载:"父母之丧,既虞卒哭,柱楣翦屏,苄翦不纳;期而小祥,居垩室,寝有席;又期而大祥,居复寝;中月而禫,禫而床。"不同的丧期,居住的地方也是要变换的。例如,居父母之丧,在虞祭、卒哭之后,就可以把搭建倚庐时所用的卧地之楣用柱子支起来,遮盖倚庐的草苫也可以稍加修剪,睡觉所用的草苫也可以换成剪齐了边却还没有扎缘的蒲席;满一周年时举行小祥之祭,此后就可以搬到垩室里去住,睡觉也可以使用席子;满两周年时举行大祥之祭,此后就可以搬到自己的寝室去住;再隔一个月举行禫祭,禫祭以后就可以像平常那样睡在床上。

《弟子规》认为子女应以诚心对待父母的丧葬和祭礼,这是对原生儒家丧葬思想的继承。

《礼记》中记载:"子路曰:'吾闻诸夫子,丧礼,与其哀不足而礼有余也,不若礼不足而哀有余也;祭礼,与其敬不足而礼有余也,不若礼不足而敬有余也。"对于丧礼来说,与其悲戚不足而礼节有余,不如礼节不足而悲戚有余;对于祭礼来说,与其尊敬不足而礼节有余,不如礼节不足而尊敬有余。悲戚之情和尊敬的举止是诚意的外在表现。在孔子看来,诚意和礼节都是丧葬和祭祀所必备的,但诚意比礼节更重要,在万不得已之时,礼节可以简略,诚意不可以不足。

四、宋元明清的家庭孝教育——以家训为中心

家训是长辈对晚辈、家长对子女的训诫,是家庭教育的重要形式。中国传统社会极其重视家庭教育,我国古代经典著作《周易》中已经提出了"教先从家始""正家天下定"的观念。教育应该从家庭开始,每个家庭都正常有序,天下才能太平。后来儒家经典《大学》中将"修身""齐家"作为"治国""平天下"的根本和前提条件,可见古人对于家庭教育的重视。孝道历来是家训的核心内容及首要价值导向。孝道对家庭具有重要意义,是维系家庭的纽带,是家庭和睦的基石。晚清重臣曾国藩在家书中说:"孝、友为家庭之祥瑞,凡所称因果报应,他事或不尽验,独孝、友则立获吉庆,反是则立获殃祸,无不验者。"[1] 曾国藩坚信孝、友是家庭的祥瑞,若一个

[1] 《曾国藩全集》卷二〇,岳麓书社,1985年版,第1371页。

家庭子女孝顺、兄弟友爱，这个家庭就会吉庆祥和；反之，则会遭遇祸患。孝友与否与家庭吉庆与否有必然的因果关系。家庭或者家族是宋元明清社会的基本单位。孝有助于家庭的和睦，而家庭的和睦是社会稳定的基础。所以说，家庭孝教育有助于社会的稳定。且"忠臣必出于孝子之门"，孝与忠关系密切，孝是忠之前提，忠可由孝推至，所以孝教育有助于统治者巩固政权，统治者在实践家庭孝教育的同时，也鼓励百姓进行孝教育。明洪武年间，朱元璋亲自制定、颁布了《圣谕六言》，将孝顺父母排在第一位，由此可见他对于孝道的重视。

宋元明清时期是家训的鼎盛时期，家训数量可谓空前绝后。在宋元明清的家训中，孝道依然处于首要和核心地位。明代士大夫姚舜牧在其家训《药言》开篇说："孝悌忠信，礼义廉耻，此八字是八个柱子。有八柱始能成宇，有八字始克成人。"孝悌忠信、礼义廉耻是做人的八条基本规范，孝居于首位。他还进一步强调了孝在道德培育中的根本地位，一旦立住了孝，万善都会纷至沓来，孝子即是完人。"一孝立，万善从，是为孝子，是为完人。"明代东林党领袖高攀龙在其《高子家训》中教育家人子弟做个好人，而"好人"的总要求是："以孝弟为本，以忠义为主，以廉洁为先，以诚实为要。"孝悌是立身之本。清代学者孙奇逢《孝友堂家训》也将"孝"作为做人的四个根本之一，认为："父慈、子孝、兄友、弟恭，本之本也。"[1] 宋元明清家训蕴含着丰富的孝思想，一方面深受儒家孝观

[1] 包东坡选注：《中国历代名人家训精粹》，安徽文艺出版社2000年版，第241、297页。

念和前代家训思想的影响,另一方面又展现出时代特色和自身特点,大体可归纳为以下几个方面:

(一) 孝是反哺

宰我请教孔子说:"三年之丧,时间也太长了。君子三年不讲求礼仪,礼仪必坏。三年不演奏音乐,音乐必然荒废。旧谷已经吃完,新谷已经进献,钻燧取火的木材已经四季轮回了一遍,一年就可以了。"孔子说:"(在父母死去后三年内)吃稻谷,穿锦缎,你安心吗?"宰我答:"安心。"孔子说:"安心你就那样做。君子在居丧之时,听到音乐不会感到快乐,住在家里不会觉得舒服,所以才不会那样做。既然你心安,就去做吧。"宰我走了之后,孔子说:"宰我这个人不仁!孩子出生三年之后,才能脱离父母的怀抱,三年之丧是天下通行的丧期。难道宰我没有三年时间被父母所疼爱吗?"孩子出生后三年不能行走,被父母抱在怀里。等到父母去世之后,子女也为父母守丧三年。这是对父母之爱的回报,是一种反哺之情。

宋代士大夫袁采在《袁氏世范》中说:"人在婴孩之时,非常深切地爱恋父母。父母在孩子还小的时候,爱护怜惜之情也很深厚,无微不至地抚育他们。大概因为孩子与父母的血气刚刚分离,相去不算遥远,并且婴孩的声音笑貌自然能够获得他人的喜爱,这是造物者创造的自然之理,使人类能够繁衍不止、生生不息。即使飞禽走兽、微小细物也是这样。孩子出生之后,母亲用乳汁哺育他们，精心地照料他们，极其喜爱。倘若有人伤害孩子，父母便奋不顾身地保护他们。子女长大之后，与父母之间的身份界限比之前严格了，感情也较以前疏远，父母才开始以慈爱对待儿女，子女才开始孝顺父母。飞禽走兽长大了之后，母子变得不认识彼此，这就是人和飞禽走兽相异之处。在子女幼小之时，父母的爱护照料不是语言可以穷尽的。子女虽然侍奉父母、极尽孝道，但是终身也不能报答幼时父母的抚育之恩，况且还有人不能穷尽孝道。凡是那些不能穷尽孝道的人，请他们看看父母是如何抚育婴孩的，是如何疼爱孩子的，那他们最终便可以领悟孝的意义。就像天地生育之道，天地赋予人的至广至大，人对天地的回报在哪里？有的人对着虚空焚香跪拜，或者请道士做场祭祀上天，以为可以报答天地之恩，真的可以报答万分之一吗？况且还有人对天地埋怨指责，都是没能好好反思的缘故啊。"袁采认为在不同的阶段，父母与子女之间的感情与关系是不同的。在子女年幼之时，父母给予的是无限的爱，等到子女长大之后，父母和子女之间的关系出现了变化，孝和慈才成为彼此需要遵守的伦理准则。父母对于子女的无限之爱是言语无法表达的，也是子女终身穷尽孝道也无法报答的。

清代文人石成金在《传家宝》中以诗的语言表达了对双亲赐予我们生命和辛勤养育我们的感激之情，为人子女应该如同乌鸦反哺一样报答父母。"借问缘何得此身？一毛一骨是双亲。但看养子殷勤意，便见当初鞠育恩。常仰昊天思一本，难将寸草报三春。

试于反哺观乌鸟,敢背劬劳愧此禽。"

(二)慈孝相对

大部分宋元明清家训不仅重视对子女进行孝教育,也要求长辈、父母能够慈爱地对待晚辈和子女,慈和孝是对举的。相比那些片面要求子女行孝的思想,家训教育思想更具平等意识。袁采在《袁氏世范》中提出"父母方求尽其慈,子方求尽其孝",要求子女诚心诚意地侍奉父母,也认为身为父母应该慈爱子女,不应该妄加溺爱和憎恶子女。他具体描述了父母妄加溺爱和憎恶子女的行为及危害:在子女小的时候,父母不应该溺爱子女,放纵他们为所欲为,对无缘无故的苦恼也不加以制止,还将过错归罪于看护孩子的人;孩子欺负了其他小孩,不仅不去约束管教孩子,反而责怪被欺侮的小孩;有的父母虽然承认自己的孩子有错误,但是认为孩子还小,不去管教孩子;日积月累,子女养成了恶习,就是父母溺爱的过错。等孩子长大之后,父母的溺爱之心日渐减少,子女稍有过失,父母就会恼怒甚至憎恶,把子女的小错视为大过,逮着不放;遇到亲戚朋友,就用能言巧词历数子女的过错,一定要将不孝之名加在孩子身上,这就是父母妄加憎恶的过错。袁采还告诫为人父母者,父母不公平对待子女是家庭不和睦的重要原因。有些家长在衣食言行上对偏爱的孩子十分丰厚,却苛待憎恶的孩子。那么被偏爱的孩子则会日益骄横,被憎恶的孩子的心理则会逐渐失去平衡,两者很有可能结仇。为了避免家庭不和谐，父母应将爱平等地施予子女，分家产也要公允，所谓"爱子贵均"。

南宋著名政治家司马光在《温公家范》中也将父慈和子孝对举。他认为父母不慈爱子女和子女不孝顺父母罪过一样大。有些不仁义的父母，放纵自己残忍暴戾的性情，有的听信后妻的谗言，有的还使用亲信的计谋，过分捶打子女，甚至将其赶出家门，让其忍饥受饿，一定要置之死地才罢休。司马光认为："子女不能孝顺父母，就会大大伤害父母的心；父亲不能够养育子女，就是仇恨子女。"他将父慈和子孝看得同等重要，父不慈和子不孝的罪过也是同等的。

明朝仁孝文皇后《内训》中将长辈慈爱作为晚辈孝顺的催化剂，长辈不慈是家族出现危机的重要起因。若长辈坚持不懈地以慈爱对待晚辈，晚辈就会更加孝顺和亲近长辈。假如长辈不以慈爱对待晚辈，却以孝顺来苛责晚辈，晚辈心中一定不安，心不安就会疏远长辈，疏远则会怨恨长辈，一旦晚辈嫉恨长辈，家族就会出现莫大的危机。"上慈而不懈，则下顺而益亲。若夫待之以不慈，而欲责之以孝，则下必不安。下不安则心离，心离则忮，忮则不祥莫大焉。"[1]明末理学家孙奇逢与仁孝文皇后的观点一致，认为父慈和子孝都是家庭和谐的必备条件，父不慈、子不孝会带来父子相伤的局面，进而影响到整个家庭的和谐。《孝友堂家规》中记载："家之所以齐者，父曰慈，子曰孝，兄曰友，弟

[1] 徐少锦、陈延斌：《中国家训史》，人民出版社2011年版，第555页。

曰恭,夫曰健,妇曰顺。反此则父子相伤,夫妻反目,兄弟阋墙。积渐而往,遂至子弑父,妻鸩夫,兄弟相仇杀,庭闱衽席间皆敌国。"[1]

(三)存身扬名,移孝作忠

《孝经·开宗明义》中记载:"身体发肤,受之父母,不敢毁伤,孝之始也;立身行道,扬名于后世,以显父母,孝之终也。"子女的身体来源于父母,子女要战战兢兢,保护好自己的身体,不使自己处于危险之中,是孝道的开始;子女立身行道,将善名扬于后世,使得父母显赫荣耀,是孝道的最终完成。《孝经》这一思想对后世家训产生了重要影响。北齐颜之推在《颜氏家训·养生篇》中告诫子孙珍爱生命,自己的身体其实是先人的遗产,是从父母身上分得的血气。所以子女绝对不要去做危害生命安全的事情,尤其不要"涉险畏之途,干祸难之事",因为贪欲容易伤身,邪恶奸佞容易致死,这些都是君子不会去做的事情。

隋唐之后,割股疗亲之风渐渐兴起,这种残害身体的行为已经背离了原始儒家的孝道思想。再加上政府旌表政策的鼓励,割股疗亲在宋元明清时期愈演愈烈。一些有识之士已经认识到了割股疗亲的危害,在家训中告诫子孙不要有此类残害身体的行为,否则就是不孝。比如明太子太保、刑部尚书林俊在《林氏家训》中说,孔子说过,身体发肤来源于父母,不敢有所损伤,

[1] 徐少锦,陈延斌:《中国家训史》,人民出版社,2011年,第675页。

就是至孝。后世割股疗亲的行为是陋俗,是迷信之谈,是背弃人伦的不孝之举。

《父子宰相家训》是清代张英的《聪训斋语》和张廷玉的《澄怀园语》的合集本。张英、张廷玉是父子,均为清代名臣,位居宰相。张氏一门举业不断,名宦迭出,"自祖至玄十二人先后列侍从,跻鼎贵。玉堂谱里,世系蝉联,门阀之清华,殆可空前绝后而已"。张氏家门如此兴盛,原因在于良好的家风,而良好的家风与家训关联颇深。《父子宰相家训》提出"安其身以安父母之心,孝莫大焉"的思想,是说子女保护自己的身体,实际上是安抚父母之心,孝顺无过于此。

除了保全身体之外,子女更要注重修身来保全名声,不使父母的名誉连带受损。"二十四孝"主人公之一王祥认为扬名显亲是孝道的最高标准。他在《训子孙遗令》中告诫家族子弟:"扬名显亲,孝之至也。"王祥性情孝顺,生母早逝,继母对他不好,屡次在王祥父亲面前说王祥坏话,导致父亲也不喜欢他,常让他打扫牛圈。王祥却更加尊敬、孝顺父母。在父母生病之时,王祥日夜照料,从不脱衣睡觉,汤药必定自己尝过之后才端给父母。家中有颗红沙果树结了果子,后母命王祥守护这棵树,每逢遭遇风雨,王祥总是抱着这棵树哭泣。他就是如此纯孝的人啊!王祥"卧冰求鲤"的故事被郭居敬收入"二十四孝"流传后世,他成为家喻户晓的孝子。《晋书》高度评价了王祥:"孝为德本,王祥所以当仁。""郑冲含素,王祥迟暮。百行斯融,双飞天路。"孝是德的根本,王祥孝行卓著,可以称得上仁人。因为王祥纯孝的名声流传后世,他的父母与有荣焉。所以,王祥达到了孝道的最高境界。

在扬名显亲方面,宋元明清的家训的孝思想与王祥存在一致之处。有"铁面御史"之称的明代士大夫何尔健在《廷尉公训约》中说:"身体发肤,受之父母!为人莫重于一身,而身莫大于能守!欲守其身,必先严绝匪彝!损己之友,且莫相交;无益之事,且莫妄作!"为人最重要的是守护父母给予的身体,守身就不要去做违背常规的事情,也不去交损友,也不去做无益之事。交损友就会常常受到牵连,落到"下流"境地。做无益之事,则会渐渐堕于荒淫而忘记正业。明代官吏彭端吾在《彭氏家训》中提出:"保此身以安父母心,做好人以继父母志,便是至孝!"孝的最高境界是"保此身"和"做好人",保全身体能使父母心安,做好人是对父母志向的继承。清代学者石成金嘱咐子弟,孝道重要的是不堕家声,不堕家声就是言行举止遵守仁厚勤俭的原则。

在家国同构的古代社会,忠和孝是一体的关系。孝是忠的前提,忠由孝可推至。《礼记·祭统》中说,忠臣以忠侍奉他的君主,孝子以孝侍奉他的双亲,两者在根本上是一致的。孔子也说:"孝慈则忠。"一个人对儿女慈爱,对父母孝顺,则会对君主忠诚。儒家思想强调家庭伦理的重要性,家庭伦理是政治伦理的起点,政治伦理由家庭伦理推出,忠是政治伦理,是由孝推出的,孝是忠的起点和前提。《孝经》所谓:"君子之事亲孝,故忠可移于君。"唐代文学家刘禹锡认为忠孝合一,二者须臾不可分离。他在《名子说》中告诫两个儿子，忠孝对于人来说，就好像衣服和食物，须臾不可分离，难道还需要别人劝勉吗？南宋词人叶梦得告诫子孙，若想追求孝，必先做到忠。在位格上来看，孝是天之经、地之义，孝贵于忠。忠对孝也有重要的意义，离开了忠敬，人之所行就违背了道。如果不能做到忠，又失掉了操守，不仅危害自身，也会辱没亲人。所以说，君子做到孝，必然先做到忠。《林氏家训》开头写道："孝始于事亲，终于报国，移孝以作忠，即显亲以全孝，此为大孝。"孝道始于事亲，但仅事亲还是不够的。子女还要移孝作忠，报效国家，使双亲名声显要。这才是孝道的完成，才是大孝。孙逢奇认为孝是忠的前提条件，事亲不孝则必然事君不忠。清代赵润生《庭训录》教育家族子弟，读书当以忠孝为本，孝又是忠之本，忠臣必出于孝子之门。

（四）祭祀以诚，薄葬亦孝

明末清初著名理学家朱柏庐提出："祖宗虽远，祭祀不可不诚。"虽然祖宗已经离我们远去，但是必须用诚心对待祭祀，就好像他们在还身边。这与孔子的祭祀思想是一致的，《论语·八佾》中记载："祭如在，祭神如神在。子曰：'吾不与祭，如不祭。'"祭祀的时候，就好像祖先就在那里，祭祀神就好像神真的在场。不亲自参加祭祀，让别人代为祭祀的话，就如同没有祭祀，因为显得诚意不足。郑氏家族被称为"江南第一家"，非常重视祭祀，其家训《郑氏规范》中提出祭祀务必要孝敬，以尽到受恩思报、不忘本源的诚意。《郑氏规范》还对祭祀有种种具体规定,像行礼不恭敬,随便离席,还有站立歪斜不正、打哈欠、伸懒腰、打嗝、咳嗽、打喷嚏等一切仪容不端庄的行为,有督过专门监督责罚他们。如果督过不说话,众人就要责罚。林俊在《林氏家训》中告诫子孙,坟墓是先人藏遗骸的地方,过年必须要祭拜、打扫;家庙是祖先神灵栖息的地方,逢年过节必须修缮祭祀,力之所及,不应因为年代久远而不顾,不应因为路途遥远而不往。届时族人聚在一起,正好可以联络族人的感情。

宋元明清的家训中多告诫家族子弟要薄葬。清代士大夫许汝霖在《德星堂家订》中提出祭祀从简的思想,希望将节省下来的费用来接济孤寡、资助婚丧、扩建宗祠、设立家塾等。清代石成金在家训中为家人留下的《后事十条》,告诉家人在他死后"不厚验""不报丧""不开吊""不久停""不奢送""不荤供""不烧锞"。他认为最好的悼念是,言行举止以仁厚勤俭为准则,不堕家声,如此就已经是孝道了。林俊在《林氏家训》中也主张简葬,他不相信葬亲陋俗和风水之说,认为先人葬在风水好的地方,后人就可以达至富贵,这是毫无道理的,也是没有发生过的,所以历代家训均以此为戒。安葬先人遗体应该选择高处,且土质干燥、僻静、不容易受到人畜破坏的地方。从来贫富贵贱无常,与风水有什么关系?古代帝王之家,也是这个道理。林俊主张火葬,事情简易,节省费用。子孙应该按照亲人生前的意愿安葬他们,不违背亲人的愿望,就是尽了孝心。在办理丧事的旧俗中,一定要僧人念经超度，一定要请声乐鼓吹，奢侈浪费，对死者有什么益处呢？他告诫家族子弟应该警惕这种奢侈浪费的厚葬习俗。

宋元明清家训中的薄葬观念对今天仍有启发意义。每年清明，都会有人因墓地太贵惊呼"死不起"。据调查数据显示，近几年北京所属墓地最低价都在2008年的基础上翻倍了，墓地价格如同坐上了"筋斗云"。八宝山墓地的价格二十年涨了八十倍，全国各地都是如此，实际上墓地价格涨幅已经超过了房价。购买墓地、安葬老人已经成为子女沉重的负担。还有一些子女为父母大办葬礼，一场葬礼甚至花费几十万。对此问题，一种"厚养薄葬"的孝道观悄然兴起。"厚养薄葬"的意思是，在老人生前，子女应该尽心奉养，多陪伴父母，让他们颐养天年。等到父母去世之后，丧葬祭祀可以从简。厚葬有可能会助长铺张浪费、互相攀比的风气。

据记者调查，大部分老人都非常支持"厚养薄葬"的丧葬新风，均表示希望子女多关心、陪伴他们，让他们走得平静、安详，这比死后耗费大笔资财办丧事要有意义得多。一位居住在养老院的张女士说道："我只希望子女能多来陪陪我这个老太婆，当初我老伴走的时候就只有我一个人在身边，孩子们连他最后一面都没有见到，虽然孩子给他风光大葬，但他又不知道，有什么意义呢？"

我国政府非常支持"厚养薄葬"的丧葬观念，提倡生态丧葬方式。2014年12月，中共中央办公厅、国务院办公厅印发了《关于党员干部带头推动殡葬改革的意见》，要求党员、干部带头实行生态安葬，采取骨灰存放、树葬、草坪葬、骨灰撒散、海葬或者深埋等方式，不留坟头。2012年，苏州出台了专门的绿色殡葬补贴办法，选择树葬可享受2000元的补贴。2014年清明期间，为推广生态殡葬，南京市政府对选择"不留名、不留碑、不留灰"生态安葬形式的居民，每户一次性给予1000元奖励。2015年，北京市推行殡葬改革激励引导机制，提倡骨灰撒海，撒一份骨灰由补贴2000元提高为4000元。举行骨灰撒海活动时，每一份骨灰的免费随行家属从2人增加到了6人。政府鼓励生态葬，目的在于减少土葬对耕地的占用，与"厚养薄葬"的丧葬观相契合，有助于减轻人们的丧葬负担。

（五）诚敬事亲，尽心竭力

养亲是孝道的最基本要求。北宋司马光强调要在饮食上诚敬赡养父母——"以其饮食忠养之！"明朝刑部尚书林俊在《林氏家训》中指出："人子事亲，无论穷富，当以奉养为先！富者能够供以甘旨，而贫者以菽水承欢，各凭其力！"[1]子女无论贫富，都要优先奉养父母。富者以美味的食物奉养父母，贫者以普通的饮食侍奉父母，各尽其力，都能使父母高兴。重要的不是食物的好坏，而是孝子奉养父母的诚心。

孔子认为养亲只是低级的孝道，敬亲才是高级

---

1 /莲江东林谱志编委会：《莲江东林谱志》，福建人民出版社，2005年版，第76页。

的孝道，若只是养亲而不敬亲，和养犬马没有区别。司马光在《家范》中与孔子的说法类似。他说："养父母而不恭敬，何异于养犬马。"明仁孝文皇后在《内训》中进一步提出敬是孝之本，养是孝之末的观点，她说："孝敬者，事亲之本也。养非难也，敬为难。以饮食孝奉为孝，斯末矣。"相对而言，养亲比较容易做到，而敬亲则要难得多。

明代的宋诩在《宋氏家要部》中指出，侍奉父母最重要的是存诚敬之心。他说，侍奉亲人必定要竭尽诚心，爱护亲人必然要心存敬意，侍奉亲人不失诚敬之心，才可以称得上孝。即使供给亲人鲜衣美食，如果不能体谅亲人心中所思，实现亲人心中所乐，他的诚敬之心在哪里？侍奉亲人贵在有诚敬之心，而诚敬之心在于体谅亲人心中所思，实现亲人心中所乐。

康熙在《康熙御制庭训格言》中教育子孙，一个人要尽孝，讨得父母的欢心，不在于衣食方面的供养。而倘若做到心存诚敬，实心体贴，没有得不到父母欢心的。康熙还讲述了和祖母的故事，来论证这个道理。祖母驾幸五台山，因为山路难行，坐车不稳妥，康熙就命人准备了八抬暖轿。祖母天性仁慈，考虑到抬轿的侍卫行走困难，因而要改轿为车。康熙再三请求，祖母不答应，康熙不得已只能命轿跟随在车后面。走了没几里路，康熙注意到祖母坐在车里不怎么安稳，恳请她坐轿，祖母说："我已经乘车了，现在不知道轿在哪里，哪能马上就到？"康熙说："轿就在后面。"说完随即命人把轿抬到祖母跟前。祖母高兴极了，抚摸着康熙的背，对他称赞不已："车、轿都是些小事情，但是你诚恳的心意和无微不至的关心实在是大孝顺！"康熙诚心关爱祖母，体谅祖母坐车身体不适，一直准备了轿子跟在车后面，就是这份诚心诚意，赢得了祖母的喜爱。

明代以至孝闻名的何伦在《何氏家规》中强调了尊敬父母对于孝道的意义。他说，难道孝道只是养亲这一件事就可以穷尽的吗？对父母要有深厚的感情，要和颜悦色，要看父母的脸色，要顺从父母的旨意，要尊敬父母，谨小慎微地侍奉他们。稍有轻慢欺侮父母的行为，或者做了伤风败俗的事情，让父母受辱和担忧，虽然每天用"三牲"（猪牛羊）养亲，也不算是真正的孝顺父母。

明末清初理学大家孙逢奇认为，赡养父母最重要的是"养志"，即顺从父母的意志。他在《孝友堂家训》中指出，父母养育孩子，没有一件事不是顺从孩子的意志。子女仅用食物奉养父母，又如何能够心安？无论是慈父慈母，还是三家村老妪，没有不诚心顺从孩子的心意的。所以像曾子那样事亲，称得上一个"可"字。曾子在侍奉父亲的时候做到了养志。曾子名参，字子舆，是春秋时期鲁国人，他与父亲曾点都是孔子的学生。曾子非常孝敬父母，他侍奉父母的所作所为，成了后世赞美和效仿的典范。每到吃饭的时候，曾子会细心观察父母的饮食口味与习惯，将父母最喜欢吃的食物牢牢记在心里。一日三餐，曾子总能呈上丰盛而又符合父母口味的食物。父亲曾点深受圣贤教诲的熏陶，乐善好施，经常接济贫困的邻里乡亲。曾子顺从父亲的意志，成全父亲的想法，每次父亲吃过饭后，他都会毕恭毕敬地向父亲请示，余下的饭菜该送给谁。父亲有时问曾子有没有剩余的饭菜，不管有没有，曾子的回答一定是有。等到曾子老了，曾元奉养曾子，每顿饭也一定有酒肉。将要把饭菜撤下去的时候，曾元从不请示曾子剩下的饭菜如何处理。曾子问是否有剩余的时候，曾元一定说没有，实际上他是将剩余的饭菜留着以后再次进用。孟子认为曾元是所谓的"养口体"，曾子才是"养志"。像曾子那样侍奉亲人，就可以称得上孝顺了。明太子太保、刑部尚书林俊撰《林氏家训》，认为子女侍奉亲人，有一分力，就要尽一分力，不能吝惜、有所保留。有的兄弟分家之后，各自丰衣足食，对于在父母身上应尽的责任，竟然互相推诿，计较分毫得失，这就是侍奉父母不诚心，林俊认为此类行为是大不孝。

除此之外，子女还要尽心竭力、细致入微地照料父母。清代的姚廷杰在《教孝篇》中对孝子应该如何侍奉父母，做出了具体的说明："与其有病而药饵，不若未病而药饵。与其用药饵以治病之发，又不若慎寒燠以杜病之源。古之孝子，视无形、听无声，若夫寒燠，犹为易察。为人子者，知亲老矣，老则性易执而思忽迷，其于寒燠之节，饮食之宜，老人仅可自主一二。子若媳宜提携之，珍惜之，察其情形而衷益之，以待赤子者待老人，则老人安。"与其在父母生病之后请医用药，不如在父母生病之前准备好药物。与其用药物治疗疾病，不如小心防备寒暑以杜绝疾病的发生。古代的孝子，能够在无形无声中有所察见。至于冷热变化，则更容易察觉。亲人老了之后，容易执迷不悟，对于吃饭、穿衣的问题，老人仅在很少的情况下可以自主。儿子、儿媳应该照顾他们、珍惜他们，根据具体情况调整衣食，像照顾小孩一样照顾老人，老人就会安康。

由上可知，明代士大夫阶层相当重视孝道。他们在家训、家诫或家范中谆谆告诫子孙后代孝道的重要性，有的家庭甚至采取强制措施，例如明代庞尚鹏的《庞氏家训》中规定："在下者则教以人伦大义，不从则责，又不从则挞。"假如晚辈不遵从长辈所教育的人伦大义，就要受到责备；责备之后再不遵从的话，就要挨打。责罚的场所一般在祠堂，赋予了责罚仪式感，显得正式而肃穆。宋代赵鼎在《家训笔录》中记载："子孙所为不肖，败坏家风，仰主家者集诸位子弟，堂前训饬，俾其改过。甚者影堂前庭训。再犯再庭训。"假如有败坏家风的不肖子孙出现，主家者就要召集家族子弟到祠堂前，训斥这位不肖子孙。受责罚者在承受身体的伤痛之时，也要经受家族成员的目光以及祠堂中列祖列宗的"注视"，家训的强制力大大增强。家训中的孝教育也起到了良好的效果，在耳濡目染之下，那些在家训中推行孝教育的家族成员大都非常孝顺，有的孝子因孝行卓著被政府旌表，有的甚至被列入《孝义》或者《孝友传》中，名垂青史。例如著名的浦江郑氏家族接连受到宋元明统治者的表彰，被《宋史》《元史》《明史》的《孝义传》或《孝友传》收录，明洪武十八年（1385）被朱元璋赐予"江南第一家"的美称。事实证明,家训中的孝教育起到了良好的效果,值得今日孝道建设吸收和借鉴。

五、传统孝道对当代家风建设的启示

良好家风是中华文明的重要组成部分,注重家风是中华民族的优秀品格。中央领导人非常重视家风建设,尤其是中国共产党党员的家风建设。党的十八大以来,习近平总书记多次就家风建设特别是领导干部家风建设提出要求。2015年,习近平总书记在春节团拜会上指出:要注重家庭、注重家教、注重家风,使千千万万个家庭成为国家发展、民族进步、社会和谐的重要基点;同年,习近平总书记在中央全面深化改革领导小组第十次会议上强调,领导干部的家风,不是个人小事、家庭私事,而是领导干部作风的重要表现;2016年初,习近平总书记在十八届中央纪委六次全会上再次强调"把家风建设作为领导干部作风建设的重要内容,领导干部要把家风建设摆在重要位置,廉洁修身、廉洁齐家,在管好自己的同时,严格要求配偶、子女和身边工作人员。"

(一)现代社会呼唤良好家风

"家风"一词,在新编汉语《辞海》中的释义为"家庭或家族世代相传的风尚、生活作风"。除此之外,很多学者对家风做出了解释,与《辞海》的释义类似,比如鲍鹏山认为家风是"一个家族代代相传沿袭下来的体现家族成员精神风貌、道德品质、审美格调和整体气质的家族文化风格"。一个人有一个人的气质,一个民族有一个民族的传统,一个家庭或者家族在世代相传的过程中也会形成特有的风格。家风属于精神层面,它看不见、摸不着,却又真实地存在于家庭的日常生活中,通过家庭成员的一举一动展示出来。家庭是多种多样的,家风作为一个家庭特有的风格自然也是千姿百态的。家风本是一个中性词,并非所有的家风都是积极向上的,也有不健康的家风。"正史"就有对不良家风的描写,《魏书》中记载:"及道将卒后,家风衰损,子孙多非法,帷薄混秽,为论者所鄙。"

"家风"一词最早见于西晋文学家潘岳的《家风诗》,当时与潘岳有"双璧"之称的另一位文学家夏侯湛将《诗经》中六篇有目无辞的"笙诗"补缀成《周诗》,潘岳认为这些文章不仅言辞典雅,而且可以窥见孝悌之道,于是,他写了《家风诗》与之唱和:"绾发绾发,发亦鬓止。日祗日祗,敬亦慎止。靡专靡有,受之父母。鸣鹤匪和,析薪弗荷。隐忧孔疚,我堂靡构。义方既训,家道颖颖。岂敢荒宁,一日三省。"在这首诗中,他自述家族风尚,赞美家族传统,也勉励自己传承家风。家风在西晋逐渐流行,世家大族在政治上累世显贵、经济上广占田地的同时,也标榜门户、自树家风。正史列传中常常赞美人物家风好,比如《北齐书》中赞美崔劼:"少而清虚寡欲,好学有家风。"《周书》中赞美李昶:"昶年十数岁,为《明堂赋》。虽优洽未足,而才制可观,见者咸曰有家风矣。"

  传统社会非常重视良好家风的培育,他们认为良好家风对于家庭成员的个人发展和家庭的兴旺发达有重要的意义。一些世家大族家长将儒家思想和人生经验结合起来,制定了家训、家规或者家戒教育家族子弟,若家族子弟不遵守,则可能会受到惩罚。因此,传统社会很多家庭具备良好的家风,有的家庭以孝悌传家,有的家庭多出忠臣良将,还有的家庭温和有礼等。可见,孝、悌、忠、礼等道德是良好家风的重要内涵。近代以降,传统道德被归为封建糟粕受到猛烈的攻击,人们只看到了道德对于人心的束缚,希望通过批判道德来解放人性,忽略了道德对个人和社会的积极影响。时至今日,小家庭已经代替大家族成为家庭的主要模式,人们对家风的重视不复以往。改革开放以来,中国经济获得长足发展,人们生活水平不断提高,但是社会上出现了愈来愈浓厚的拜金主义风气,道德沦丧的现象屡屡发生,中国社会出现失范问题。特别是有些领导干部家风不正,他们在前台利用职务便利大搞权钱交易,纵容家属在后台收钱敛财,子女也利用父母的资源大发不义之财。他们的行为对党和国家造成了严重的危害,也会影响民众对于党和国家以及优良道德品质的信心。解决这一问题应该从家风建设做起。良好的家风有助于培养家庭成员的道德修养和综合素质。家庭是社会的细胞,家风直接会影响到社会风气,良好的家风有助于解决当前社会中出现的道德失范问题。此外,良好的家风还能够带动党风、政风的良性发展。正如习近平主席强调的：家庭是社会的基本细胞，千千万万个家庭的家风好，子女教育得好，社会风气才有基础。所以，新时期建设良好的家风十分必要。

现代社会呼唤良好家风，那么如何建设良好的家风呢？我们可以从传统社会孝道的教化中汲取经验。在传统社会中，孝道在人们的心目中具有重要的地位，是人们最为接受和认可的人伦关系准则，深深地烙印在大众的意识中，影响着大众的一举一动。所以，传统社会中孝道的教化作用可谓卓有成效，是思想家的理论探索、统治者的提倡以及民间教化合力推动的结果，值得现代家风建设学习。孝道对于一个家庭具有重要的意义，如果没有孝道，这个家庭就是冷冰冰的，毫无温清可言。甚至可以说，孝道是良好家风的基础。大力提倡孝道是现代家风建设的重要任务。首先应该做到建立一套完善的适合新环境的孝道思想体系，为了实现这个目标，我们应该从传统孝道中汲取经验，并对其进行现代转换。

（二）传统孝道的教化方式

孝道对中国传统社会有深远的影响，已经渗透到中国人的文化血液中，指导着民众的言行举止。孝在人们的价值排序中，处于优先的地位，也是人们判断他人品行的重要标准。孝道对于古代社会能产生如此深刻的影响，是思想家的理论探索、统治者的倡导、民间社会的教化合力推动的。

1. 统治者的倡导

俗话说:"百善孝为先。"孝是培养个人道德的基础和起点。孝对家庭的和睦有直接的影响,进而有助于社会稳定。《论语》中记载,有子说:"一个孝顺父母、尊敬兄长的人,却喜欢触犯上级,这种人是很少的;不喜欢触犯上级,却喜欢造反,这种人从来没有过。君子专注于根本工作,根基打好了,大道自然会产生。孝悌是人之为人的根本!"《后汉书》认为,侍奉亲人孝顺就会对君主忠诚,忠臣一定要在孝子中寻找。统治者看到了忠和孝之间的联系,于是大力倡导孝道,推行"孝治天下"的治国方略。汉统治者开始制定和执行鼓励孝道的制度,汉以后的历朝历代继承并完善了汉代鼓励孝道的政策。统治者倡导孝道的政策主要表现在以下几个方面。

选官制度。汉代选官实行察举制,孝是察举的主要标准,入选的官员多为闻名乡里的孝子。隋朝开始,科举制代替察举制成为主要的选官制度,《孝经》是科考的主要内容。孝也是考核官员的重要标准,有些官员因为孝行卓著被提拔,也有官员因为孝德败坏被降职或罢免。早在周朝就产生了丁忧制度,自汉代始丁忧制度被列入法律条文中。仕宦官员在丁忧期间必须解官去职,遵守法律的规定。如果有官员违反丁忧制度,出现匿不举哀、释服求仕等行为,就会得到严厉的行政处罚。

法律制度。《孝经》中记载:"五刑之属三千,罪莫大于不孝。"据张家山汉简《二年律令》记载,汉代时"不孝"已经被列入相关法律条文细则中,触犯不孝罪会受到严厉的法律制裁。魏晋南北朝时期之后,不孝罪已经上升为"十恶"之一。《唐律疏议》中将不孝排在"十恶"之第七位,且规定了不孝罪的具体行为:谓告发、咒骂祖父母、父母,在祖父母、父母健在的时候另立门户、私畜家产,供养不足,居父母丧自主嫁娶,居丧期间作乐、脱下丧服换上吉服,闻祖父母、父母丧匿不举哀,诈称祖父母、父母死。宋元明清之法律均以唐律为蓝本,严厉制裁不孝行为。

旌表政策。对于孝行卓著者,政府予以旌表。受到政府旌表的孝行有累世同居、善事父母(养亲、侍疾、按照礼节祭祀和丧葬)、千里寻亲、为亲报仇、舍身救亲等。政府旌表孝行的方式主要是赐牌坊、立匾额、赐财物、树石碑等。旌表是政府给予孝子的荣誉,是一种精神性鼓励。

除此之外,政府还推行尊老政策,孝也是政府实施社会教化的主要内容。通过以上行政措施,政府在全社会提倡孝道,收到了良好的效果,古代社会行孝风气浓厚。

2. 思想家理论探索

中国古代思想家特别是儒家极为重视孝道,给予孝极高的评价。《论语》中记载,有子认为孝是人之为人的根本,且致力于对孝进行理论建构。弟子时常向孔子请教有关孝道的问题,孔子多从孝应该如何行的角度回答弟子。例如,孟懿子向孔子请教孝道,孔子说:"无违。"樊迟驾着马车,孔子告诉他说:"孟孙向我请教孝道,我回答他无违。"樊迟曰:"什么意思呢?"孔子说:"在父母生前,以礼侍奉父母;在父母死后,以礼埋葬和祭祀父母。"《孝经》作者和董仲舒开始从天人关系的角度回答"孝何以可能"的问题,认为孝是天道的自我运动和自我展示,是天这一绝对宇宙法则在人类社会的彰显。朱熹则开始从理的角度对"孝何以可能"这一问题进行解答,认为理是宇宙本根,孝是理在人性中的落实和显现。心学集大成者王阳明在良知的基础上回答了"孝何以可能"的问题,认为孝是良知的发用流行。王阳明还对如何学孝有独到的见解,他认为学孝不是去对"温清定省"等孝礼进行"学、问、思、辨"的功夫,而是通过格物致知的功夫求取孝心。孝心为本,孝礼为末,在与父母相处的各种场景中,孝心自然知道怎么做才是符合孝道的行为。通过以上思想家的理论建构,孝的正当性被深刻论证。对如何行孝以及如何学孝,诸位思想家也给出了答案,为人们行孝以及学孝提供了指导思想和行动方法。

3. 民间传播

孝道还是家庭教育的核心内容和主要价值导向,从流传下来的家训中可窥见一斑。北齐颜之推撰写的《颜氏家训》云:"孝为百行之首。"唐代柳玭撰写的《柳氏家训》说:"立身以孝悌为基。"除此之外,家训中还记载了有关孝道的具体准则。浙江浦江郑氏家族被朱元璋誉为"江南第一家",郑氏家族汇集几代的智慧撰写的《郑氏规范》是宋明时期较为完备的义门规范。《郑氏规范》中规定家族子弟每日清晨在"有序堂"集合,未成年的子弟朗诵男女训诫之词,其中男训:"居家则孝悌",女训:"事姑舅以孝悌"。每月的初一、十五,家庭成员要聚集在一起,聆听《孝悌歌》:"听听听!凡为子者必孝其亲,为妻者必敬其夫,为兄者必爱其弟,为弟者必恭其兄。"对于如何祭祀先祖、善事父母等,《郑氏规范》也事无巨细地予以规定。郑氏家族的孝教育取得了良好的效果,《宋史·孝义传》《元史·孝友传》《明史·孝义传》均记载了郑氏子弟孝行卓著的事迹,并因此被朝廷旌表。

孝是童蒙教育的重要内容。《弟子规》是清代李毓秀撰写,被清廷誉为"开蒙养正之最上乘"的读物,是当时幼学必读教材。《弟子规》重视孝道教育,将孝道放在首位,"弟子规,圣人训,首孝悌,次谨信"。《弟子规》吸收了传统孝道的思想,教育孩童在日常生活中应该如何行孝,并以三字一句、两句一韵的韵文表达出来,使孩童读起来朗朗上口。生动的语言载体有助于思想的传播,《弟子规》对于孝道的传播具有重要的意义。

(三) 传统孝道对当代家风建设的启示

传统孝道无论是在内涵上,还是在传播上,都对当代家风建设有重要的借鉴意义。

1. 传统孝道内涵的现代转换

孝是家庭伦理,对一个家庭有重要的意义。家庭不能没有孝道,孝道是温馨和睦、其乐融融的家庭氛围的必要条件。所以,应该把孝道作为新时期家风的重要内涵加以建设。传统孝道内涵丰富、博大精深，包括养亲、敬亲、谏亲、以礼丧祭等，传统孝道对新时期的家风建设具有重要的借鉴意义。所以，结合新时期的社会现实，对传统孝道进行现代转化是新时期家风建设的必由之路。

传统社会不存在社会保障系统，养老主要依靠儿子，有"养儿防老"之说，因此赡养父母是传统孝道最基本的要求。改革开放以来，人们的收入逐渐提高，社会保障体系也逐渐完善，愈来愈多的老人已经不需要子女赡养。但是仍有许多老人，尤其是农村家庭中的老人收入微薄，不足以自己养老，仍然需要子女的奉养。时至今日，赡养父母仍然是孝道的基本要求。在父母需要赡养的时候，子女必须赡养父母。而且，我国法律规定，子女有赡养父母的义务。对于那些不需要子女赡养的老人，子女可以提供父母需要和喜爱的物品，表达孝心，父母也会很开心。既做到了养亲，也做到了悦亲。

养亲是孝道的基本要求，子女还应该做到敬亲。近代以降，孝道受到吴虞、鲁迅等学者的猛烈攻击，孝道在人们心中的地位不复从前，不尊重父母的现象越来越多，情况也愈发严重。在很多家庭中，老人成为家中的负担，地位低下，毫无尊严可言。子女自恃养活老人，对老人态度倨傲，老人被子女打骂的新闻也常常出现。老人不能自食其力，也没有反抗能力，非常可怜，是名副其实的弱势群体。所以我们应该重拾孝道，还父母以尊严，从传统孝道中汲取宝贵的经验，完成传统孝道的现代转化。

"侍疾"是现代孝道的重要内涵，也是现代家风建设应该传承的部分。随着医疗水平和生活质量的提高，人的寿命在增长，但仍旧无法逃脱生老病死的命运。父母年纪大了，不可避免会生病。在传统社会中，子女多与父母生活在一起，父母生病了，子女能够及时知晓。而现在社会则发生了较大的改变，越来越多的子女离开家乡到外地工作、定居，很少有时间陪伴在父母身边，父母生病了也不能及时察觉。曾经看过一篇文章，作者母亲得知自己身患重病，还有半年的时间，多次打电话请求女儿回家，作者均以工作忙为理由拒绝了母亲。终于回了一次家，母亲非常高兴，做了一大桌子菜，作者却发现曾经干净利落的母亲竟然没有将鸡毛剔干净，作者不停地拔去鸡毛，最终也没有吃母亲做的鸡肉。再一次回家是作者从姨妈那里得知母亲去世了，她无比震惊，才知道母亲早已重病在身，没有拔干净鸡毛是因为癌症已经影响到了母亲的视力。作者无比悲痛，悔恨自己没有及时发现母亲的疾病，没有多陪伴母亲，留下了终生的遗憾。作者的遭遇警醒我们，越是不在父母身边，越要多陪伴和关心父母。我们身处一个科技时代，网络为生活提供了许多便利，我们可以每天与父母视频通话，当然更要常回家看看，与父母聊聊天，多关心父母的生活和身体。父母可能什么都不缺，唯独渴望子女的陪伴和关爱。如果发现父母患病，子女就应该及时带他们去医院看病。在传统社会中，子女在父母生病的时候常常亲自煎药，亲自品尝药的味道，确定不苦不烫，才端给父母喝。时易事变，今天西医已经代替中医成为人们治病的首要选择，子女在大多数情况下已经不需要煎药、尝药，子女需要做的是在父母生病时及时送父母去医院，积极配合医生治疗，为父母准备治疗费用。也要时时安慰、陪伴他们，直到父母身体康复。现代社会中，许多子女因为不愿意担负医疗费而放弃为生病的父母医治，让父母只能默默等死。俗话说"久病床前无孝子"，诚心敬意地为父母养老送终实际上是很难的，尤其在现代社会更难。中国曾经严格地执行计划生育政策，很多家庭都只有一个儿女。到了今天，一对夫妇赡养四个老人已成城市常态，再加上高昂的医疗费用，以及高强度的工作，都为孝道的践行增加了难度。在这种情况下，仅依靠培养子女的孝观念是不能彻底解决问题的，国家也应该为子女行孝减轻压力，比如完善医疗保障体系等。

  谏亲是传统孝道的重要内涵，也是今日之孝道建设应该继承的宝贵思想。父母身为普通人，必然会有错误的观念和言行，继续发展下去可能会使其名誉受损、家庭蒙羞，甚至会危害他人和国家。假如子女及时劝谏，就有可能会避免父母做出有违社会道义的事情，进而避免由此引发的危害。劝谏的时候应该充分尊重父母，选择父母可以接受的方式，传统孝道提倡的"微谏不倦"的方式仍然适应今天的社会现实，仍然值得发扬光大。劝谏的时候，要做到和颜悦色、态度恭敬、声音柔和、言辞委婉。假如父母坚持己见，就要一直劝谏下去，直到他们接受劝谏为止。

不管父母对待劝谏的态度如何，子女都要一如既往地尊敬和孝顺父母。不能因为父母恼怒就停止劝谏，也不能因为急于劝谏而鲁莽行事。当然，世界上也存在一些父母，即使子女做到了"微谏不倦"，他们仍旧固执己见。在这种情况下，子女怎么做才符合孝道呢？在这个问题上，孔子、曾子师徒与荀子的观点出现了分歧。孔子、曾子认为子女应该"谏而不逆"，最终还是选择顺亲。荀子则不然，他提出"从义不从父"的观点。笔者赞同荀子的观点，社会道义高于家庭伦理，不能为了顺从父母而做出有违社会道义的事情。

在传统社会，家庭内部成员之间的地位是不平等的，父亲的地位高，子女的地位低。子女是父母的私有财产，父母可以随意打骂子女。这是应该摒弃的地方。在现代社会，人和人之间的地位是平等的，父母和子女之间的地位也是平等的。子女应该尊重父母，父母也应该尊重子女。要以平和的心态、正确的态度面对子女的劝谏。假如认为子女的劝谏合理，就应该勇于承认并改正错误。假如觉得子女的劝谏不合理，最好跟子女解释原因，使双方达成共识。假如子女反复劝谏，也不应该恼羞成怒，打骂子女。子女和父母之间相互尊重也应该与孝道一起列为家风建设的重要内涵。

2. 传统孝道的教化方式对于当代家风建设的启示

首先，发挥政府职能，在全社会提倡家风建设。其一，政府应该做好舆论引导，强化人们对于家风建设的关注，在全社会形成家风建设的热潮。那么政府如何进行舆论引导呢？党和国家的重要领导人可以在重要会议和谈话中提及家风建设的重要性。比如，习近平总书记在2015年春节团拜会上指出，中华民族自古以来就重视家庭、重视亲情。不论时代发生多大变化，不论生活格局发生多大变化，我们都要重视家庭建设，注重家庭、注重家教、注重家风，紧密结合培育和弘扬社会主义核心价值观，发扬光大中华民族传统家庭美德，促进家庭和睦，促进亲人相亲相爱，促进下一代健康成长，促进老年人老有所养，使千千万万个家庭成为国家发展、民族进步、社会和谐的重要基点。其二，将道德纳入考核公职人员的标准中，对于德行卓著的公务人员，给予表彰、升职等奖励；对于道德败坏的公务人员，给予批评、降职等处分，视情节轻重而定。其三，对家风良好的家庭或者家族、品行优良的个人，政府应该予以表彰、物质等奖励，带动社会形成崇尚良好家风的风尚。

其次，学者应着力构建现代家风理论体系。学者可将研究视角投向古代家规、家训、家范等，从中汲取经验，对其精华部分进行现代转换，探索出符合当今社会状况的家风。还可以对"如何推进家风建设""当代家风建设的必要性"等问题进行理论研究，为增强人们对于家风建设的关注和重视献计献策。还可以将目光投向现实中真实的家庭，对一些优秀的家风进行理论提炼。

再次，父母加强对子女的道德教育。对于新时期的家风建设，不同的社会角色应当肩负起不同的责任,而家庭则处于最为关键的位置,对于家风建设起着至关重要的作用。一个家庭或者家族应该树立培育良好家风的意识。家长在教育子女的同时,应该以身作则,以高标准要求日常言行,为子女做好示范。现代社会中,许多人是拜金主义者,也有许多人存在重视专业知识和技能、轻视道德修养的倾向。因为,他们在对待子女的教育问题上存在误区,往往只关注子女的学习成绩,忽视道德培养,甚至纵容子女不道德的行为。不良的家风一定会对一个家庭产生不良的影响,培育良好的家风对家庭有着重要的意义。为了培育良好的家风,家长应该纠正自身的认识误区,不要只关注子女的学习成绩,应该将培育道德和学习专业知识与技能放在同等重要的位置上,甚至更重视道德的培育。这更有利于子女的长远发展。

最后,社会层面上对家风建设的推动:加强主流媒体的引领作用和自媒体的监督作用。2014年春节期间,央视《新春走基层·家风是什么》一播出,"一石激起千层浪",立即在全社会引起强烈反响。随后,央视和《光明日报》又联手推出"家风家教大家谈"有奖征文活动。据报道,截至2月26日已收到来自全国各地的投稿或电子邮件近2000封,还有数百名作者以信件或微博的方式投稿,其中年龄最大的94岁,最小的是小学四年级的小学生。之后,"家风是什么"研讨会在北京举行,与会代表近200人从不同角度阐释了家风的作用和对中国的影响。电视台、网站、报社、杂志社以及出版社等媒体可以多发布、出版一些提倡家风建设的文章，包括家风建设对于个人和社会的意义，中外传统的优秀的家规家训，探索造就一个品质优良的人的优良家风等。比如在习主席发表进行重视家风建设的谈话之后，中央纪委网站专门开辟了"中国传统中的家规"专栏，介绍了包括"江南第一家"的郑义门、浙江金华兰溪诸葛村等，不少媒体都在关注家教家风话题。媒体还具备舆论监督的功能，对于现实生活中存在的优秀家风，媒体应该加以宣传报道；对于不良家风，媒体也应该报道，警示众人。随着信息技术的发展，微博、微信等成为人们交流的重要媒介，人人都是自媒体，渐渐地凝聚成一股强大的社会力量。对于道德卓著的行为，大家集体点赞，对于道德败坏的言行，大家集体谴责。同样，对于良好家风的建设，人人都可以起到监督的作用。

无论是在内涵上，还是在传播途径上，传统孝道对于当代家风建设都有重要的借鉴意义。孝道应该是现代家风的重要内涵，对传统孝道进行现代转化也是现代家风建设的重要工作。现代家风建设还需要政府、学者、媒体和个人等多种力量的合力推动。经过以上努力，现代家风一定会有更多改善，进一步解决社会失范问题，带动整个社会良性发展。

参考文献

[1] 罗振玉. 殷墟书契后编 [M]. 影印本，1916.

[2] [美] 方法敛摹. 金璋所藏甲骨卜辞 [M]. 白瑞华校，美国纽约：影印本，1939.

[3] 劳榦. 汉代察举制度考 [A]. 中央研究院史语所. 《历史语言研究所集刊》(第十七本) [C]. 上海：商务印书馆，1948.

[4] 严可均辑. 全上古三代秦汉三国六朝文 [M]. 北京：中华书局，1958.

[5] 王国维. 观堂集林 [M]. 北京：中华书局，1959.

[6] 李昉，等撰. 太平御览 [M]. 北京：中华书局，1960.

[7] 徐鹏校点. 陈子昂集 [M]. 北京：中华书局，1960.

[8] 王钦若，等编. 册府元龟 [M]. 北京：中华书局，1960.

[9] 班固. 汉书 [M]. 北京：中华书局，1962.

[10] 许慎. 说文解字 [M]. 北京：中华书局，1963.

[11] [德] 马克思，恩格斯. 马克思恩格斯选集 .[M] 北京：人民出版社，1972.

[12]　杨荣国.中国古代思想史 [M].北京:人民出版社,1973.

[13]　房玄龄.晋书 [M].北京:中华书局,1974.

[14]　张廷玉.明史 [M].北京:中华书局,1974.

[15]　王夫之.张子正蒙注 [M].北京:中华书局,1975.

[16]　宋濂,赵埙,王祎.元史 [M].北京:中华书局,1975.

[17]　徐天麟.东汉会要 [M].上海:上海古籍出版社,1978.

[18]　韩婴撰.韩诗外传集释 [M].许维遹校释,北京:中华书局,1980.

[19]　郭璞注,邢昺疏.尔雅注疏 [M].北京:中华书局,1980.

[20]　何休.春秋公羊传注疏 [M].北京:中华书局,1980.

[21]　杨伯峻.论语译注 [M].北京:中华书局,1980.

[22]　童书业.春秋左传研究 [M].上海:上海人民出版社,1980.

[23]　程颢,程颐.二程集 [M].北京:中华书局,1981.

[24]　郭沫若.郭沫若全集 [M].北京:人民出版社,1982.

[25]　冯友兰.中国哲学史新编 [M].北京:人民出版社,1982.

[26]　梁启超.阴阳五行说之来历 [A].顾颉刚.古史辨(第五册) [C].上海:上海古籍出版社,1982.

[27]　司马迁.史记 [M].北京:中华书局,1982.

[28]　任继愈主编.中国哲学发展史 [M].北京:人民出版社,1983.

[29]　王利器校注.盐铁论校注 [M].天津:天津古籍出版社,1983.

[30] 罗振玉.三代吉金文存[M].北京:中华书局,1983.

[31] 翦伯赞.秦汉史[M].北京:北京大学出版社,1983.

[32] 董诰,等编.全唐文[M].北京:中华书局,1983.

[33] 长孙无忌,等撰.唐律疏议[M].北京:中华书局,1983.

[34] [美]摩尔根.古代社会[M].北京:商务印书馆,1983.

[35] 武威县博物馆.武威新出王杖诏令册[A].甘肃博物馆.汉简研究文集[C]兰州:甘肃人民出版社,1984.

[36] 杜佑撰.通典[M].北京:中华书局,1984.

[37] 徐震堮.世说新语校笺[M].北京:中华书局,1984.

[38] 傅隶朴.春秋三传比义[M].北京:中国友谊出版公司,1984.

[39] 脱脱.宋史[M].北京:中华书局,1985.

[40] 李泽厚.中国古代思想史论[M].北京:人民出版社,1985.

[41] 刘向撰.说苑疏证[M].赵善诒疏证,上海:华东师范大学出版社,1985.

[42] 黄留珠.秦汉仕进制度[M].兰州:西北大学出版社,1985.

[43] 沈家本撰.历代刑法考[M].邓经元,骈宇骞点校.北京:中华书局,1985.

[44] 曾国藩.曾国藩全集.[M].长沙:岳麓书社,1985.

[45] 杨柳桥.荀子诂译[M].济南:齐鲁书社,1985.

[46] 王利器撰.新语校注[M].北京:中华书局,1986.

[47] 王先慎集解.韩非子集解[M].上海:上海书店,1986.

[48] 黄永武.敦煌宝藏[M].台北：新文丰出版公司，1986.

[49] 焦循.孟子正义[M].北京：中华书局，1987.

[50] 谢桂华，李均明，朱国炤.居延汉简释文合校[M].北京：文物出版社，1987.

[51] 常璩撰.华阳国志校补图注[M].任乃强校注，上海：上海古籍出版社，1987.

[52] 韦政通.中国的智慧[M].北京：中国和平出版社，1988.

[53] 高诱注.吕氏春秋[M].上海：上海书店，1988.

[54] 孙希旦.礼记集解[M].北京：中华书局，1989.

[55] 睡虎地秦墓竹简整理小组编.睡虎地秦墓竹简[M].北京：文物出版社，1990.

[56] 陈胜粦.林则徐与鸦片战争论稿[M].广州：中山大学出版社，1990.

[57] 荀悦.申鉴[M].上海：上海古籍出版社，1990.

[58] 张涛.列女传译注[M].济南：山东大学出版社，1990.

[59] 程俊英，蒋见元.诗经注析[M].北京：中华书局，1991.

[60] 胡适.胡适学术文集[M].北京：中华书局，1991.

[61] 徐中舒.先秦史论稿[M].成都：巴蜀书社，1992.

[62] 康学伟.先秦孝道研究[M].台北：文津出版社，1992.

[63] 林安弘.儒家孝道研究[M].台北：文津出版社，1992.

[64] 崔瑞德，鲁惟一.剑桥中国秦汉史[M].北京：中国社会科学出版社，1992.

[65] 郭霭春.黄帝内经素问语译[M].北京：人民卫生出版社，1992.

[66] 金耀基.中国民本思想史[M].台北：台湾商务印书馆，1993.

[67] 冯天瑜.中华元典精神[M].上海：上海人民出版社，1994.

[68] 黎靖德编.朱子语类[M] 北京：中华书局，1994.

[69] 陈立撰.白虎通疏证[M].吴则虞点校，北京：中华书局，1994.

[70] 蒋庆.公羊学引论[M].沈阳：辽宁教育出版社，1995.

[71] 张晋藩.中国法制史[M].北京：法律出版社，1995.

[72] 国际儒学联合会编.国际儒学研究（二）[M].北京：中国社会科学出版社，1996.

[73] 朱熹.朱熹集[M].成都：四川教育出版社，1996.

[74] 冯友兰.中国现代学术经典·冯友兰卷[M].石家庄：河北教育出版社，1996.

[75] 王洲明，徐超校注.贾谊集校注[M].北京:人民文学出版社，1996.

[76] 梁启超.先秦政治思想史[M].北京：东方出版社，1996.

[77] 胡平生.孝经译注[M].北京：中华书局，1996.

[78] 胡适.中国哲学史大纲[M].北京：东方出版社，1996.

[79] 连云港市博物馆等编.尹湾汉墓简牍[M].北京：中华书局，1997.

[80] 周秀才编.中国历代家训大观[M].大连：大连出版社,1997.

[81] 刘向撰.新序详注[M].赵仲邑注,北京：中华书局,1997.

[82] 赵尔巽.清史稿[M].北京：中华书局,1998.

[83] 俞荣根.儒家法思想通论[M].南宁：广西人民出版社,1998.

[84] 何怀宏.底线伦理[M].沈阳：辽宁人民出版社,1998.

[85] 张涛.孔子家语注译[M].西安：三秦出版社,1998.

[86] 沙知录校.敦煌契约文书辑校[M].南京：江苏古籍出版社,1998.

[87] 荆门市博物馆编.郭店楚墓竹简[M].北京：文物出版社,1998.

[88] 长孙无忌,等撰.唐律疏议[M].刘俊文点校,北京：法律出版社,1999.

[89] 薛梅卿点校.宋刑统[M].北京：法律出版社,1999.

[90] 怀效锋点校.大明律[M].北京：法律出版社,1999.

[91] 张鸣,丁明.中华大家名门家训集成.[M].呼和浩特：内蒙古人民出版社,1999.

[92] 蔡元培.中国伦理学史[M].北京：商务印书馆,2000.

[93] 王运熙,王国安评注.汉魏六朝乐府诗评注[M].济南：齐鲁书社,2000.

[94] 陈奇猷校注.韩非子新校注[M].上海：上海古籍出版社,

2000.

[95] 纪昀. 四库全书总目提要 [M]. 石家庄：河北人民出版社, 2000.

[96] 郭成伟点校. 大元通制条格 [M]. 北京：法律出版社, 2000.

[97] 钱大群. 唐律研究 [M]. 北京：法律出版社, 2000.

[98] 包东坡选注. 中国历代名人家训精粹 [M]. 合肥：安徽文艺出版社, 2000.

[99] 顾德融, 朱顺龙. 春秋史 [M]. 上海：上海人民出版社, 2001.

[100] 山东省志编纂委员会编. 山东省志·曾子志 [M]. 济南：山东人民出版社, 2001.

[101] 钱穆. 先秦诸子系年 [M]. 北京：商务印书馆, 2002.

[102] 朱熹. 朱子全书 [M]. 上海：上海古籍出版社, 合肥：安徽教育出版社, 2002.

[103] 傅斯年. 民族与古代中国史 [M]. 石家庄：河北教育出版社, 2002.

[104] 林剑鸣. 秦汉史 [M]. 上海：上海人民出版社, 2003.

[105] 程树德. 九朝律考 [M]. 北京：中华书局, 2003.

[106] 瞿同祖. 中国法律与中国社会 [M]. 北京：中华书局, 2003.

[107] 李焘. 续资治通鉴长编 [M]. 北京：中华书局, 2004.

[108] 黎翔凤. 管子校注 [M]. 北京：中华书局, 2004.

[109] 杨鸿烈.中国法律思想史[M].北京:中国政法大学出版社,2004.

[110] 莲江东林谱志编委会.莲江东林谱志[M].福州:福建人民出版社,2005.

[111] 刘钊.郭店楚简校释[M].福州:福建人民出版社,2005.

[112] 张家山二四七号汉墓竹简整理小组.张家山汉墓竹简（247号墓）[M].北京:文物出版社,2006.

[113] 王溥.唐会要[M].上海:上海古籍出版社,2006.

[114] 柳宗元.柳河东集[M].上海:上海古籍出版社,2008.

[115] 郭齐家,李茂旭.中华传世家训经典[M].北京:人民日报出版社,2009.

[116] 杨国荣.心学之思——王阳明哲学的阐释[M].北京:中国人民大学出版社,2009.

[117] 吕思勉.秦汉史[M].北京:中国友谊出版公司,2009.

[118] 李逸安.三字经、百家姓、千字文[M].北京:中华书局,2010.

[119] 应劭撰.风俗通义校注[M].王利器校注,北京:中华书局,2010.

[120] 吴光,等编校.王阳明全集（新编本）[M].杭州:浙江古籍出版社,2010年.

[121] 徐少锦,陈延斌.中国家训史[M].北京:人民出版社,2011.

[122] 王世舜.尚书[M].北京:中华书局,2012.

[123] [英]洛克.人类理解论[M].北京:商务印书馆,2012.

[124] [瑞士]耿宁.人生第一等事——王阳明及其后学论"致良知"[M].北京:商务印书馆,2014.

[125] [日]冈田武彦.王阳明大传——知行合一的心学智慧[M].重庆出版社,2015.

[126] 郭沫若.长安县张家坡铜器群铭文汇释[J].考古学报,1962(1).

[127] 李裕民.殷周金文中的"孝"和孔丘"孝道"的反动本质[J].考古学报,1974(2).

[128] 河北省文物管理处.河北省平山县战国时期中山国墓葬发掘简报[J].文物,1979(1).

[129] 贾兰坡.远古的食人之风[J].化石,1979(1).

[130] 安作璋.汉代的选官制度[J].山东师范学院学报,1981(1-2).

[131] 孟世凯.甲骨文中"礼"、"德"、"仁"字的问题[J].齐鲁学刊,1987(1).

[132] 刘德增.汉代养老述论[J].山东师范大学学报,1988(6).

[133] 王慎行.试论西周孝道观的形成及其特点[J].社会科学战线,1989(1).

[134] 孙筱.孝的观念与汉代新的社会统治秩序[J].中国史研究,1990(3).

[135] 刘文英.“仁”之观念的历史探源[J].天府新论,1990(6).

[136] 周天游.两汉复仇盛行的原因[J].历史研究,1991(1).

[137] 范忠信.中西法律传统中的"亲亲相隐"[J].中国社会科学,1997(3).

[138] 高敏.《集簿》的释读、质疑与意义探讨——读尹湾汉简札记之二[J].史学月刊,1997(5).

[139] 范忠信.中西法律传统中的"亲亲相隐"[J].中国社会科学,1997(3).

[140] 杨际平.敦煌出土的放妻书琐议[J].厦门大学学报,1999(4).

[141] 方述鑫."三年之丧"起源新论[J].四川大学学报,2002(2).

[142] 白奚."仁"字古文考辨[J].中国哲学史,2000(3).

[143] 裴传永.《论语》"色难"新解[J].孔子研究,2000(4).

[144] 张德胜,等.论中庸理性:工具理性、价值理性和沟通理性之外[J].社会学研究,2001(2).

[145] 刘文锁.敦煌"放妻书"研究[J].中山大学学报,2005(1).